鲜为人知的史实，民国生活的素描

百年大公报，记录跌宕国运

中国报业唯一跨世纪的金字招牌

新闻人『文章报国』，『文人论政』风靡天下

毛泽东、蒋介石刮目相看的全国舆论重镇

毁誉参半的评价，捧杀、捧杀的偏颇

有依据的『闲话』，可读、可信

张刃 著

闲话
大公報

人民出版社

目 录 ◄

我与大公报（自序）

在中国新闻史上，大公报以其独具特色的"文章报国"、"文人论政"办报实践而声名远播，也同样因此而毁誉参半。《大公报》曾经刊载的文字，是当时的新闻，也是今天的历史，其内容之丰富、涉及之广泛，犹如现代中国社会发展的百科全书。研究和评说大公报，如果没有一定的积累和见识，难免贻笑大方。并无学术背景且才识浅薄如我者，何以贸然"闲话"大公报呢？说来有几分渊源。

先父张高峰，抗日战争中期加入大公报，作为一线记者，为之服务二十余年，经历了国家的抗战、内战，报纸的改组、转型，跨越了大公报从"新记"到"官媒"两个截然不同的时期。他对大公报的情怀、讲述，以及后来历次政治运动中对这段经历的"反省、检讨"，我自幼耳熟能详，并且深刻地影响了我的人生，包括我最终的职业选择。此其一。

其二，父亲在大公报最亲密的几位朋友，都是卓有成就的报人，又是我自幼就熟悉的长辈。他们当年在一起高谈阔论，我不时在侧恭听；他们晚年与父亲的通信，我几乎都读过，并由我保存了下来。父亲去世后，我与其中几位父辈仍保持了各种联系，他们给我以许多关爱与教诲。从父辈那里，我也更多地了解了许多研究者不甚关注或者视野之外的大公报。

其三，从我来到这个世界，就在大公报的"圈子"里生活，直到它在大陆彻底关闭的前一年。确切地说，我出生时，"新记"天津大公报已经改组为半"官媒"性质的进步日报，正奉命筹划与上海大公报合并迁京出版；我的童年、少年时代，则是在完全机关报性质的北京大公报"圈内"度过的。可以说，我对大公报的了解，有着专业研究者所没有的感性认知。

最后，我自己也做了二十余年新闻工作，并在这个岗位上退休，应该说，对报人的苦辣酸甜有着切身体验，也更能理解父辈的追求与艰辛。此外，由于职业关系，也为了更多地了解父辈，我曾大量查阅旧大公报，录得大批原始资料的同时，对它有了更直观的了解和认识；又因为搜集、阅读有关大公报的资料和相关研究著述，从不同角度对比，感到无论学界或社会，对大公报仍有某些误解或误读，觉得自己也可以写一写我知道或我理解的大公报，做一点澄清。

基于上述缘由，才萌生了"闲话"的想法，陆续写来，历时数载，竟也可以汇集成册了，遂决心补充修订，整理付梓。

为什么名之曰"闲话"大公报呢？因为，它既不是学术意义上的研究著作，也不是对大公报的系统评说，只是从个人理解和认知的角度，谈一点我对大公报的看法，讲一些我所了解的大公报人和事，关注一下研究者不曾特别留意的某些方面，充其量可作一家之言，为大公报研究抛一块引玉之砖。因此之故，它缺乏学术意义上的考证与研究，各章节之间也不一定具有逻辑关系或必然联系，但笔者将尽可能梳理清楚一些，让文字轻松一点，使"闲话"有些可读性。

需要说明并请读者理解的是：

第一，"闲话"相当部分引自《大公报》曾经公开发表的新闻报道，并做了必要的梳理与解读。这是因为，评价一张报纸，最重要和最有说服力的论据，无疑应该是它公开见诸报端的文字（包括新闻与言论。以往研究和评价大公报，多以其言论为代表，做依据，固然有一定道理，但许多研究者却不甚关注远多于其言论，且为《大公报》这张新闻纸主体的消息和通讯，因而不免偏颇，至少是一种缺憾），那是历史记录，且有白纸黑字，无可掩饰，也极易辨析。"论从史出"，此之谓也。况且，直观历史原文，读者自有判别，无须论者多说什么。

第二，从"我知道或我理解"的前提出发，本书主要辨析的是新记大公报后期（1945—1949）以及二十世纪五十年代的北京大公报，亦即先父经历和讲述过的大公报，引用资料也多出自他及其关系亲密者，加之笔者掌握的资料有限，亦非专业研究人员，因此难免囿于某种局限，发生畸轻畸重的现象。不过，由于"闲话"所说的人与事在大公报具有一定的代表性，又多少弥补了上述缺陷。

"闲话"内容分为如下几个部分：

一是关于大公报的历史演变，以及由此引出的大公报研究中需要厘清的几个问题。"大公报"这块招牌存续已经超过百年，但在同一招牌下，不同年代的大公报却非一脉相承，其间几经变革，早已不可同日而语。此外，近年来有关大公报研究的文章很多，但在一些基本问题上，常有人云亦云、似是而非，甚至以讹传讹的说法，本章对此提出了一些个人认识，并为后文厘清脉络。

二是关于大公报的政治立场或曰舆论导向，重点辨析指责大公报对国民党"小骂大帮忙"、"一贯反动"的观点。用相关报道原文及当事者亲身经历，通过展示当年大公报记者笔下的国共两党形象，证明大公报站在民间立场，秉承"客观报道"理念，对两党都有正面宣传和负面批评，甚至对国民党"骂"得更多，对共产党"帮"得不少。至于大公报曾经有过的"反共"宣传，因为已有许多研究、评说，"闲话"点到为止，不赘述。

三是关于大公报的采编运作特色。大公报之所以在风云变幻的中国历史上成为一时的舆论重镇，是因为它有独特的采编运作方式，有一群自由、独立的职业报人，有他们自己的新闻理念。本章即以原始资料为例证，以笔者所知为注解，做了相关介绍，兼及大公报人的职业精神与追求，以及对国民党钳制舆论的抗争。

四是转折时期《大公报》旧闻录。抗日战争胜利后到新中国成立前，是中国社会急剧变革的年代，也是《大公报》作为当时的舆论重镇最具代表性的转折时期，本书对这一时期发生的、如今已被淡漠的几段历史，将当年《大公报》的相关报道做了梳理，用以解读大公报人的思想倾向、新闻理念，以便读者更直观地了解大公报。

五是关于天津《进步日报》与北京《大公报》。这两张报纸与新记《大公报》虽无传承却有关联，是先父告别新闻生涯的所在，也是我曾经生活过的"圈子"，了解这两张报纸的来龙去脉，不仅有助于了解大公报从"新记"到"官媒"的改造过程，而且有助于理解最终"切断"新记大公报脉络的前因后果。

闲话并非正史，谬误在所难免。如果这本小册子能为对大公报感兴趣的读者所乐读，为研究大公报的学者提供一点可能有用的资料，我的付出便不是徒劳的。至于谬误，文责自负，更希望识者、方家批评指正。

新记大公报已经走进历史，但它留下的财富还在影响着后来者。

张　刃

2014 年秋·纽约

一、走入历史的新记大公报

——大公报研究中需要厘清的几个问题

晚清以降，中国新闻史上最具影响力的报纸，《大公报》当之无愧。但对于《大公报》的评价，却曾有过极大的反差。

1949 年以后的近四十年里，《大公报》被冠以"国民党政学系机关报"、"对国民党小骂大帮忙"、"一贯反动"的恶名，先是"清算"、改组，后经公私合营，最终成为一张官方的专业机关报。"文革"伊始，更遭封馆停刊，被"彻底扫进了历史的垃圾堆"。大公报似乎"盖棺定论"了。

直到二十世纪八十年代中期，伴随着改革开放，才有人解放思想，开始为大公报辩诬、正名，始作俑者首推李纯青先生。他作为时任台盟中央负责人、新记大公报曾经的社评委员、沪馆副总编辑，特别是在新中国建立前夕，以中共地下党员的身份"策反"大公报总编辑王芸生，出任天津大公报改组后的进步日报副社长，于公于私都是一位评价大公报的知情人、权威者。李纯青先生的辩诬文章《为评价大公报提供史实》引起极大反响，具有"破冰"

意义和作用，此后，随着某些禁锢的被打破，和更多史料的披露，有关大公报的研究越来越丰富，也越来越深入，不仅有史料、有论文，更有专著，从还原历史与学术研究的角度看，这的确是一件好事。

但是，由于几十年负面评价的影响，一朝"正名"，不免矫枉过正。有关大公报历史上的一些基本问题，众说纷纭，似是而非。特别是随着新记大公报渐行渐远，老大公报人凋零殆尽，现存史料又莫衷一是，对大公报的评价也出现了以讹传讹，甚至有所隐讳的现象，有从"一棍子打死"到"一味地赞誉"的倾向。（一个简单的例子是，有人说，"蒋介石从不看《中央日报》，也不看《新华日报》，但每日必读《大公报》。在他的办公室、公馆和餐厅里各放一份《大公报》，以备他随时翻阅。"这个说法曾经广为流传，但却从未见实证，倒是有许多佐证否定了其真实性。至少，为了知己知彼，蒋介石不可能"从不看《中央日报》，也不看《新华日报》"。显然，这是对大公报的溢美之词，却也有意无意地把大公报"推向"了蒋介石。）凡此种种，都无助于读者认识一个真实的大公报，也不能给予大公报一个实事求是的评价。

这里愿就笔者所知，对若干有关大公报的话题提出一点看法，以为后文铺陈脉络，亦可视为这组"闲话"的引子或曰绪语。

大公报是"百年传承"吗？

说到大公报，学界总不忘提及，那是一张创刊于1902年，延续了漫长的一个多世纪，有着悠久历史传承的报纸。

然而，这话错了，至少是不严谨的。

如果就"大公报"的报头而言，它确实延续了一个多世纪，连招牌上那三个字都没有换。但如果讲大公报的办报宗旨、言论立场、报道倾向，乃至用人之道、经营管理，这些最应该属于传承的重要内容，那么，创刊早期、鼎盛及转折时期和今天的大公报，除了同名，已经不可同日而语，甚至完全不是一回事了。弄清楚这一点，才能理解为什么要提出"传承"问题。

众所周知，大公报百余年的历史，是分为几个不同阶段的。英敛之、王郅隆年代（1902—1925）为创始时期；吴鼎昌、胡政之、张季鸾年代（1926—1949）为新记时期，其中，抗日战争爆发以后到国共内战结束，更为大公报的鼎盛及转折时期；1949年迄今，大公报的变迁虽然十分曲折也比较复杂，但都是在新中国年代，都是中国共产党领导，因此可以归一。

那么，人们现在讨论和研究的大公报是指哪个阶段的大公报呢？从绝大多数的相关论著看，都是指吴、胡、张时期的新记大公报——无论其言论、报道、经营、管理，包括常为论者提及、入选《中国大百科全书》新闻出版卷的13位著名大公报人，除了英敛之，都属这个时期。而新记大公报只有不到23年的历史，在"大公报"这块招牌迄今113年的延续中只及五分之一，如此，怎能笼而统之地说什么"百年传承"呢？况且，更重要的是，它与此前、此后的大公报并没有前述各项实质上的传承关系。

先看"新记"之前的大公报。

1902年，《大公报》创刊时的重要历史背景，是戊戌变法运动失败后四年。其创办人英敛之，出身满族，祖上与清皇室曾有姻亲关系，他个人却又信奉天主教。作为一个思想、感情上新旧交织、中西合璧的知识分子，英敛之创办《大公报》的目的，是宣传改良主义的君主立宪制，而非资产阶级民主革命。如果说，英敛之时代的大公报就开创了"敢言"传统的话，那就是反后（慈禧）拥帝（光绪），目的还是维护大清王朝。然而，历史的发展与英敛之的主观愿望相反，《大公报》创办9年后，辛亥革命爆发，帝制终结，中华民国成立。英敛之幻想破灭，心灰意冷，他后来反对袁世凯称帝，亦不能排除其"前朝孤臣孽子"的心理因素和思想倾向。延至1916年，英敛之卖出了他所持股票，大公报转手于王郅隆。

王郅隆何许人？一个靠投机钻营、攀附于安福系的财阀。他收买大公报，目的是为安福系宣传、造势，并且有明显的亲日色彩。安福系是依附于皖系军阀的官僚政客集团，他们排斥异己，推行"武力统一"，并一度操控北京政府和国会。1920年直皖战争后，皖系首领段祺瑞下台，直系军阀控制下的北京政府下令解散安福系，通缉徐树铮等首要分子，王郅隆便名列其中。后由日本人保护逃亡并死在日本，王记大公报存续9年，为军阀割据、"亲善"日本鼓吹，是大公报历史上最不光彩的一页，因此，也就被某些刻意强调大公报"百年传承"、"一贯敢言"的人有意无意地隐讳不提或一带而过了。但这是真实的历史，且有白纸黑字在，无可回避也不应该回避。如果讲"百年传承"，这段历史又该如何评价呢？

揭示英敛之、王郅隆年代大公报的背景，是为了说明，"新记"与他们除了买卖那块"招牌"，并没有传承意义上的关系。（如果说有，也就是新记大公报"三巨头"之一的胡政之，曾任王记大公报总编辑，历时三年，以失败去职。但这恐怕算不得"传承"。）而"新记"的命名，也正是为了有别于此前的英记、王记。

既然我们讨论、研究的大公报主要是它的新记时期，并且其办报宗旨、言论立场、报道倾向，乃至用人之道、经营管理都是独特的，不仅英记、王记没有，1949年以后也已不复存在，那么，有什么必要笼而统之地讲什么"百年传承"呢？不仅没有实质意义，而且可能混淆和误判历史。牵强附会讲"百年传承"，不是历史的、科学的研究态度。

此大公报非彼大公报

为了厘清"大公报"这块招牌的发展、演变脉络，也为了说明不同时期大公报的区别，还有必要再简单回顾一下新记大公报及其以后的历史。

大公报创刊于天津，新记公司接办也在天津，1936 年设沪馆，出上海版，大公报第一次有了分馆。七七事变后，日寇先后占领平、津、沪，大公报"一不投降，二不受辱"，毅然关闭了津馆、沪馆，又陆续设汉(口)馆、渝(重庆)馆、(香)港馆、桂(林)馆，八年抗战，颠沛流离，最后只剩了渝馆，其余各馆均毁于战火。抗战胜利后，大公报先后复建了沪馆、津馆和港馆，到 1949 年，以上海为中枢，设总管理处，沪、津、渝、港四馆并存，四版同出，是为新记大公报的最后格局，也是它的发展高峰并走向转折的时期。二十三年间，虽经流离分合、各自独立，但管理是统一的，宗旨是一致的，是"一家人"。

1949 年以后，情况大变。除香港《大公报》外，先是天津《大公报》停刊，改组出版《进步日报》；继而上海大公报宣布"新生"，且对其他各馆失去"统管"职能；1952 年，重庆《大公报》停刊，改组为《重庆日报》，与大公报彻底告别。1953 年初，上海大公报又与天津进步日报合并为新的大公报，先在天津出版，1956 年迁京，明确为中央财经系统的机关报，兼及国际政治、经济报道。此时的大公报与新记时期比较，除了一部分旧有人员，无论经济性质、办报宗旨、报道内容、言论立场，都已经没有任何关联。进入六十年代，王芸生虽在名义上仍为大公报社社长，却已不再过问编务。除少数编辑、管理人员外，抗战时期的旧大公报记者，绝大多数都以各种不同的原因调离或"清理"出去了。如此，还谈什么"传承"？

至于香港大公报，因为统战和宣传工作的需要，多少保持了一些"民间"色彩，也留用了一批旧大公报采编人员，但无论领导层面、办报宗旨，还是报道内容、管理体制，都与新记大公报截然不同了。况且，它与北京大公报也已经不是"一家人"，不仅没有隶属关系，而且由中共港澳工委直管。为了保持这块舆论阵地在香港的地位和影响，周恩来常常亲自过问香港大公报的工作，并一再提醒"不要在香港办党报！"负责港澳事务，与香港大公报直接联系的廖承志也提出，在香港办报纸，不要老摆一张"红面孔"、一副"极左"的架子。因此，香港大公报一度也曾"五颜六色、五花八门"，刊出一些大陆媒体不可能报道的"打打杀杀、偷偷抢抢、非礼强暴、卿卿我我"，以适应香港读者的需要。（以上引述见有关人士回忆，恕不一一注明。）1966年"文革"初起，北京大公报被"新账老账一起算"，封馆停刊，寿终而未正寝，彻底结束了"大公报"这块招牌在大陆的六十四年历史。而香港大公报则迅速左转，俨然一面"红旗"，其影响和作用散见有关文章，即使非经历者亦可想而知。改革开放以后，香港大公报的发展、变化已非本文所及。总之，香港大公报与新记也没有"传承"意义上的关系。

如果一定要讲"关系"，只能说现在北京出版的《经济日报》创刊初期，与停刊多年的北京《大公报》还有些关联。"文革"结束后拨乱反正，一批报纸复刊。为适应经济建设的需要，1978年，原北京大公报一班人马奉命办起一张名曰《财贸战线》的报纸（这个报名还颇有些"革命"味道），1981年改为《中国财贸报》，1983年又改为《经济日报》。其最初班底的前北京大公报人中，有少数是新记末期加入大公报者。但仅凭这一点，很难说有与旧大公报有什么"传承"关系。

讲传承，都是从"好的"方面说，没有谁肯承认"坏的"传承。笔者曾与一位大公报前辈谈起这个问题，他说，当年把旧大公报骂得狗血淋头，说它对国民党"小骂大帮忙"、"一贯反动"的时候，无论北京还是香港的大公报，都极力撇清与它的关系，"阶级阵线"划分得清清楚楚，那时，怎么没有人出来讲什么传承呢？如果说，那时"撇清"是出于某种需要或迫于无奈，那么，今天主动大讲"传承"，是否也是某种需要呢？特别是那个"小骂大帮忙"，也包括在这个"传承"里么？老先生这些话虽然不免尖刻，但这确实是个悖论，无法解释得通。

总之，以1949年为下限，新记大公报已经成为历史，后来的大公报，除了招牌，与之并无实质上的关联，更谈不上什么传承，不能笼而统之地混为一谈。

后文所说的大公报，凡没有特别限定的，都是指新记大公报。

"三驾马车"跑的不是一条道

新记大公报的创办人吴鼎昌、胡政之、张季鸾，人称大公报"三巨头"，又称"三驾马车"。"吴鼎昌的钱，胡政之的人，张季鸾的笔"，很形象地描述了"三巨头"在大公报发展中分别发挥的作用和所作的贡献。多数研究大公报的论述，也都把他们的合作视为大公报成功的重要条件。如果笼统地讲，这样说并不错，特别是在创办初期，没有"三巨头"的通力合作，大公报绝无可能名声鹊起。

1931年5月22日，新记公司接手第五年，《大公报》发行满一万号，蒋介石派人送来亲笔题写的贺词"耕耘与收获"，称其"改组以来，赖今社中诸君之不断努力，声光蔚起，大改昔观，曾不五年，一跃而为中国第一流之新闻纸。"胡适也发来题为《后生可畏》的贺词说，《大公报》从一家地方性报纸晋升为全国的舆论重镇，当得起"中国最好的报纸"的荣誉。大公报之所以赢得这样的荣誉，"是因为他们在最低限度上做到了两条，第一登载确实的消息，第二发表负责任的评论，这两条原本是每一家报馆都应该尽到的责任，只是因为国内的报馆都不敢做、不肯做、不能做，而张季鸾们居然肯努力去做，所以它就一跳而享大名了。"胡适的这个评价，也是对吴、胡、张合作的肯定。

但是，如果深入细致地考察，从大公报的发展脉络看，吴、胡、张的合作大可研究。具体而言，在办报的目的与追求上，"三巨头"可谓志同而道不合，并且在一定程度上深刻影响着大公报后来的发展。

接手大公报，创办新记公司，吴、胡、张三人为什么一拍即合？——都想办一张中国最好的报纸，这是他们共同的理想；三人都是清末民初的留日学生，是"知日派"，并且对日本的报业都有过考察（大公报的组织机构、分配形式等大都取法于日本报馆的模式），这是他们合作的基础。此之谓"志同"。但办好报纸为什么？三人的想法却不尽相同。——"（三巨头）同床异梦，各有打算，可以归纳为：吴好官，胡好利，张好名，单独一个人都不能成事，不得不联合起来而成鼎足之势。……三巨头钩心斗角，互相制约，是没有疑问的。"（见《民国的报业巨头》，中国文史出版社 2013 年版。）新记早期加入大公报的老记者曹世瑛先生这话虽然对"老东家"有些不讲情面，但事实证明却也不无道理。此之谓"道不合"。

吴鼎昌作为当时的华北财阀领袖，极欲进入官场，因此需要政治资本。他曾说："政治资本有三个法宝：一是银行，二是报纸，三是学校，缺一不可。"由此可见他的办报初衷。后来他果然去国民党政府做了高官，验证了他的"预见"。不过，他也因此成为 1948 年中共点名的重要战犯之一。

胡政之做过王记大公报总编辑，失败了并不甘心，希望收拾旧河山，做一番大事业。他对办好报纸比吴、张看得更全面，更深远，付出的也更多。胡政之一手栽培、曾为新记大公报骨干的著名报人徐铸成先生说："胡政之艰苦创业，知人善任，全部精力扑在报上，千方百计组织好队伍，但为人苛察精明，不时暴露出资本家的面目……"这应该是徐的切身感受，也是中肯的看法。正是在胡政之手上，大公报的事业发展达到鼎盛时期，他个人的愿望也在很大程度上变成了现实，但同时，他也因此成为大公报各种"罪名"的重要承担者。

张季鸾是职业报人，以"文章报国"为己任，因"文人论政"而得名，他专注于写文章，热衷于交朋友，在报馆里很少过问编报以外的事务。1938 年，《大公报》创办汉口版，周恩来曾对人说："做总编辑，要像张季鸾那样，有优哉游哉的气概，如游龙飞虎，游刃有余。"1958 年，新记大公报虽然已经"名声狼藉"，毛泽东还对主管新闻出版的吴冷西说："张季鸾摇着鹅毛扇，到处做座上客。这种眼观六路，耳听八方，观察形势的方法，是当总编辑的应该学习的。"张季鸾英年早逝，又逢抗战中期，其时，大公报的声誉如日中天，张季鸾作为总编辑，受到各界高度赞誉。"三巨头"中，张季鸾算是"骂名"最少，得其所哉的一位。

追求不同，又要合作，因此才有了曹世瑛先生所说的"钩心斗角，相互制约"。为了说明这一点，他还对众所周知的"三巨头协定"做过一番与众不同的分析："三年内大家都不得担任任何有俸给的公职"，制约了吴急于去政府做官；但"资金由吴先生一人筹措，不向任何方面募款"，又保证了吴的独资经营，胡、张最初只能算是劳方，拿的是劳力股；而胡任经理兼副总编辑，张任总编辑兼副经理，搞的是平分秋色，势均力敌；胡有用人行政之权，张有言论决定之权……如此等等。笔者以为，曹世瑛先生的这个分析，值得大公报研究者关注。

在新记大公报二十三年的历史上，吴鼎昌最早"淡出"。1935年，他出任国民政府实业部长，依照当初的约定，辞去了大公报社长职务；1937年转任贵州省主席，1945年调任国民政府文官长，1948年又被任为总统府秘书长。不过，吴鼎昌做了官，也依然是大公报的大股东，直到1948年末，才正式公开登报辞去大公报董事一职。1950年，吴鼎昌病逝于香港。

张季鸾是第二个"告别"大公报的。作为总编辑，他一心一意办报，不仅用他的笔写出了许多脍炙人口、影响很大的文章，实践了"文人论政"的理想，而且打造了一张从内容到形式全新的现代意义上的中国报纸。大公报的迅速成名、崛起，张季鸾功不可没。不过，"三巨头"之间，张季鸾与胡政之潜在着矛盾，例如，1936年，张提议开设上海版，吴、胡不赞成，张极不满，一度曾准备辞职他就，直到吴、胡同意了开设沪馆才回心转意；全面抗战爆发，武汉失守以后，张到重庆，胡去香港，各自分管重庆大公报与香港大公报和桂林大公报，直到张去世，两人合作不多。张、胡的矛盾，还成为大公报内部某些纠葛的渊源。如众所周知，王芸生与徐铸成都曾是大公报举足轻重的人物，因为分别为张、胡所培养、拔擢，却很难在一起共事。张季鸾1941年病逝，年仅54岁。天若假年，大公报可能又是一种局面。

胡政之与新记大公报几乎同始终，如果加上王记时期，他在大公报服务了二十七年。较之吴、张，胡不仅能写一手好文章，而且颇谙经营之道。新记开张之初，胡政之已经办有国闻通讯社，新记早期的基干力量就来自国闻社，徐铸成、李子宽、金诚夫等更成为后来大公报的高层。大公报人事问题实行经理负责制，胡作为总经理，知人善任，培养和拔擢了许多人才，为大公报的后续发展储备了力量。新记大公报的最后七年，在吴鼎昌去职，张季鸾病逝的情况下，胡政之总揽大权，大公报能够有四馆并存，发行 20 万份的局面，胡政之的贡献最大。可以说，没有胡政之，也就没有人们后来称道的大公报。1949 年 4 月，胡政之病逝于上海。有人说，胡政之之死，也是新记大公报之死。其实，胡政之病重之时，天津《大公报》已经停刊，改组为《进步日报》。（惟不知他是否知道，作何感想？）如果他再多活一个月，还会看到上海大公报"新生"。新记大公报走入历史，是一种必然，非胡政之所能左右。

大公报"三巨头"中，比起最先故去的张季鸾之备极哀荣，胡政之的离世是颇为凄凉的。不过，若与以寓公身份蛰居、一年以后病逝于香港的吴鼎昌相比，胡政之也算并未声沉影绝，至少香港《大公报》为之出了纪念特刊。而《大公报》这个纪念其创始人的特刊，也成了"新记公司"寿终正寝的标记。

值得一提的是，张、胡虽然在办报理念上有矛盾，但 1941 年张季鸾去世后，胡政之曾写过一篇悼念文章，其中有这样一段话："中国人向来最不容易合作，而'文人相轻'，尤为'自古已然'。吴张两位先生同我都是各有个性，都可说是文人。当结合之初，许多朋友都认为未必能够长久水乳，但是我们合作多年，精诚友爱，出乎通常交谊。所以然者，各人都能尊重个性，也就能够发挥个性。"这里，出于文人惯有的客套和对逝者的尊重，胡政之不免过誉了与张季鸾的关系，但说彼此"尊重个性"，却也道出了他们能够持久合作的真谛。

"三驾马车"聚于大公报的旗帜之下，都曾为之做出过贡献，又走向不同的结局，是偶然还是必然？这也是研究大公报绕不开的话题。

大公报"投靠蒋介石"辨析

在某些大公报研究和评价中，说它"投靠蒋介石"，是以吴、胡、张三人与蒋的关系为依据的。这些关系是事实，但性质却有不同，是否属于"投靠"也需要辨析。

说起来有些吊诡，大公报与蒋介石直接"打交道"，最早竟是从张季鸾"骂"蒋介石开始的。北伐战争前，大公报作为北方的报纸，素与奉系交好（这是它早期与张学良关系密切的重要因素），根本没有把南方的蒋介石放在眼里，甚至是反蒋的。1927 年 12 月 2 日，蒋介石与宋美龄举行婚礼的第二天，大公报发表社评《蒋介石之人生观》，张季鸾妙笔生花，冷嘲热讽，嬉笑怒骂，文曰："累累河边之骨，凄凄梦里之人，兵士殉生，将帅谈爱；人生不平，至此极矣。呜呼！革命者，悲剧也。革命者之人生意义，即应在悲剧中求之。乃蒋介石者，以曾为南军领袖之人，乃大发其欢乐神圣之教。夫以俗浅的眼光论，人生本为行乐，蒋氏为之，亦所不禁。然则埋头行乐已耳，又何必哓哓于革命？"其中指斥蒋"不学无术"、"自误而复误青年"、"好话为先生说尽，坏事为先生做尽"等语，为读者传诵一时，甚至有"政治北伐，舆论南伐"之说，可见大公报当时的立场与影响。

1928 年 7 月，蒋介石随北伐军北上，张季鸾随冯玉祥到郑州迎候，张与蒋才第一次见面。1929 年末，张学良在东北易帜，挂出了中华民国国旗，宣布"服从国民政府"。蒋介石在形式上"统一"了中国，但他在北方的势力毕竟还弱，又有阎锡山、冯玉祥等地方实力派与之明争暗斗，因此迫切需要舆论的支持，而影响很大又颇具民间色彩的大公报，自然让蒋介石另眼看待。

1929 年 12 月 27 日，蒋介石为向全国报馆"求言"，发出电文，抬头即"大公报并转全国各报馆钧鉴：……"蒋以当时国民政府主席的身份，如此"高抬"大公报，无异于确认了大公报作为舆论权威的地位。

新记大公报所处的年代，中国社会各阶层不介入党派之争的人是绝大多数，其中就包括既有经济实力，又有思想能力和话语权的"中间阶层"。可以说，谁得到了"中间阶层"的支持和拥护，谁就能占得优势，进而赢得天下。因此，"中间阶层"成为当时中国两个最大的政党——国民党与共产党都极力争取的力量。（中共的统一战线政策就是具体体现，而且成为与党的建设、武装斗争并列的革命成功"三大法宝"之一。）而大公报之所以赢得众多读者，成为当时的舆论重镇，正是因为它能够代表"中间阶层"发声，赢得了"中间阶层"的认可。对此，国共两党都看得很清楚。在某种意义上，他们对大公报，或为友或为敌，或拉或打，也都取决于大公报对于自己争取"中间阶层"是否有利。

大公报与蒋介石的关系发生重要转折，是在九一八事变之后。一方面，张学良因为丢掉了东北，招致国人谴责，被迫下野出洋，蒋介石的势力趁势北上，日渐巩固；另一方面，大公报看到日本侵华野心扩张，华北迟早不保，开始谋划向南发展，准备在上海设立分馆。如此，蒋介石出于政治需要，以自己的执政地位拉拢了大公报；大公报基于其所代表的社会阶层属性和自我生存的需要，也靠拢了蒋介石。因此，吴鼎昌做了蒋介石政府的部长，张季鸾则成为蒋介石以"国士"礼遇的座上宾。

指认大公报拥蒋的最早"证据"是，其一，九一八事变后，大公报提出"明耻教战"并大力宣传，其含义是：中日问题非朝夕所致，双方力量悬殊，不宜仓促开战，而应教育民众了解国情以"明耻"，传播军事知识以"教战"。其二，西安事变发生时，张季鸾著文公开指责张学良、杨虎城，维护蒋介石的领袖地位。国民党还把他的文章加印数十万份在西安上空用飞机散发。

这两件事，前者被指与蒋介石的"攘外必先安内"政策契合，后者则明显是在拥蒋。但是，"明耻教战"说的是忍辱发愤，"攘外必先安内"打的是共产党，二者的出发点显然不同。即或有文章说，大公报提出"明耻教战"是出自蒋介石的授意，那么，这样的表述也并无"不抵抗"的含义。后来的事实更证明，大公报是坚决抗战的。至于西安事变中指责张、杨的，也绝非大公报一家，连共产国际都明确表示反对，要求中共联蒋抗日，最终也是中共促成了事变的和平解决。据此指责大公报"投靠蒋介石"，也属牵强。

事实上，大公报的拥蒋，源自它在抗战期间极力鼓吹的"国家中心论"——既然国家重于一切，那么，作为国家领袖的蒋介石自然也就成为拥护对象了。张季鸾曾经这样对徐铸成阐述他的看法："要抗战救国，必须要有一个国家中心。蒋先生有很多地方也不尽如人意。但强敌当前，而且已侵入内地了，没有时间容许我们再另外建立一个中心。而没有中心，打仗是要失败的。所以，我近几年千方百计，委曲求全，总要全力维护国家这个中心。……当然，我仍希望蒋先生从一党一派的小圈子里跳出来，真正成为全民的领袖。建国大业如果在他手里一手完成，可以顺理成章，省事得多。但那时我们要坚持一个口号，即国家至上，民主第一，以此号召全国合作。会得到读者的同感。"（见《报人张季鸾先生传》，三联书店1986年版。）可见，他鼓吹"国家中心论"，考虑的并非如何拥蒋，而是国家和民族的利益。在事关民族存亡、亟须团结抗日，连中共都承认蒋的领导地位的历史背景下，大公报的这种立场应该是可以理解的，至少不应该构成"投靠蒋介石"的罪名。

不过，大公报"三巨头"与蒋介石又确实都有私人关系。

吴鼎昌到国民党政府去做高官，最后成为中共通缉的战犯之一，他与蒋介石的关系自不必说了，也没有更多可辨析的。但由于从"新记"开张之始他就依约很少干预报纸的编务，做官后又辞去社长一职，所以，吴对大公报的影响，较之胡、张明显要小得多。特别是大公报的言论、报道，无论正确与否，都与吴鼎昌的关系不大。

张季鸾与蒋介石的私人关系最好，成为可以不经通报而登堂入室的"幕僚"，并且说过"除了蒋先生，谁都可以骂"之类的话，因此被认为是蒋的"拥趸"，以致影响了其言论的"中立"和"公允"。但历史地看，张的作为仍不失中国士大夫操守，对蒋并非俯首帖耳，也没有证据说他为虎作伥（有人说，张曾参与蒋的对日和谈秘密外交，受蒋之托多次到香港活

动，但迄无确凿证据证实），倒是有事例表明，他对蒋时有诤言。如 1941
年6月5日，日军飞机对重庆实施昼夜"疲劳轰炸"，大批市民隐蔽于隧道，
因天气炎热，时间过长，加之通风设备停电，空气恶化，于是乘隙争相出
洞，而防守洞口的士兵却以"警报未除"阻止人们出来，结果秩序大乱，
前面的人阻于洞口，多被后面拥上的人群践踏而死，并且堵塞了洞口，因
此空气愈发不畅，导致后面更多的人窒息而死，造成骇人听闻的惨案，引
得舆论大哗，街谈巷议都是对政府的责骂。大公报连发四篇社评，主张追
查责任，以平民愤。当时，张季鸾已病入膏肓，仍扶病面见蒋介石，直
言："这是长沙大火之后的又一重大事件，你应该严办，以平息舆论，收
拾人心。"蒋接受了张的意见，下令调查，但最后也不过是免去了重庆卫
戍司令刘峙兼任的防空司令一职，给一位副处长撤职处分了事。徐铸成先
生说，张季鸾"有名士做派，但喜欢受恭维，太重感情，蒋以国士待之，
他便以国士报之。"这话是中肯的。

1941 年 9 月 6 日，张季鸾病逝，蒋介石当日发唁电称："一代论宗，
精诚爱国，忘劬积疴，致耗其躯。握手犹温，遽闻殂谢，斯人不作，天下
所悲。"公祭时，蒋又亲至西安行礼，可见张和蒋的确有交情。但需要指
出的是，张与蒋的关系到他病逝为止，时在抗战中期，蒋是当时全国公认
的领袖，以今天的语境谈张季鸾拥蒋或反蒋，都要考虑到历史背景。况
且，对张季鸾的病逝，在延安的毛泽东、在重庆的周恩来等中共领袖都有
赞誉很高的唁电、挽联，也从另一个侧面说明，张季鸾不仅仅是蒋介石的
朋友，也是国共都欲争取的对象。

胡政之与蒋介石建立关系最晚，交情也最浅。张季鸾病逝后，胡循例
增补为国民参政员，跻身"庙堂"，才算正式与蒋介石"搭边"。此前，胡
并不愿接近蒋，且对蒋多有微词，甚至"尖锐批评"（徐铸成语）。他与张
季鸾的矛盾就包括对蒋的态度。徐铸成先生说，"胡曾屡次对张的政治态
度表示不满，认为张太靠拢蒋。又说，办报应该和政治保持一定的距离。"
这句话符合胡的办报理念。

但也就是胡政之，在他执掌大公报期间，做了两件与蒋有关、最为人

诟病的事情：一是 1945 年初，胡通过蒋（据说背后有吴鼎昌的介入）以官价购买了 20 万美元外汇，准备抗战胜利后购买新机器，装备复员后扩张的大公报。二是 1946 年 11 月，胡以"社会贤达代表"身份出席了"制宪国大"，为蒋介石捧场。

抗战期间，中国外贸断绝，外汇紧缺，黑市与官价相差一二十倍。胡通过蒋以官价换汇，得了"便宜"，也落下了"卖身"的骂名。而那个"制宪国大"，中共、民盟都明确拒绝参加，由国民党一党包办，不具合法性。胡的出席，当然被视为投靠。现在看，胡政之所为，前者目的还是图谋大公报的发展，而后者则不免"吃人嘴短"，付出了政治代价。尽管那 20 万美元的外汇算不得国民党的津贴，出席"国大"也属无奈之举，但无论如何，胡政之难辞其咎。

最后，需要特别指出的是，尽管大公报"三巨头"都与蒋介石有交往，但无论他们的关系亲疏，"交易"多少，都不等于大公报就投靠了国民党。毕竟，作为一张有影响的报纸，大公报的成功是更多的采编人员辛勤劳动的成果。考察大公报的政治立场和倾向，不能只看它的领导层，更多的、特别是有代表性的大公报采编人员及其作品，是影响和体现大公报主流不可忽视的重要因素，而他们中大多数人的政治立场、思想意识是与国民党"不搭界"甚至格格不入的。一个不争的事实是，国民党垮台时，大公报津、沪、渝、港四馆的骨干编辑、记者没有一个人去了台湾（按说他们有充分条件），就是他们政治取向最有力的证明。如此，指责大公报"投靠蒋介石"乃至国民党，显然有失公允，更缺乏事实依据。

也说"小骂大帮忙"

大公报顶着多种恶名，几十年"不得翻身"，其中"分量"最重的一条"罪状"，就是指控它对国民党"小骂大帮忙"。这一说法流传甚广，可谓"深入人心"，以致连大公报人自己都开玩笑说，假如猜灯谜，用"小骂大帮忙"做谜面，谜底肯定就是"大公报"。

那么，关于大公报对国民党"小骂大帮忙"这个说法是怎么来的呢？极左年代的影响不说了，况且那也是"借用"了曾经的说法。如果追根溯源，各种版本很多，如九一八事变以后南洋某华文报纸批评大公报鼓吹"明耻教战"说、郭沫若与大公报特别是张季鸾因情感问题结下的恩怨说、恽逸群站在"无产阶级革命立场"，以揭露国民党真相及其帮凶的论著说，等等，都比较牵强，不足为凭。能够令人信服、并且可以作为依据的，还是看看大公报自己怎么说吧。

1943 年 10 月 1 日，重庆大公报针对战时新闻检查条例愈来愈苛刻，各报只能采用中央社和新闻检查处审查通过的稿件的现实，发表社评《今后的中国新闻界》，其中有这样一段话：

> 为了国家利益着想，有人谓报纸对于政府，应该是小批评，大帮忙。假使批评为难，则帮忙时也就乏力。因为在那种情况下，一般民众以为反正报纸都是政府的应声虫，不会有真知灼见，而国际读者也以为你们的报纸没有独立精神，而不重视，到那时报纸虽欲对政府帮忙，而也没有力量了。由此见解，我们以为，政府应该放宽新闻检查的尺度，使报纸渐有活气，一可培植舆论的力量，并可给报界以产生人才的生机。

这是有据可查的、大公报自己有关"小骂大帮忙"的原始文字记录。不过，这里用的是"批评"而非"骂"，但含义是相同的。而且，它本身就是对国民党控制舆论的批评。这个批评，又与此前八个月，大公报因为刊登张高峰通讯《豫灾实录》与王芸生社评《看重庆，念中原》，被当局处罚停刊三天的事件不无关联。大公报身受舆论控制、新闻检查之害，怎能不借机发声？

接下来的问题是，既然大公报自己都"承认"了对国民党政府"小批评，大帮忙"，是不是就可以坐实了它的"反动"呢？不然。

近年来，随着大公报研究逐步突破"禁区"，对于"小骂大帮忙"，许多研究者做过不少论证，说明那是不实之词。当然，也有人坚持这个定性无误。不过，无论正反双方，都有偏颇，譬如，从论证方法上看，常常用大公报批评共产党（或国民党）的言论、报道来"反证"其帮助了国民党（或共产党），为什么不能用更直接的方法来说明问题呢？这与论据不足有关。

先看肯定大公报"小骂大帮忙"的论据。

在时间节点上，主要集中在内战初期。对于大公报在抗日战争中的表现，中共方面是充分肯定的。1941 年张季鸾病逝，毛泽东、周恩来分别发唁电、送挽联，内有"坚持团结抗战，功在国家"、"文坛巨擘，报界宗师，谋国之忠，立言之达，尤为士林所袷式"等赞誉。抗战胜利后，毛泽东到重庆谈判，不仅单独会见过大公报负责人，而且亲率周恩来等赴大公报宴请，并为之题词"为人民服务"，这些都表明了中共对大公报曾经的态度。1958 年，周恩来在与时任香港大公报社长费彝民谈到新记大公报的历史贡献时，还曾肯定：第一始终是爱国的；第二是坚持抗日的；第三为中国新闻界培养了众多杰出人才。而内战三年，又是初期，在新记大公报二十三年的历史上很短，仅据几篇言论、报道便全盘否定，显然有失公允。

在材料取舍上，大多选择的是社评，最"著名"的也不过三五篇。批评旧大公报，列举它的言论，特别是代表其整体立场的社评，固然是一种重要依据。但是，报纸并非论坛，新闻才是根本。社评只是报纸的一部分，更多的新闻报道才是其主体，不考察主体而定论，难以服人。即使白纸黑字能够证明大公报的某些言论确有拥蒋反共的内容（绝非全部），也不能因此就认定它"一贯反动"。况且，大公报人并非铁板一块，更非一党一派，都是具有独立精神的自由知识分子，他们发表的文章，特别是不同的记者所发新闻报道更非"口径一致"、"舆论一律"，同样有白纸黑字留存，为什么不能全面考察，而只"攻其一点不及其余"呢？

再看否定大公报"小骂大帮忙"的论据。

反驳同样需要充足的论据，现有大公报研究使用的多是间接材料，又缺乏当事者言，不能不说是论证中的一个缺陷。譬如，说大公报也曾"骂"过国民党，"骂"了些什么？说大公报"帮助"过共产党，宣传过共产党的主张，依据是什么？都需要掌握更多的第一手资料，做深入的分析才能令人信服。这其中，就应该包括亲历者说。事实上，仅从大公报人中有许多中共秘密党员和爱国、进步知识分子这一点上分析，说他们违心地给国民党"大帮忙"，无论如何是讲不通的。

1943 年《大公报》停刊事件的当事者之一、曾经活跃在抗战、内战一线，后来也不断"惹祸"的记者张高峰，曾经这样评说"小骂大帮忙"：

"我在各地采访，没有领导给我什么指示，也没有哪位领导或明或暗提示过我，写报道要注意对国民党政府遵循'小骂大帮忙'的'原则'，更不必说有什么政学系的指示或意图必须照办。我个人思想上，不仅没有'小骂大帮忙'这样的概念，反倒是一有机会就要'骂骂'国民党政府，而且往往是'大骂'，决无半点'帮忙'之意。我的'小骂'、'大骂'报道，大公报没有一篇不刊出的。因为'大骂'，才有大公报被勒令停刊三天；因为'大骂'，才有国民党几次逮捕我；因为'大骂'，也才有 1948 年底当局控告渝版大公报，罪状十条，其中三条是我写的东北通讯。我还敢肯定，与我比较要好的大公报编辑、记者同样持有我这样的态度。例如子冈写的报道，几乎都是'大骂'国民党的，同样照登不误。'小骂'也好，'帮忙'也罢，要拿事实来说话。"

大公报著名记者吕德润先生，抗战中随印缅远征军采访，内战时与张高峰曾同时派驻东北。他对笔者讲过这样的故事：当时驻东北的各报记者都喜欢穿国民党军装备的美式军服，东北保安司令长官杜聿明主动表示要给我和高峰全套配备，以示"优待"。我们婉言谢绝了。杜聿明奇怪地说，别的记者都抢着要，你们为什么不要？我们开玩笑说，吃人嘴短，拿人手软。穿了你们的衣服，就不好"骂"你们了。弄得杜聿明哭笑不得。1947 年夏天，国共双方在四平激战，最终以陈明仁所部坚守成功，林彪的民主联军撤退结束。长官部组织记者去采访"国军大捷"，高峰回来却写了长篇通讯《哭四平》，诅咒祸国殃民的内战，替老百姓"大哭"一场，气得长官部的人说，大公报记者不"祝捷"反"哭丧"，简直就像共产党。其实，我和高峰都没有党派身份，大公报也从来没有什么指令，我们只是凭着记者的良心写报道。

张高峰和吕德润的回忆，是当事者以亲身经历对"小骂大帮忙"这一不实之词的直接反驳。虽然这其中有他们难以避免，也可以理解的对自己曾经服务过的大公报的感情因素，但他们说的都是实情，有据可查。而且，这些话是在他们离开大公报多年，经历过人生风雨，步入古稀之年所说，可谓肺腑之言。如果有更多的老大公报人说出更多的内情，相信不仅对"小骂大帮忙"，而且对整个大公报的研究都是不可多得的"证据"。可惜，如今老大公报人存世无几，抢救大公报史料的工作已经晚了。庆幸的是，尚有旧报纸在，这是新闻史研究较之其他领域的特殊优势，而且比个人回忆更真实、可信。

最后需要指出的是，从历史的角度看，实事求是地说，一张报纸要在执政党的统治下生存，对它有所维护乃至"帮忙"，也是合乎情理的。如果一张报纸整天"大骂"执政党，还能够生存几十年，并且成为舆论重镇，岂非咄咄怪事?! 这在任何国家，任何条件下，都是不可能的。

"四不"缘何变"两不"

近年来，在为大公报辩诬、正名的过程中，大公报早年社训"不党、不卖、不私、不盲"被许多人一再提起，成为肯定大公报历史地位和正面评价的重要依据。似乎正是由于大公报始终坚持了"四不"，才有了它后来的成就与辉煌。

然而，还有当事者的不同说法，笔者初见也不免感到诧异。

曹世瑛先生在谈到大公报这个"四不"社训时说："1926 年 9 月 1 日

新记公司续刊之日，宣布的社训是'不党、不卖、不私、不盲'，和1902年英敛之将报名定为'大公'一样，本来是一种标榜。纽约时报的社训是'（本报刊登）所有适于登载的新闻'，(All the news that's fit to Point) 但'适'与'不适'，完全由他们来决定。大公报的'四不'也没有什么意义，不过是'言不二价，童叟无欺'一类的东西。……这个'四不'从来没有挂过一块牌子，后来到报社工作的人根本不知道还有个社训。"（见《民国的报业巨头》，中国文史出版社2013年版。）

曹世瑛先生所说，虽然只是一家之言，却不能不给予关注。因为它关系到对大公报的评价问题。为此，笔者回忆与先父曾经的多次交谈，以及所见大公报前辈的诸多私人通信中，确实鲜见谈论"四不"；张高峰在1949年以后历次政治运动中，写过累计数十万字有关大公报经历的"检查"、"交代"，竟也未曾涉及"四不"。此外，大公报资深编辑贺善徵先生也说过："这'四不'主义很笼统，可作各种解释，亦不能视为言论方针。"由此可知，曹世瑛先生所说并非个人成见。现在看来，这种现象与大公报在实践中并未明确地始终贯彻"四不"有关，而不在于大公报人是否知晓"四不"。

事实上，大公报的"四不"一直在演变，特别是在"不党"问题上尤其明显。

古语"君子不党"，与现代意义上所说的"政党"概念相通。《大公报》创刊时声明："对于中国各党阀派系，一切无连带关系耳……原则上等视各党，纯以公民之地位发表意见，此外无成见无背景，凡其行为利于国者拥护之，其害国者纠弹之。"从实践看，总体而言，大公报后来基本上是按照这一承诺做的，即"不允许员工公开参加党派活动，也尽可能不结怨于任何党派。"前一句容易理解，也能够实施；但后一句要实际做到却几乎是不可能的，因此只能说"基本上"。

报纸是人办的，人都是有思想的。尽管大公报始终公开标榜自己奉行"自由主义"，坚持"独立地位"，亦即"不党"的立场，但由于它的绝大多数采编人员是属于小资产阶级范畴的知识分子，其思想和表达不可避免地带有其所属社会阶层的主观倾向和思想感情。在当时的社会现实面前，特别是在中国的两大政党——国民党与共产党为争夺政权兵戎相见、打得你死我活的历史背景下，作为社会公器的《大公报》，怎么可能保持其"纯粹独立"而"不党"的立场呢？

过去对《大公报》负面评价的第一个"罪名"，就是说它"是国民党政学系的机关报"。现在，有论者已经澄清，所谓"政学系"，不过是国民党内几个意气相投的高官交往小圈子，既无组织，也无纲领，更无机关，何谈机关报？因此，指认《大公报》是"国民党政学系机关报"的说法是站不住脚的。

但是，还应该指出的是，此话也并非空穴来风，因为吴鼎昌到国民党政府去做官，是有政学系人脉背景的；张季鸾早年也确实与政学系有关系。曹世瑛先生在给张高峰的通信中说："强调大公报同政学系没有组织关系，没有经济关系，没有派人，没有给大公报任何指示等等，都是事实，但这不等于'没有任何关系'。张季鸾不是同盟会，不是国民党，不是国会议员，自然谈不上政学系。但是，他与政学系的主要人物谷锺秀、李根源等私人关系很好，又曾两度担任有政学系背景的中华新报总编辑。后来他做了大公报的总编辑，但思想没有改变。没有政学系的引荐，他怎么会成为蒋介石的座上宾呢？"曹世瑛先生所说，还有张季鸾的同乡好友、实业家康心之的回忆为证。因此，如果说，张季鸾主持大公报期间，有政学系的影响或思想流露，也不能说没有一点根据和可能。问题的关键在于，大公报是同人报而非机关报，政学系一不给钱，二没派人，三无指令，张季鸾作为总编辑，也不可能以政学系的思想指挥大公报同人；即使他受政学系某些人的影响，也与大公报本身无关。况且，张季鸾1941年即已病逝，接掌大公报总编辑的王芸生，不仅与政学系无关，而且对国民党都常常"大不敬"，再说大公报受政学系的影响，就更没有道理了。不过，为了尊重历史，也为了更好地研究大公报，对于吴鼎昌、张季鸾与政学系的交往和张季鸾曾经服务于政学系的历史事实，不能因为否定大公报与政学系关系的需要而刻意回避。

同样不可否认与回避的是，大公报里更有许多中共地下党员。新记早期，大公报记者吴研农（1949 年以后曾任中共天津市委秘书长）的中共党员身份暴露后，是胡政之资助其逃往日本的。而张季鸾的继任者、总编辑王芸生，也曾是中共早期党员，虽然在大革命时期公开登报脱党，但其思想倾向却不能说就右倾甚至反动了，就其后来的表现看，说他"偏左"或许更恰当。更重要的是，抗战期间，特别是新记后期，大公报采编人员中有了越来越的中共地下党员，其中有些人并且成为 1949 年以后北京大公报的骨干。就已知的史料看，大公报不容许国民党员存身（如发现津馆"大牌记者"张逊之是国民党员，设法迫其离职），却包容了不少共产党员，（如著名记者徐盈、子冈、李纯青、杨刚等）如果说，大公报违背了"不党"的承诺，那么，与其说它右转，不如说其左倾更符合事实。这一点，更被天津大公报的中共地下党员在平津战役中所做的情报、策反工作所证实，其中最突出的，就是众所周知的傅作义的女儿傅冬菊"卧底"的事例。

需要澄清的另一个问题是，某些有关大公报包容中共地下党员的文章中说，大公报的负责人明明知道他们的身份，却采取了"睁一只眼闭一只眼"的态度。这并非事实。在目前能够看到的史料中，还没有一个新记时期大公报人（包括曾经的中共地下党员）的回忆中有共产党公开活动的内容，其身份自然更不可能暴露。徐盈、子冈夫妇是 1938 年秘密加入中共的，先父与他们共事多年，且为挚友，当时也并不知道他们的这个身份。据徐盈之子徐城北回忆，徐、彭入党时，组织上即有规定：一不过组织生活，二不发展党员，三不交纳党费。可见，中共在大公报发展或安排地下党员，是为长远积蓄力量，或者仅为身份掩护，并没有在大公报内部"闹革命"的要求。（原中共中央政治局委员、国务院副总理钱其琛，抗战胜利后入上海大公报做职员，以此身份做掩护，从事上海学运工作，但在馆内从未有过活动。）说大公报负责人包容了共产党人，也只能解释为他们"偏左"的政治倾向和"用人之长"的经营之道使然，客观上起到了掩护作用，而所谓"明明知道他们的身份，却睁一只眼闭一只眼"的说法是夸大其词了。

关于"不党"的话题，特别值得注意的是，1943 年 9 月 6 日，张季鸾去世两周年，胡政之宣布了《大公报同人公约》五条，第一条是"本社以不私不盲为社训……"。"四不"变成了"两不"，没有了"不党、不卖"，这是为什么？显然与变化了的实际情况相关。但对于这个重要变化，至今鲜见深入研究。而它对于赞美大公报始终坚持"四不"，一贯"超然"的评价，无疑是一个否定。

曹世瑛先生对此的说法是：（"四不"方针）"宣布时没有意义，而取消'二不'却是意义重大的事，这等于承认从此又党又卖！……（大公报）何必当众自打耳光呢？胡政之显然是被动的。听说报社有些鸡毛蒜皮的小事，他都要请示吴鼎昌，这样大的事情他是不能自作主张的。可能是吴鼎昌的决定，也可能是蒋介石的要挟。"（出处同上）这"听说"与"可能"只是曹世瑛先生的个人猜测，若坐实，则需要证据。但无论如何，大公报取消"不党"承诺，值得研究者注意。

至于"不卖"，抗战胜利后李国钦、王宽诚的投资入股，事实上已经打破了大公报由吴鼎昌独资经营的局面，而那20万美元的官价外汇，也让"不卖"无光了。胡政之的"两不"自有其含义在。

不过，尽管大公报在"不党"问题上发生了很大变化，但大公报的绝大多数采编人员确实是无党派的，他们采编的文字，更能够比较全面地体现大公报人的政治立场和政治倾向。具体说，抗战中，他们是爱国的，并且积极投身抗日宣传；内战中，他们是呼吁和平的，并且在立场上偏左，至少是同情中共，谴责国民党的。这些都白纸黑字印在报纸上，不是谁凭主观判断或者断章取义就能够否定的。

当然，因为无党派，大公报多数采编人员的文字既不会为某党派服务，也难免"结怨于"某党派。特别是在国共双方为维持与夺取政权而战的时候，任何不利于某一方的文字都必然"结怨"，甚至遭到打压。他们采写的报道、编辑的版面常常被某一方面指责，也并不奇怪。以王芸生为例，尽管张季鸾在把言论之责交给他时说过，"你写社评，只要不碰蒋先生，任何人都可以骂。"王后来还是"得罪"了蒋，蒋对王即使不是"恨之入骨"，也是很难见容于他了。

"王芸生就是大公报"质疑

"王芸生就是大公报，大公报就是王芸生"，这句话出自王芸生之子王芝琛，据说是王芸生在"文革"中为"开脱"同人、承担大公报的"罪责"时所说。如果据此引申王芸生视大公报为安身立命之本，个人荣辱与之息息相关，是可以理解的，但若据此判定大公报的历史地位，并且给予实事求是的评价，则显然有失偏颇，也很难成立。

的确，谈大公报不能不说王芸生。张季鸾之后，王芸生所写的社评在相当程度上代表了大公报的立场，而且，作为总编辑，他也在相当程度上左右着《大公报》的版面，因此，王芸生在大公报的发展历史上有着举足轻重作用和意义。基于同样的理由，后来批判大公报，指控大公报种种"罪名"的"有力证据"，也几乎都是出自王芸生之手的大公报社评，还有他与曹谷冰 1962 年奉命合写的长篇史料《1926 年至 1949 年的旧大公报》（载全国政协《文史资料选辑》第 25—28 辑），以王芸生在大公报的地位和作用，拿他的言论、评价给大公报"定罪"，也算是有一定的"道理"。

然而，事情并非那么简单。判定一张报纸的功过得失，仅以一人（尽管他是总编辑）的少数文章（在他数以千计的作品中只占极小比例）就作出定论，显然不足为凭。更重要的是，《大公报》作为一张无党派背景的同人报纸，不是某个人或几个人的私产，它能够生存、发展，乃至成为一个时期内中国的舆论重镇，也不是一个人或几个人可以实现的。大公报的功过得失，与大公报的全体采编人员都有关系，特别是那些有代表性的编辑、记者，都有贡献，当然也包括过失。

一个简单的事实是，许多论者评价说，社评、通讯、星期论文和副刊（一说新闻专电或标题）是《大公报》的重要特色，也是大公报形成其地位和影响的决定性因素，而这些特色的打造和形成，绝非总编辑一人所能做到的，需要许多人的努力。那么，评价大公报，怎么可以仅看王芸生，或者仅看社评呢？况且，《大公报》是新闻纸，毕竟要靠新闻赢得读者，没有新闻，特别是战乱中人们最关心的时局新闻，就没有那些针砭时弊的社评，读者也不会只读报纸言论。

还需要指出的是，《大公报》的社评并非出自一人手笔。1948 年 1 月 5 日，胡政之在《大公报》上曾公开声明：

> 大公报原是书生论政的组织，……有一重要特质，就是立论是不私不盲，发言是团体负责，我们的社评是由社评委员会开会共同讨论意见，根据结果，指定一人执笔。……社外许多朋友欢喜知道某篇文章是出自谁人手笔，季鸾总向人解释，大公报的社评是不署名的，反正都是大公报说的话，你们不必管它是出于何人之手。这几句话，就可说明大公报社评言责在于社评的本身。……我们现在内部不但不是一二人负责的场面，抑且一步一步的向着民主化的路在走，任何事情都不是谁人可以个人自由处决，而是要根据众人意见作最后决定的。这一点，社外人不甚明了，免不了陷于一般事业之重视个人，而忽略了团体性之重要，论功责过，都免不了有违反事实苛责个人之处。

胡政之的这个声明，本意是针对国民党《中央日报》点名"骂"王芸生为之开脱的，同时也阐明了大公报与作者个人的关系。但是，曾经同为大公报社评委员会成员的李纯青先生则另有说法：大公报社评"由王芸生一人操纵或指挥写作。当然，它也代表了大公报的基本态度。""说'王芸生就是大公报，大公报就是王芸生'，这话有点过饰。但大公报社论确实也包含着王芸生个人的书生之见。……国内尖锐的政治问题都由王芸生自己执笔，而且事前皆不与人讨论，可以说，那大公报社论主要就是表现王芸生个人对时事的纵横谈。""王芸生先生有其长处也有其短处，短处是骄蹇自满，独断独行，很少听人意见，更不受人指挥。他只尊敬两个人，一是张季鸾，一是陈布雷。……其文章激情洋溢，江河直泻，能引人入胜，但对问题并未深入，看不出事物的本质。（见《笔耕五十年》，三联书店1994年版。）

李纯青先生所言是客观的：大公报的言论与王芸生密切相关，代表其基本立场，但由于王芸生自身的弱点，又往往不免偏颇，甚至只是他的"个人书生之见"。

由以上种种，我们可以得出结论：评价大公报不是评价王芸生；评价王芸生也不等于评价大公报。大公报有功，非王芸生一人之功；大公报有过，亦非王芸生一人之过。

当然，作为总编辑，王芸生给大公报的命运带来重大乃至决定性影响的事例是不能否定的。譬如，1943年2月，他根据记者张高峰的通讯《豫灾实录》撰写社评《看重庆，念中原》，招致国民党当局处罚大公报停刊三天，轰动了大后方，也成为今天人们赞誉大公报的重要说辞。又如，新中国成立前夕，王芸生经过痛苦抉择，北上"投降"共产党，决定了大公报的政治转向。而最大的反面事例是，他与曹谷冰合写的那篇《1926—1949的旧大公报》，"自我讨伐"的同时，全面清算并彻底否定和葬送了旧大公报。由于王芸生的特殊身份，他的结论等于给新记大公报盖棺论定，影响所及，不仅贬损乃至否定了张季鸾等前人，而且在某种意义上把当年服务于旧大公报的许多同人（包括中共地下党员、进步记者、编辑）也定位于"反动文人"，招致厄运。未知王芸生晚年痛心疾首，追悔莫及，自称"最大的违心之作"、"愧对季鸾兄"时，是否也包含对同人的愧疚？他身后追悼会上，一些本应该也能够到场的老大公报人却没有去，是否耐人寻味？

"大公人"怎样看大公报

这里所说的"大公人"，是指新记创办到抗战胜利之前入馆的大公报人。他们是大公报草创、发展，走向鼎盛和转折的亲历者、当事人，新记末期大多已是报社骨干，因而是大公报话题最有发言权者之一。况且，他们当中绝大多数是知识分子，具有相当的判断能力，更是以"客观、公正报道"为己任的编辑、记者，他们的讲述与评说，虽然不失感情色彩，难免主观倾向，但毕竟能够说出更多的历史事实，而且是第一手资料，与研究者比较，在某种意义上更有价值，因为后者基本上是以前者的作品或讲述为依据，作出分析、判断和评说的。

1991 年，中国文史出版社出版了周雨主持编辑的《大公报人忆旧》一书，收集了近三十位大公报人的回忆录，作者绝大多数在抗战胜利前入职，是大公报研究中迄今所见唯一一本亲历者的实录著作。如今，新记时期大公报人绝大多数已经作古，存世者如凤毛麟角，至少也是耄耋之人了，再做这样的搜集几乎成为不可能，因此，主编者和出版者做了一件堪称"功德无量"的好事。

不过，细读这本书，读者会发现，一些大公报著名人物如孔昭恺、徐盈、子冈、朱启平、高集……的文字阙如，有些文章还是旧文，撰写者也大多只叙事实，不作或少作评说，这是为什么？

据笔者所知，早在 1986 年，全国政协文史委就有意征集大公报史料，并且召开过两次座谈会，但是，一些老大公报人却婉言谢绝出席。其中，或因心有余悸，思想尚有禁锢；或因有话不便说，又不想违心；当然，也有个人健康原因。总之，不甚理想。此后，周雨出面组织约稿，发函给许多老大公报人，从他与张高峰的通信看，应者意见两歧，有人积极，有人谢绝，也有人只愿以旧文"充抵"。几经反复，历时三年多，才编成了这本书。此书原定名《抗战前后的大公报》，而征集稿件的结果却已经远超原定主题，于是改为《大公报人忆旧》。先父提供了回忆文章，也未局限于抗战前后。但此书出版时，他已经谢世。

"大公人"是一个群体，共同点在都是知识分子，崇尚自由主义，追求职业理想，不同点在入职时间不一，与报社关系各异，加之政治倾向、个人志趣乃至人事纠葛等多种因素，对大公报的看法与评价当然不尽相同，而且有的人愿意提供，有的人则选择回避。这都是可以理解的，只是给后人留下了几许疑惑、缺憾。

譬如孔昭恺，1928 年即加入大公报，历任新记时期渝、津、沪三馆编辑主任，北京大公报副总编辑，长期主持版面工作，直至"文革"中大公报停刊，是在大公报供职时间最长者之一。他写过一本《大公报坐科记》，成为珍贵史料。但他晚年在北京市政协从事文史资料工作，却几乎不愿多谈大公报。作为几十年的合作共事同人，他也没有出席王芸生的追悼会，个中缘由，很难揣测。

又如徐盈，1936 年入职大公报，1938 年秘密加入中共，是大公报的重要骨干，更是 1949 年改组天津大公报的主要领导成员，但他对大公报却极少评价。至少在笔者所见他与先父多年的通信中，谈到新记大公报，除了表明应取"一分为二、实事求是的态度"外，没有更多的文字。徐盈是全国政协文史委员会的领导成员，文史委组织收集大公报史料，他不仅理当积极参与，而且应该热情支持，但他却没有主持其事。（这也与他 1987 年突然中风卧床有关。徐盈夫人彭子冈更是大公报"干将"，声望甚至超过徐盈，也无评价大公报的文字存世，即使在她病中口述、由其子徐城北整理发表的文稿中，也没有这类文字。）周雨曾说，徐盈"很关注"这本书，但奇怪的是，徐盈在病中与先父通信，对此竟未着一字！或许，作为新记大公报的重要骨干，又是中共地下党员，以及当年彻底否定旧大公报、改组进步日报的"宣言"签署者之一，他有难言之处？

再如高集，1940 年加入大公报，历任记者、编辑、特派员、编辑主任，参与过许多重要采访报道，1950 年调人民日报。他在大公报的资历，虽然较之于早期的老人稍逊，但却有一层特殊关系——张季鸾是其姑父。按说，他对大公报应该可以写很多史料，但他没有应征此书的稿约，为什么？不得而知。2002 年，大公报百年纪念，高集曾写过一篇较长的回忆张季鸾的文章，对张高度评价，充分肯定，而对大公报，只留下"自有公论"一句话，没有更多的评说。不过，他在文章中说，1940 年刚进大公报时，子冈就告诉他"我是共产党"，似不可信。因为这不符合秘密党员的组织原则。

至于朱启平，这位曾经现场采访日本向盟国投降、签字仪式，写下新闻通讯名篇《落日》，后又常驻美国，发表过许多有影响的国际报道的大公报杰出记者，1957年被打入"另册"，沉寂二十二年。恢复名誉后，回到香港大公报工作。他没有留下评价大公报的文字，可能与下面所说有关。

香港大公报是留用新记时期老人最多的所在，先父曾开列了一个名单，建议周雨去约稿，结果只有当时因案困居北京的罗承勋写了一篇关于大公晚报的回忆。（李侠文的稿子是周雨自己约来的，李并约来唯一一篇海外来稿，即梁厚甫的《美国人怎样看大公报》。）港馆老大公人为何不写？亦不好妄加猜测。

那么，其他应约写稿人呢？譬如与大公报渊源很深的徐铸成提供的史料如何呢？同样存在争议。研究大公报的学者都知道，徐曾经被大公报解聘过，与王芸生更是有矛盾。徐入职大公报早于王（他是胡政之主持的国闻通讯社成员），而王在大公报的升迁却比徐快。抗战期间，两人分别主持渝馆、桂馆，在办报理念、言论尺度上虽有不同，但基本互不相干。1944年豫湘桂战役中，桂林大公报停刊，人马撤退到重庆，徐、王一时瑜亮，胡政之特意嘱咐徐要与王搞好关系，并派徐去了创刊不久的重庆大公晚报主持编务，回避了矛盾。抗战胜利后，上海大公报复刊，徐奉命主其事，有"笼中鸟脱飞"之感，复刊后的上海大公报也办得有声有色。未几，王到沪，徐次日即辞职去了文汇报。在这样的背景下，要徐不带任何成见地评价大公报，恐怕也有些勉为其难了。事实上，对这本书的稿约，徐铸成只提供了一篇短文，其中大部分也是旧话重抄。

萧乾是二战期间活跃在欧洲战场的唯一中国记者，而他供职的就是大公报。1946年回国以后，又继续工作到1949年。他这段经历，本是最值得"忆旧"的，但萧乾偏偏远离报纸的主体——新闻报道，和他新闻生涯颇具光彩的那段经历，只写了1935—1939年他在大公报编副刊的情况，其他概不涉及。为什么？这就不能不说到这本书的主编者周雨。

周雨，抗战胜利后入上海大公报，六十年代初调离，八十年代退休后开始着手整理大公报资料。从保存真实历史的角度，正确的方法应该是对收集的史料兼收并蓄，立此存照。但据笔者所知，周雨受到当时积极呼吁"恢复大公报"的倡导者影响，为了大公报的"声誉"，对某些老大公报人回忆文章中的"负面评价"做了删节（如认可"小骂大帮忙"，如张季鸾与胡政之的矛盾等），因此引发了不满，以致对他是否"有资格"编写大公报史都提出了质疑——理由是他任职大公报的时间既晚且短，对他没有亲历过的一些史实写错不少，某些评价也不被赞同。后来，对大公报研究颇有成就的吴廷俊教授，曾对周雨所著《大公报史》做出了上百条订正，可见其问题所在。不过，即便如此，周雨主编了《大公报人忆旧》，撰写了《大公报史》，对于保存史料、研究大公报都做了一件很有意义的事情。这是应该肯定的。

说了上面这些陈芝麻烂谷子的旧事、琐事，并非要论人事纠葛，孰是孰非，而是想就此指出，即使是对出自大公报历史当事者之手的史料，也需要了解更多的背景，做必要的辨析（当然，《大公报人忆旧》多数止于事实记述，涉及评价问题也比较客观）。正是从这个意义上，笔者对大公报的认识，更愿意相信那些印在当年报纸上的原始文字，那是抹不掉也改不了的历史记录，是认识和评价大公报最直接、最有力的依据。因此，后文中将更多地引述大公报原载文字。（除注明者外，均引自当年天津大公报。）

用历史的眼光考察大公报

对大公报的考察与评价，是近年来中国新闻史研究中一个争论不休、褒贬不一的问题。这里有一个关键，就是站在什么角度考察大公报，或者说，把大公报置于一个什么样的历史位置去考察。

在新记大公报存续的二十三年历史中，抗日战争胜利前后，是一个重要的历史节点。此前，团结一致抗击外侮，是主题、主流，中国各党派、社会各阶层，包括大公报在内的舆论工具，是否爱国，是否抗日，是考察其进步或反动的主要依据。大公报鼓吹"国家中心论"也好，拥护蒋介石也罢，都没有脱离当时的历史主流，因此，对于抗战期间大公报的表现，国共两党都是肯定的，与之偶有碰撞、龃龉，亦不失"大节"。抗战胜利后，建设一个什么样的新中国，要民主自由，还是独裁统治，成为以国共两党为代表的社会矛盾焦点，直至双方兵戎相见，以武装斗争一决高下，以国民党垮台而告终。在这个决定中国前途、命运的重大历史转折过程中，站在"中间立场"上的大公报，必然需要作出选择，其左支右绌的表现，也必然为国共两党所不能接受，招致两面批评也就不足为奇了。对于大公报评价的争议，恰恰集中在这段历史中。理清这一点，对于考察、研究和评价大公报十分重要，也十分必要。

既然大公报是历史的产物，并且早在 1949 年就结束了它的"新记"时期。那么，研究大公报，就应该用历史的眼光加以考察，实事求是地给予评价，并且遵循一定的前提。笔者以为，至少应该把握以下几点：

一，把大公报放在它生存的历史条件下去考察、研究。这个历史条件，如前所述，就是中国人民抗击外敌入侵，争取民族独立以及反对内战，追求和平，建设一个自由、民主、独立的新中国的历程。在这个历史进程中，中国社会各阶级（阶层）都有各自的立场和不同的表现，大公报人的社会属性决定了大公报不可能"超然"。考察其在这个历史进程中是否坚持爱国，是否追求进步，乃至是否合乎民意，应该作为重要标准，如果主流不错，大节不亏，就不应该轻易否定。

二，把大公报作为旧中国的民营报纸去考察、研究。大公报生存于中国现代历史上社会最为动荡的年代，也是各种组织、各种思想都在表现的时代，而它既没有党派背景，又不拿任何人的"俸禄"，也就不会听命于任何党派或个人，大公报人只能是自己"发声"。因此，考察、研究大公报，不能以今天的意识形态和党报标准去衡量、判断，否则，必然不能产生实事求是的结论。

　　三，把大公报人作为特定历史阶段的知识分子群体去考察、研究。大公报作为以"文章报国"为追求，以"文人论政"做表达的同人媒体，它的编辑、记者并非"铁板一块"，他们可能无党派身份，但肯定有思想倾向，其立场、观点都反映在报纸上，白纸黑字，立此存照，判断起来并不困难，关键在于不要以偏概全、断章取义，或者以某人某文定是非，"一竿子打翻一船人"。

　　报纸今天报道的是新闻，留存下来就是历史。大公报是历史的产物、民间的报纸、特定知识分子群体的集合，它记录的历史，也不可避免地留下了时代的印记，是是非非，瑕瑜互见。唯有历史的、科学的、实事求是的态度和方法，是其是，非其非，不夸大，不掩饰，不以偏概全，才能从这张曾经记录和影响中国现代历史进程的报纸中，汲取对后人有益的成果。

二、大公报记者笔下的国共两党

——"客观报道"难掩主观倾向

谈新记大公报，不能不说到它与国共两党剪不断理还乱的历史纠葛。如果按照以政治标准观照历史的模式，这个问题甚至成为考察与评价大公报的首要因素。事实上，在中国社会发生历史性重大转折的年代，作为当时具有广泛社会影响的媒体，大公报不可能不与为维持和夺取政权而战的国共两党发生必然的关联，并且在某种程度上不自觉地"卷入"两党斗争。尽管笔者并不认同以研究党史、革命史的思维去研究新闻史，但为了澄清有关大公报的诸多问题，让读者了解一个真实的大公报，这组"闲话"则必须由此说起，用事实说话，而不是简单的推论、定性。

"是其所当是，非其所当非"

没有看过旧《大公报》的读者，可能会认为，《大公报》

出版、发行在当时的国统区，与共产党"不搭界"，不会有多少关于共产党的报道，反而会跟着国民党对共产党多有批评或歪曲，而对国民党却是"小骂大帮忙"。因此，大公报是反动的。

然而，这是一个误解。

实际情况是，作为民间、独立媒体，大公报对当时的中国各党派，特别是国共两党的活动都曾有过许多报道，在某一特定时期，甚至很密集，很详尽。当然，比较而言，身处国统区的大公报对执政的国民党报道多一些，"正面"点，也是正常且可以理解的。问题的关键在于，它是站在何种立场、如何报道国共两党的。

1947 年 7 月 21 日，大公报总经理胡政之在对天津馆编辑部同人的讲话中，曾经总结性地讲道：

> 自清末民初，本报即有敢言之名。慈禧听政，本报曾有归政之主张。洪宪称帝，本报都曾予以指摘。抗战军兴，本报与国家同生死，所以我们拥护国策，支持抗战，对政府帮忙。到胜利之后，形势已变，我们当然也跟着恢复我们民间报纸的身份。但其间绝不含政治的意味。对政府既没有亦步亦趋的必要，更没有与其未必不一致的企图，一言以蔽之，便是"是其所当是，非其所当非"，而且对任何党派，也都采取同样的态度。（见大公报内部刊物《大公园地》1947.8）

胡政之的这段话，回顾了大公报的"敢言"传统，虽然没有"骂"的字样，但含义是清楚的。他把历史追溯到了英敛之年代，却"跳过"了王郅隆时期，这且不论，其要义在最后两句："是其所当是，非其所当非"，"对任何党派，也都采取同样的态度。"从实践看，大公报也基本上是这样做的，对国共两党，都是既有批评也有"帮忙"。不过，胡政之所说的"是"与"非"如何定义，却因为作者或读者的世界观、价值观，乃至政治态度、立场的不同，往往产生相反结果。就是说，大公报发表某一言论或报道，是以它的"是非"标准为取舍的，但读者却可能认为大公报是错的。这特别表现在国共两党的反应上，因为是非标准不同，大公报的言论、报道往往被某一方认为是"骂"自己或者"帮"对方，于是产生纠葛。但惟其如此，这才是大公报"同人办报"、"文人论政"独有的特色；也惟其如此，国共两党才都曾对大公报"施以颜色"。

让我们翻开历史上的大公报，以对国共双方有据可查的报道为主要依据，从"批评"与"帮忙"的角度，做一番比较全面、客观的考察和辨析。

大公报国共报道的基本脉络

大公报对共产党的报道，在国际，最早可以追溯到 1931 年派记者曹谷冰到苏联采访，历时四个月，回来发表《苏俄视察记》，向读者介绍了苏联社会主义建设的成就。在国内，1935 年，范长江以大公报特约记者名义赴西北采访，发表系列通讯，其中第一次客观地报道了中共领导的红军长征踪迹。这些通讯后来汇编成册《中国的西北角》，名动一时；1936 年，范长江又独闯延安，在胡政之的支持下，公开报道了中共抗日根据地的情况和抗日民族统一战线政策。几乎与此同时，大公报记者徐盈、子冈在江西的采访、报道，亦涉及有关中共、苏区的话题，子冈采写的通讯《巨变中的江西农村妇女》中，甚至有一节标题就是"儿子当红军去了"。由于内容新鲜、独特，颇受读者欢迎。抗日战争爆发以后，徐盈又奔波于山西战场，采写了《朱德将军在前线》、《在八路军五台总部》等长篇通讯，向全国读者介绍了朱德、任弼时、徐向前、彭雪枫等中共高级将领，以及八路军的抗战功绩。可以说，大公报对于有关共产党的报道，没有什么特别的禁忌。

抗战八年，《大公报》与中共的《新华日报》同时在重庆出版，周恩来等许多共产党人与大公报人多有往来，有的还是很好的朋友，大公报对中共的态度和报道，可想而知。即使偶有龃龉，也会彼此沟通、谅解，消除误会。如1941年5月21日大公报发表王芸生所写社评《为晋南战事做一种呼吁》，错误地批评了八路军，周恩来当晚即写了一封长信给张季鸾、王芸生，予以澄清。《大公报》不仅全文发表了周恩来的信，并且由张季鸾抱病执笔，再发社评《读周恩来先生的信》，坦诚地交换了抗日救国的意见。

抗战胜利后，毛泽东到重庆参加国共和谈，大公报不遗余力地详细报道，较之国民党的中央日报浓墨重彩得多。1946—1947年国共和谈及军调期间，《大公报》几乎每天都有国共美三方的动态，周恩来、叶剑英、林彪、李立三等许多中共领导人频频在《大公报》上"亮相"、"发言"。即使在国共内战全面爆发以后，《大公报》仍持续报道国共谈判进程，公开发表共产党的主张，直至谈判破裂，中共代表团撤离南京，《大公报》失去有关新闻来源，对中共的报道才日渐稀疏。

公允地说，比较其他国统区报纸，大公报对当时还在野的共产党是"帮忙"多于批评的，否则，也就不会有流传甚广的毛泽东所说"只有大公报拿我们共产党当人"（指大公报没有追随国民党称共产党为"匪"）那句话了。在某种意义上，中国共产党的许多主张、政策、动态，正是通过《大公报》这个当时中国最具影响力的媒体传播出去的（抗战期间，陪都重庆有60万人口，《大公报》发行10万份，超过包括《新华日报》在内的其他各报发行量的总和），使得广大国统区的人们了解了共产党，并且在与国民党的比较中认识了共产党。

需要指出的是，关于大公报抗拒国民党要求报纸"对共党、共军一律称'匪'"的指令，有人夸大为"大公报从来不用'匪'字"。这个说法并非事实。查阅当年的《大公报》，"匪"字同样出现在版面上。实际情况是，大公报记者写稿子不用"匪"字，编辑照发，不做改动。而大公报使用国民党中央社的稿子时，编辑同样不做改动而照发，因此出现了"并存"的样式。这个区别虽然微小，却恰恰是大公报"尊重客观事实"的体现——包括稿件的写法这个事实。改动了中央社稿子中的"匪"字，也就不是国民党的表述了。

至于对国民党政府的态度，抗战时期，大公报在外敌入侵，民族危亡的历史条件下，积极鼓吹"国家中心论"，对这个当时领导全国抗战、中共也承认并将红军改编纳入其国军系列的合法政权，确实是极力维护的，有关国民党的宣传也多，但同时保持着批评的立场，甚至与之发生矛盾、冲突。

国共内战爆发以后，大公报从反对分裂、反对内战的立场出发，以"中立"的姿态，对国共双方都曾有过批评。如果说，内战初期，大公报基于渴望和平、统一的愿望，书生气十足，对在野的共产党批评较多是事实（指责大公报"骂"共产党的那几篇社评，都发表在全面内战爆发之前），那么，内战后期，面对当局贪腐、无能，经济凋敝、民不聊生的现实，大公报对执政的国民党越来越失望，批评也更多，不仅"小骂"，而且"大骂"，以致招来国民党的"反骂"，直至公开迫害，也同样是事实。

《豫灾实录》与大公报停刊事件

说大公报"骂"国民党，以致发生公开冲突，最早且最轰动的一次，就是 1943 年 2 月重庆《大公报》因发表通讯《豫灾实录》及相关社评被罚停刊事件。

2014 年，电影《一九四二》热映，使人们对七十多年前那场饿死几百万、殃及三千万人，却几乎被今天的人们遗忘了的灾难有了一个直观、形象的了解。同时，也知道了有一个美国记者白修德，曾经到河南灾区采访，并向全世界披露了灾情。事实上，当年向全国乃至世界翔实报道豫灾，中国记者是走在美国记者前面的，他就是年仅 24 岁的大公报记者张高峰。

由于《大公报》发表了张高峰的通讯《豫灾实录》，继而总编辑王芸生有感而发又写了社评《看重庆，念中原》，连续批评政府，触怒了当局，招致《大公报》被罚停刊三天的处分。这是新记时期，大公报唯一一次因为批评国民党政府而被公开"惩戒"。因为《大公报》被罚停刊，才有了白修德后来的采访与报道。

《豫灾实录》披露了什么

1942 年底，刚刚从武汉大学毕业的张高峰，奉大公报派遣赴中原做战地记者。他从重庆经陕西去河南，在西安，就看到了蜂拥而至的河南灾民遍布街头，了解到河南遭遇了罕见的大灾。一路东行，更看到陇海路上的西行列车载着成千上万的河南灾民逃往陕西，"男女老少堆得像人山一样，沿途遗弃子女者时有所闻，失足毙命更为常事。"（张高峰报道语，以下引文同。）

车到洛阳，车站内外同样挤满了灾民，许多人苦于领不到盖了赈济委员会图章的白布条而无法上车。他们不得不偷偷地钻进月台，不论什么车，先拼命爬上去再说，以图逃命。遇到路警，挨上几木棍或巴掌，只能苦着脸退出来。许多亲人因此被冲散，又遭到骨肉离散之苦。一位年轻人看到书生模样的张高峰，哭泣着对他说："先生，我娘与老婆都上了车，巡警不准我进站，眼看那火车要开了，谁领着他们要饭哪！老爷，你给我说说情吧！"张高峰同情地领着他到难民登记站去交涉，不料却跟来了同样情形的几十人，有人甚至拿出钞票来企图"行贿"，希望也能够被领着上车。张高峰阻止了他们，更谢绝了那诚心诚意的"贿赂"，一个人到里面询问详情。"那里围满了几百人，两张破桌子，三位先生一面骂一面盖图章，警察的一根柳条不停地敲打灾民。我挤不进那重重人群，也无法回答那三十位灾胞，便从另一条路惭愧地溜走了。"

洛阳街头的景色更是惨不忍睹，"苍老而无生气的乞丐群像蜜蜂一样的嗡嗡响，'老爷，救救命吧！饿得慌啊！'他们伸出来的手，尽是一根根的血管，你再看他们的全身，会误以为是一张生理骨干挂图。'老爷，五天没有吃东西啦!'他们的体力跟不上吃饱了的人,一个个迈着踉跄的步子,叫不应,哭无泪,无声无响的饿毙街头。"

从洛阳开始,张高峰先后到临汝、宝丰、叶县、鲁山、许昌、淮阳等地采访,了解到,当年从春到秋,河南全省旱灾、蝗灾、涝灾、风灾、雹灾、霜灾接踵而至,加之1938年花园口黄河决口造成的水灾遗患,河南已是赤地千里,饿殍遍野,甚至出现了狗吃人,人吃人的惨剧,河南成了人间地狱!而政府当局却瞒报灾情,不顾灾民死活,依旧征粮、征兵、征税,逼得百姓走投无路,不少灾民把妻子女儿卖到"人肉市场",换取一点维持生命的粮食……记者的良知与职责,使张高峰下决心把河南灾情如实报道出去,为三千万河南百姓请命。

1943年1月17日,张高峰从河南叶县寄出长篇通讯《饥饿的河南》。2月1日,重庆大公报改题为《豫灾实录》,未作删节,在要闻版全文刊出。通讯开篇写道:

> 记者首先告诉读者,今日的河南已有成千成万的人正以树皮(树叶吃光了)与野草维持着那可怜的生命,"兵役第一"的光荣再没有人提起,"哀鸿遍野"不过是吃饱穿暖了的人们形容豫灾的凄楚字眼。"早死晚不死,早死早脱生(再生的意思)。"河南人是好汉子,眼看自己要饿死,还放出豪语来。
>
> 河南今年(指阴历)大旱,已用不着我再说。"救济豫灾"这伟大的同情,不但中国报纸,就是同盟国家的报纸也印上了大字标题,我曾为这四个字"欣慰",三千万同胞也引颈翘望,绝望了的眼睛里又发出了希望的光。但希望究竟是希望,时间久了,他们那饿陷了的眼眶又埋葬了所有的希望。

张高峰描述了他自陕西到河南一路上的所见所闻,继而披露河南110个县全境遭灾,质疑"有人说河南省政府调查是八十余县,我敢说,省政府没有负起详细调查的责任。况且豫北早有吃树皮甚至变卖女子的惨剧,这已经由私人通信传出，省府何能未闻？专署为何不报？"

他笔下的灾情这样描写道：

> 沿途灾民扶老携幼，独轮小车带着锅碗，父推子拉，或妇拉夫推，也有六七十岁老夫妻喘喘地负荷前进。子女边走边在野地里掘青草挖野菜拾干柴，这幅凄惨的逃荒图，这饥饿的路程，使我真无胆量再向豫中深入了。我紧闭起眼睛，静听着路旁吱吱的独轮车声，像压在我的身上一样。一路上的村庄，十室九空了，几条饿狗畏缩着尾巴，在村口绕来绕去也找不到食物，不通人性的牲畜却吃起自己主人的饿殍。……牛早就快杀光了，猪尽是骨头，鸡的眼睛都饿得睁不开。树叶吃光了，村口的杵臼，每天有人在那里捣花生皮与榆树皮，然后蒸着吃。一位小朋友对我说："先生！这家伙刺嗓子。什么时候官家放粮呢？""月内就放"，我只可用谎话来安慰他。……今天小四饿死了，明天又听说友来吃野草中毒不起，后天又看见小宝冻死在寨外。可怜哪，这些正活泼乱跳的下一代，如今却陆续地离开了人间。

> 最近我更发现灾民每人的脸部浮肿起来，鼻孔与眼角发黑，起初我以为是饿而得的病症，后来才知是因为吃了一种名叫"霉花"的野草中毒而肿起来。这种草没有一点水分，磨出来是绿色，我曾尝试过，一股土腥味，据说猪吃了都要四肢麻痹，人怎能吃下去！灾民明知是毒物，他们还说："先生，就这还没有呢！我们的牙脸手脚都吃得麻痛。"现在叶县一带灾民真的没有霉花吃了，他们正在吃一种干柴，一种无法用杵臼捣碎的干柴，所好的是吃了不肿脸不麻手脚。一位老农夫说："我做梦也没有想到吃柴火！真不如早死！"

> 河南已经恢复了原始的物物交换时代。卖子女无人要，自己的年轻老婆或十五六岁的女儿，都驮在驴上到豫东驮河、周家口、界首那些贩人的市场卖为娼妓。卖一口人，买不回四斗粮食。

即便如此，地方政府为征粮还在勒索百姓：

……据说比去年还逼得紧，把人带到县政府几天不给饭吃，还要痛打一顿，放回来叫他卖地。肥地一亩可卖五六百元，不值一斗麦的价钱，坏地根本无人要。灾旱的河南，吃树皮的人民，直到今天还忙着纳粮。

张高峰更批评地方政府救灾不力，并警告可能官逼民反：

省府去年八月规定了各县地方救灾办法十二条，条条是道，但迄今灾民未得到半两（粮食）。九月中旬，民政厅又公布禁止酿酒，以节省食粮，可惜了这庄严的命令，没有收到半点效果。各县救灾会只能募到自己的开销。省府见灾情日重，将原定为以工代赈之三百万元全盘拿出，分配给各县，有的分到四万元，有的分到一万五千元，这真是车薪杯水，而且在我住的叶县寺庄，灾民还没有分到一分钱。

由现在到明年五月间所谓"麦口"的时候，还有五个多月，这么长时间的饥饿，怎样叫灾胞挨过？……没有彻底救济办法，粮价不会跌落的，灾民根本也没有吃粮食的念头，老弱妇孺终日等死，年轻力壮者不得不铤而走险。这样下去，河南就不需要救灾了，而需要清乡防匪，维持前方的治安。

……有人说河南现在已见透雨，遍地绿苗，似乎说明年（指旧历）麦子丰收无问题。这种骗人自骗的说法，我们要揭破。其实明年麦收问题最大，纵然目前不落透雨，遍地麦苗也会绿色，现在尚难得看出来收成。问题是谁来春耕？逃荒的逃走了，耕牛杀绝了，耕具当柴烧了。如何救济目前的灾民，当然是急待解决的问题。明春的河南国防问题也不容许忽略！

严冬到了，雪花飘落，灾民无柴无米，无衣无食，冻饿交迫，那薄命的雪花，正象征着他们的命运。救灾刻不容缓了！

文末注明报道寄自"豫西叶县"，那正是国民党三十一集团军（汤恩伯所部）司令部所在地。可见，张高峰揭露河南灾情，并没有想到会触怒当局，更不知道自己"闯祸"了。

停刊、抓人为哪般？

《豫灾实录》见报当晚，总编辑王芸生联系重庆现实，有感而发，挥笔写下了那篇著名社评《看重庆，念中原》，于次日刊出。社评说：

……读了那篇通信，任何硬汉，都得下泪。……这惨绝人寰的描写，实在令人不忍卒读。而尤其令人不解的，河南的灾情中央早已注意，中央的查灾大员也早已公毕归来，我们也听到中央拨了相当数额的赈款，如此纷纭半载，而截至本报通讯员上月十七日发信时，尚未见发放赈款之事，千万灾民还在眼巴巴地盼望。这是何故？尤其令人不忍的，灾荒如此，粮课依然，县衙门捉人逼拶，饿着肚纳粮，卖了田纳粮。忆童时读杜甫所咏叹的"石壕吏"，辄为之掩卷太息，乃不意竟依稀见之于今日的事实。

今天报载中央社鲁山电，谓"豫省三十年度之征实征购，虽在灾情严重下，进行亦颇顺利。"并谓："据省田管处负责人谈，征购情形极为良好，各地人民均罄其所有，贡献国家。"这"罄其所有"四个字，实出诸血泪之笔！

我们生活在天堂一般的重庆，重庆无冬，人们已感近几天的寒冷。尽管米珠薪桂，重庆还很少听到饿死人，一般人家已升起熊熊的炭火；而在河南，朔风吹雪，饥民瑟缩，缺衣无食，又有多少同胞冻馁而死！

现时的重庆，正近旧年，虽在限价令下，而百物跳涨，……一般摩登的食品店，卖空了架子还有人买，人们宁愿今天先撂下花花绿绿的钞票明天再来拿货。尽管贵，总有人买。这情形若叫河南灾民听见，不知作何感想？

目前重庆的情形，价是限了，限高了的就合法的高了，限低了的也跟着高了，纷纭复纷纭，买者卖者，遍市廛尽是违法之人。……河南的灾民卖田卖人甚至饿死，还照纳国课，为什么政府就不可以征发豪商巨富的资产并限制一般富有者「满不在乎」的购买力？看重庆，念中原，实在令人感慨万千！

《大公报》的报道与社评引发了社会强烈反响，人们咒骂"前方吃紧，后方紧吃"，纷纷表达对重庆花天酒地、河南民不聊生怪现状的不满，令国民党当局十分难堪，2月2日当晚，即下令《大公报》停刊三天，以示"惩戒"。

重庆《大公报》停刊，河南当局抓人。3月，张高峰在漯河以"共党嫌疑"罪名被捕，并由汤恩伯亲自审问。张拒不认"罪"，汤又查无实据，只好把他"管束"起来，采访也不准离开汤的辖区，直至1944年4月中原大战，汤部溃败，张高峰才得以脱身回到重庆。

1943年的《大公报》停刊事件，只是其"骂"国民党的一例。张高峰则认为，自己报道豫灾，不过是出于知识分子的良知，尽了一个记者的职业责任。而大公报敢于把一个年轻记者尖锐地披露灾情、批评政府的报道一字不改地刊登出来（唯有主标题改得比较中性了，以躲避新闻检查），不仅冒了相当的风险，也表明它作为一张有社会责任感和广泛影响力的大报的用人之道和独特风格。

需要澄清的是，在为大公报辩诬、"正名"的某些文章中，谈到《大公报》因为批评国民党被罚停刊、记者张高峰也因此被捕时，多有过誉之词。例如，冠之以所谓"张高峰事件"、"大公报向蒋介石要人，蒋的侍从室向汤恩伯询问张高峰的下落"、"汤不得不向张道歉"、"张高峰逃脱了死罪"、回到重庆后大公报"举行盛大酒会欢迎"等等，都是有悖事实或子虚乌有的。张高峰的回忆说，"(1943年)6月间，由于在汤部的朋友说项，汤恩伯找我谈话，说准备释放我，但希望我继续留在河南采访报道。我回答：'如此一番，我在河南已很难工作。如果总司令放我，我保证三天之内离开河南地界。以中国之大，哪里都可以给国家做事。'汤见我不给面子，竟勃然拍案道：'你这种态度就是共产党！'我知道他嗜杀成性，便没有再坚持。汤恩伯命令将我遣送至皖西北临泉县的鲁苏豫皖边区总部'工作'，实际上被监管起来。虽然没有限制人身自由，也允许我就地采访、发稿，但不准离开汤部辖区。"汤恩伯没有致张高峰于死地，还坚持要他留在河南工作，一方面是因为查无实据，另一方面也有他的考虑——他不想"得罪"新闻界，特别是大公报，同时也希望张高峰继续"宣传"他治下的抗战"功绩"。只是未能如愿罢了。

其实，《豫灾实录》并不是《大公报》发表的第一和唯一一篇有关豫灾的报道，《看重庆，念中原》也不是王芸生写的有关豫灾的唯一社评。当时，无论《大公报》、《新华日报》，还是河南当地的报纸，都曾发表过一些豫灾报道，但当局并没有给予处罚。为什么《豫灾实录》及社评就引发了如此严重的后果呢？关键在于，它不仅披露了灾情，更抨击了政府，这在报道与社评的字里行间随处可见。王芸生还借题发挥，批评了政府"限价"政策的失败，加之大公报的社会影响、舆论地位等因素，颇令当局难堪，才招致公然迫害。而张高峰被捕，则有更深的背景。早在武汉大学读书，担任大公报通讯员时，他就因从事进步活动（包括在新华日报发表稿件）被当局列为"危险分子"，教育部、军委会曾几次密令监视，直至强制离校。他赴中原采访及后来脱险回到重庆，还曾三遭拘捕，便是证明。

不过。停刊事件也给大公报带来了"意外收获"。当时，重庆《大公报》日销6万份，而战时后方只有手工制造、供应紧张的土报纸，停刊三日等于"节省"了18万对开张，报社员工还得到三天休息。更有意思的是，由于顾忌大公报的影响，国民党怕再生事端，不准《大公报》刊登停刊启事。那三天恰逢春节，想给读者以休刊的假象。其实，这个处罚很愚蠢，无异于给大公报做了一个千金难买的大广告。当局越不让看，想看的人越多，于是到处去找报纸。因为怕再有重大新闻看不到，又赶去报馆营业部订阅，结果销路大增，复刊后《大公报》的发行量增至近 10 万份。节后复刊，重庆同业见到大公报的人，都说"恭喜发财！"这个结果肯定是国民党当局没有料到的。

重庆谈判期间的大公报

如果说，1943 年《大公报》停刊事件是它"骂"国民党的结果，那么，1945 年重庆国共和谈期间，大公报对中共和毛泽东的宣传，则无异于"帮忙"的表现。

尽管后来的历史研究表明，重庆谈判是蒋介石发动内战前的"缓兵之计"，并无和谈诚意；而毛泽东则"将计就计"，亲赴重庆，赢得了舆论和道义上的先手。但在当时，大公报却并不知道也不可能知道内情，而是书生气十足地对国共和谈的成功寄予莫大期待。

"毛泽东先生到重庆"

1945 年 8 月 15 日，日本宣布无条件投降。当天的《大公报》，以特大字号刊出标题："日本投降矣！" 16 日，又发表社评说："在八年苦战之余，得见这胜利的伟大日子到来，我们真是欢欣，真是感激，在笑颜上流下泪来！"社评还特别指出：

> 在我们欣庆胜利到来之时，国内也有一个令人兴奋的新闻，就是：蒋主席致电毛泽东先生，请其赴日来渝，共商国是。这真令人兴奋欣慰。当此重大时会，国家今后的几年治乱，人民固然全体有

责，而其转捩与善导，毕竟握于一二贤明领袖人物之手。蒋主席既掬诚相邀，期共商讨；毛先生自然也应该不吝一行，以定国是。果使国家的统一与团结完成于一席谈，那真是喜上加喜，不但八年抗战为不虚，且将奠定国家建设的千年大计！忠贞爱国的中国人，都在翘待毛先生的惠然肯来了！

蒋介石三次电邀毛泽东，毛泽东也三次复电蒋介石，大公报一一全文刊登。但对于毛泽东是否果真到重庆来，当时的舆论却是议论纷纷、莫衷一是。8月21日，大公报社评《读蒋主席再致电延安》，向各界提出"一点希望：大家既然都希望毛泽东先生能够即来重庆，就先要保持一个能使毛先生到来的空气与环境，凡是可能刺激感情的言论与宣传，各方面都应该持重莫发。"

8月28日，毛泽东到重庆。29日，大公报在要闻版头条位置，破例刊登了一幅自行制作的毛泽东木刻头像（当时大公报没有毛泽东的照片，木刻出自大公报编辑陈伟球之手）；当天的社评中，对国共和谈的赞许、欣喜之情更是溢于言表：

> 毛泽东先生来了！中国人听了高兴，世界人听了高兴。无疑问的，大家都认为这是中国的一件大喜事。
>
> 毛先生为何而来？……他下飞机时发表的书面谈话，说他的来是为了"保证国内和平，实施民主政治，巩固国内团结。"请想：在抗战已告胜利，盟友业已结成，我们再能做到和平、民主与团结，这岂不是国家喜上加喜的大喜事！
>
> 毛泽东先生来了！蒋毛两先生于昨晚重新握手，他们两位一定有无限的感慨。他们两位的会见，关系目前与今后的国运极其远大，……说来有趣，中国传统的小说戏剧，内容演述无穷无尽的离合悲欢，最后结果一定是一幕大团圆。以悲剧始，以喜剧终，这可说是中国文学艺术的嗜好。现在毛泽东先生来到重庆，他与蒋主席有

十九年的阔别，经长期内争，八年抗战，多少离合悲欢，今于国家大胜利之日，一旦重行握手，真是一幕空前的大团圆！认真的演这幕大团圆的喜剧吧，要知道这是中国人民所最嗜好的！

奇怪的是，对于大公报表现出的这种热切，中共的《新华日报》却发表署名文章说："有些报纸的言论，非常强调毛先生出来，好像只要他一来，就可以解决一切问题。这如果不是有意歪曲，就是一种皮毛之见。"或许，新华日报更了解国共和谈不会有什么成果，倒是大公报显得过于天真和书生气了。

那天，从机场到驻地追踪采访的大公报记者子冈，写下了一篇脍炙人口的通讯《毛泽东先生到重庆》，生动地描写了毛泽东的举止、神态，读者津津乐道：

毛泽东先生，五十二岁了，灰色通草帽，灰蓝色的中山装，蓄发，似乎与惯常见过的肖像相似，身材中上，衣服宽大得很，这个在九年前经过四川境的人，今天踏到了抗战首都的土地了。……"很感谢。"他几乎是用陕北口音说这三个字，当记者与他握手时，他仍在重复这三个字，他的手指被香烟烧得焦黄。当他大踏步走下扶梯的时候，我看到他的鞋底还是新的。无疑的，这是他的新装。

频繁的开麦拉镜头阻拦了他们的去路，张治中部长说："好了罢。"赫尔利却与毛泽东，周恩来并肩相立，抚着八字银须说："这儿是好莱坞！"

于是他们作尽姿态被摄入镜头，这个全世界喜欢看的镜头。

……记者像追看新嫁娘似的追进了张公馆，郭沫若夫妇也到了。毛先生宽了外衣，又露出里面的簇新白绸衬衫。他打碎了一只盖碗茶杯，广漆地板的客厅里的一切，显然对他很生疏。他完全像一位来自乡野的书生。

　　我以为他下飞机发的中英文书面谈话甚为原则，因此问他："你这谈话里没有提到党派会议与联合政府，这次洽谈是否仍打算在这两件事上谈起呢？"

　　他指着中文书面谈话说："这一切包括在民主政治里了。还要看蒋先生的意见怎么样。"……

　　当时，谁也不会想到，十二年后，子冈的这些文字，竟然成了她"污蔑伟大领袖"，被打成"右派分子"的"罪状"之一。又有谁能够体会，当时的子冈不仅作为记者，而且作为中共秘密党员，第一次见到自己的领袖时的心情呢？

　　9月1日，中苏文化协会为庆祝中苏友好盟约的签订举行鸡尾酒会，毛泽东、周恩来、王若飞，国民党高层孙科、邵力子、冯玉祥、陈立夫、陈诚、张治中，社会名流沈钧儒、郭沫若、左舜生、张申府，妇女界宋庆龄、李德全、史良、刘清扬等三百余人出席。次日，《大公报》报道中作了这样的描述：

　　　　毛泽东先生一行来渝，国家统一就要完成，和平建设可望开始。因为军事，外交，政治一连串的胜利，每个人的欢欣愉快，好像心头去掉一块大石头。……毛氏在大众团聚中，与旧友新交饮酒欢谈，应接不暇，直至八时许始偕周恩来，王若飞等离开会场。会外细雨中等候一瞻毛氏丰采者达数千人，交通几为之阻塞，大家都热望毛氏此来能协助完成国家之统一，开始最迫切的和平建设。酒会本是庆祝外交成功的，同时，也预祝了国内团结的成就，更像非正式的欢迎了毛泽东先生，毛先生走了，会也散了。

　　9月18日，在渝参政员百余人举行茶话会，欢迎毛泽东。《大公报》报道：

　　毛泽东先生与周恩来先生一到场，大部分人都站起来表示欢迎……毛先生诚恳地与每一个人生的和熟的参政员握手。周先生的熟人比较多，态度大方活泼，因此有人说他是外交家。毛先生衣呢质中山装，周先生是西装。

　　……毛先生的话说得很慢，湖南乡音很重。他说："今天能够与诸位先生，诸位朋友，诸位前辈见面，感觉很兴奋。这次来重庆，是因为蒋先生要我来商量和平建国的事情。抗战是过去了，以后是和平建国时期。这是一个新的时期，新的阶段，在这个时期，在现阶段，我们必须要避免内战，必须要团结一致，这是全国的希望，此外任何别的都是错的。我们的方针，唯一的是和平建国，在蒋先生领导之下，实行民主政治。民主需要团结一致，国内必须是统一的，不是分裂的。我们的目的是和平，民主，团结，统一建设新中国，彻底实行三民主义！"

　　……周先生说："各方面只能有一个方针，是确定了的，那就是胜利结束了抗战，今后应在和平，民主，团结，统一的基础上，坚决避免国内战争，建立独立，自由，富强的新中国，彻底实行三民主义。蒋先生在全国的领导，不只在今天，在和平建国时期，我们亦这样期待。国共两党要在和平合作下建国，中国政党在和平时期更应有长期合作。共产党承认国民党地位，反过来，国民党也承认共产党及其他各党的地位。这基本方针，国共两党有共同的认识，……"最后他很坚决地说："无论如何，一定要解决！必定能解决！我们的一个信念——和平建国。现在方针定了，方案有了，我们要比抗战开始时还要团结，以达到共同希望的目的！"他这几句话获得了热烈的掌声。

　　重庆谈判期间，大公报每天的要闻版都有关于和谈的报道，且无论标题、内文，始终用的都是"团结商谈"字样，对于和谈中国共两党代表的发言、社会各界的反响，都做了详尽报道。可见大公报对国共和谈充满期待。

10月8日晚，国共和谈"双十协定"签订前夕，国民党军委会政治部部长张治中大宴宾客，党政军、文化、新闻各界约四五百人应邀出席，敏感的报人与各党派人都预感"将有极重要的节目出现"。果然，毛泽东、周恩来、王若飞到场，与张治中一起向大家介绍和谈成果。《大公报》的报道说：

> 张部长开始他的"忠实的报告"："我们谈商的结果，不久就要发表。一致处要发表，不一致处也要发表。大部分意见我们已经一致了，就是：和平，民主，统一，团结，在蒋主席领导之下，彻底实行三民主义。我们已经毫无差别的一致了。"张部长还特别补充一句说："这还是中共方面毛先生提出的。""今后我们要在蒋主席领导之下，埋头努力三十年，迎头赶上去，真正做世界上五强之一。……毛先生表示要在蒋主席领导之下，彻底实行三民主义，我们很钦佩！我们正开始研究'政治民主化''军队国家化'的实现。我们过去多次的谈话，都在友诚、和谐的空气中进行。意见虽然有距离，但是逐渐在接近。可说已由百分之百的对立谈到百分之七十以上的接近，剩下不到百分之三十的距离，我们很有方法来接近，我们仍继续努力在商谈。我很乐观，我相信，一定能圆满达成！"
>
> 毛先生从容走近扩音机，首先感谢了各方面。他感谢蒋主席的邀请，招待周到；他感谢张部长主持的欢迎与欢送会，他感谢各界惠然光临，说是很不敢当。现在全国人民，各国的友人，都很关心我们所谈的问题。因为我们不仅是谈的两党的问题，而是谈的全国人利害相关的问题。无论军事与政治问题，都关系到人民的利益。毛先生讲到这里，特别提到张部长的报告，说是"讲的很对"。现在中国与全世界，都打倒了法西斯，世界已经一片光明。张部长说我们要统一，统一是好的，不统一不好，我们一定要统一！（鼓掌）困难要用政治方法来解决，不能考虑政治以外的方法。（大鼓掌）

毛先生说："和为贵"，只有和，才能求得双方的一致。和是最大多数人的愿望。和平，民主，团结，统一，富强，是我们今后的方针，我们要用统一的国家迎接新局面。"可能困难是有的"，毛先生说到这里，兴奋极了。"我们不怕困难！各党派不怕困难，中国人民不怕困难！"我们要在蒋委员长领导之下，克服困难，解决困难，建设独立，自由，民主，统一，富强的新中国！大家一条心，要和平，民主，团结，统一。（鼓掌）毛先生更郑重声明："我们的合作，是长期的合作。困难会打消的。"最后毛先生像咆哮一般的大喊："新中国万岁！""蒋委员长万岁！"在高度的热情中这样结束了他的演说，申明了他的最后态度。

张、毛两氏的动人演说，使大家在极度欢乐中畅饮，进餐，互相祝贺之声不绝。……

10 月 11 日，毛泽东，王若飞偕随员七人，由张治中陪送飞返延安。周恩来留渝继续商谈。《大公报》的报道对毛泽东离渝时的场景做了生动记录：

……毛泽东，周恩来，王若飞，张治中诸氏到达机场后，毛氏与欢送者一一握手道别，在机场负责勤务之宪兵亦未例外。中外记者则纷纷赶上前去拍照访问，毛氏只对记者们说了两句简单的话。记者问：毛先生认为这次重庆之行有价值吗？毛氏答：有很大的价值。又问：对于团结及国家的前途乐观吗？毛答：很乐观的，但前途也有很多的困难。说毕即冲出记者的包围，与须发皓然的张澜氏握手攀谈。张氏感情十分激动地向毛氏说：等民主，团结，统一实现的时候，我还要到延安来访问你的。毛氏行前到机前立定后，向到场的欢送者说："诸位朋友，谢谢你们的盛意。"张部长治中遂即劝促毛氏登机之先，并将周恩来氏推到了飞机的扶梯上，后又拉了回来，大笑着说："怎么你也想走！"张部长真是显得十分年轻而愉快。

毛氏遂与周氏握手后登机，立在机门向下张望了好一会，似犹不胜依依。嗣张部长，王若飞偕随员等陆续登机。于是，毛泽东氏便向重庆挥手告别了。

与《大公报》对和谈浓墨重彩的报道形成比对的，是国民党中央社的"低调处理"与冷漠。此前，中央社只发了一条简讯："共产党中央委员会主席毛泽东，前应国民政府蒋主席邀约来渝，商谈团结建国事宜，在和谐愉快之情绪中，会谈已得部分协议，毛泽东定日内飞返延安。蒋主席仍派张部长治中偕行。至其余尚未获致协议部分，仍将另行继续会商云。"

显然，大公报对中共比中央日报"亲近"得多，对和平、民主、团结、统一的期望也急切得多，这也从一个侧面反映了它的立场和态度。

毛泽东离开重庆后，《大公晚报》还发表了子冈采写的一组"花絮"，题为《重庆四十四日的毛泽东》，披露若干细节如下：

*毛泽东来渝共计四十四日，但其原定计划则为十天。来渝及离渝之日，均为晴朗长空，和风送爽。

*张治中部长市区之寓所桂园，邻美军魏德迈总部，早属车水马龙之地。自供毛氏来渝旅居后，乃更川流不息。桂园花木，独绝丹桂，中秋时节，园内飘香。

*蒋主席约毛氏共谈，先后在十次以上。闻第一次握手后，即表示恢复民十三年合作精神。（笔者注：指 1924 年国共第一次携手北伐。）

*毛氏以城中红尘扰攘，始终夜返乡居。其地在红岩村之上，十八集团军办公处所在。毛氏来渝后，略增警备。下汽车至其地，尚需循小径徒步五分钟。

*团结商谈，毛氏虽未直接出席磋商，但是项繁琐已颇刺激其神经，每每午夜不眠，需服安眠药片少许，始能入睡。

*毛氏嗜纸烟，手中青烟缕缕，绵绵不绝。来渝后，友亦时有以

舶来品赠之。座上客恒发现，其敬客者皆名贵品。

*九月底，雾罩山城，秋雨频频，气温顿降。毛氏来渝未备寒衣，闻曾在渝添置少许。

*毛氏会客至多，尤喜做长时间之交谈，每有问题反复研究，至满意始止。故在渝期间无日不在谈话中度过。

*渝中友朋，咸谓一别二十载，毛氏湘音无改，故十月八日军委会大礼堂上，毛氏谈话，全部听懂者亦不多，唯其强调"和为贵"一点，则悉能领会。

*蒋主席指定侍从室，拨大汽车及吉普车一辆供毛氏使用。十八集团军亦有汽车一辆。此三车入市首尾相接，做团结状。

*毛氏生活简单，对米面均无偏爱。在北方吃惯了麦面小米，彼虽生自鱼米之乡，来渝后对大米亦殊淡然。

*毛氏公余喜静，红岩村宿处已半入山，犹谓不胜烦扰。

*有以谈判进行迟缓质之毛氏者，答曰：几千年留下的问题，几十天谈妥，焉有如此容易的?！

大公报如此事无巨细地报道和谈进程和中共领袖的活动、谈话，既体现了它忧国忧民、祈盼和平的愿望，也表现出"文人论政"，书生意气的弱点，但它对国共两党的报道是客观的，态度并无明显的偏袒，甚至对中共、毛泽东表现出了更大的热情。

国共和谈"画外音"

除了以上正式活动，重庆谈判前后，《大公报》还有几条相关报道值得一说。

其一，日本投降前夜，8月13日，《大公报》报道："军委会令十八集团军就原地待命勿自行动，已令全国部队一律听候命令，根据盟邦协议执行受降决定"；在同一版面，又发消息称："延安广播，朱总司令曾另发令，内容与军委会电令各节相悖"，并全文发表了朱德签署的"延安总部命令"，其要点在于，各解放区抗日武装部队有权"向其附近各城镇交通要道之敌"受降，接收。显然，这是"不服从"重庆国民党政府命令的。16日，朱德"代表中国解放区中国沦陷区一切抗日武装力量及二万万六千万人民"，致电蒋介石，措辞严厉地指责其错误，《大公报》同样全文发表，内称：

在抗日战争将要胜利结束的时候，我提起你注意，目前中国战场上这样的事实，即在敌伪侵占而为你所放弃的广大沦陷地区中，违背你的意志，经过我们八年的苦战夺回了近百万方公里的土地，解放了过一万万的人民，组织了过一百万正规部队和二百二十多万的民兵，……建立了十九个大块的解放区，……而你的政府及军队，则一向采取袖手旁观，坐待胜利，保存实力，准备内战方针，对我解放区及其军队，不仅不予承认不予接纳，且更以九十四万大军包围和进攻它们。……现在敌国投降将要签字了，而你及你的政府仍然无视我们的意见，且于八月十一日下了一个异常无理的命令给我，又命令你的军队以收缴敌人枪械为借口大举向解放区进逼，内战危险空前严重。凡此种种，使得我们不得不向你及你的政府提出下列要求：

一，你及你的政府与其统帅部在接受日伪投降与终结受降后的一切协定和条约时，我要求你事先和我们商量，给出一致意见，……事先未取得我们的同意时，我们将保留自己的发言权。

二，中国解放区中国沦陷区及其一切抗日的人民武装力量，有权根据波茨坦宣言条款及同盟国规定之受降办法，接受我们包围之日伪军队的投降，收缴其武器资财，负责实施同盟国在受降后之一切规定。……

三，中国解放区中国沦陷区的广大人民及一切抗日武装力量，应有权派遣自己的代表参加同盟国接受敌人的投降和处理敌人投降后的工作。

四，中国解放区及一切抗日武装力量应有权力选出自己的代表团，参加将来关于处理日本的和平会议，及联合国会议。

五，请求你制止内战及其办法，……如果你不这样做，势将引起不良后果。关于这一点，我现在向你提出严重的警告，请你不要等闲视之。

六，请求你立即废止一党专政，召开各党派会议，成立民主的联合政府，避免贪官污吏及一切反动分子，惩罚汉奸，废止特务机关，承认各党各派的合法地位，（中国共产党及一切民主党派，至今被你及你的政府认为是非法的。）取消一切镇压人民自由的反动法令，承认解放区的民选政府及抗日军队，撤退包围解放区的军队，释放政治犯，实行经济改革及其他各项民主改革。

……一切同盟国的统帅中，只有你一个人下一个绝对错误的命令。我认为你的这个错误是由于你的私心……因此，我站在中国及同盟国的共同利益上坚决地彻底的反对你的命令，直至你公开承认这个错误并公开收回这个错误的命令之时为止，我愿续命令我统帅的军队配合英国、美国、苏联的军队坚决向敌人进攻，直至敌人在实际上停止敌对行为，缴出武器，一切祖国的领土完全收复为止。我向你声明，我是一个爱国军人，我不能不这样做。

朱德总司令这封毫无外交辞令与习惯客套、直指蒋介石的错误、明确宣示中国共产党主张的电报，公开发表在国统区的报纸上，无异于给毛泽东到重庆参加国共谈判做了铺垫，大公报此举算得上是对中共"帮忙"么？

其二，重庆谈判进行中，9月18日，《大公报》全文发表"民盟主席张澜致蒋主席毛泽东先生书"，内称：

介公主席润之先生勋鉴：国共团结问题，关系整个国家民族前途甚大，……目前为国家团结统一之绝好时机，国家一切问题应乘此时机求彻底之解决，更应求全盘之解决，唯其如此，则今日商谈内容似应随时公诸国人，既能收集思广益之效，更可得国人共商国事之实。……纵国共两方存有若干特殊问题，不妨先事商讨，但所作成之解决方案，必须不与国人之公意相违，如团结仅有空名，统一徒具形式，则于根绝内争一点，窃恐贡献无多。吾人虽不获事前参与，事后必须保留批评之自由，此应请公等留意者一。

……今日全国兵力，合各方计之，当不少于三百师，如能采用全盘统筹之编遣计划，以目前养三百师之物力移用于极少数量之常备军，而此种常备军绝对超越党派关系，绝对遵守军队属于国家军人忠于国家之原则，则不惟中国陆军可渐进于现代化，且其实力亦可远驾三百师而上之。……如仍欲维持旧日之观念，谓兵贵多而不贵精，则纵令多所保留，除从事内争以外，试问更有何用？……如谓民主必待武力始能保障，则民主之为民主岂不令人寒心？如谓统一必赖武力始能维持，则统一之为统一岂不令人气短？此应请公等留意者二。

……中国民主同盟为一团结各方之新兴政团，公等即以此缄作为一部分国人之公意，用资参考，或于问题之解决亦不无裨益也。专此敬颂勋安。

张澜先生这封信所言，在相当程度上代表了当时中国知识分子对于国共和谈的态度，也说出了大公报想说而不能说透的话。

其三，9月4日，忙于各种会晤、谈话、酬酢的毛泽东，单独会见了大公报总编辑王芸生、编辑主任孔昭恺和采访主任王文彬，并发表谈话。次日，《大公报》发表消息披露毛泽东的谈话内容：

来渝五日，与中央谈商团结问题，目前尚未可能有确切之结果以慰国人，可以说者仅为内战决可避免。我国政令军令如果再不统一，的确为不得了之事体。然统一之政令军令必需建于民主政治之基础上。只有包括各党各派无党无派代表人士之政治会议，始能解决当前国是，民主统一之联合政府，始能带给全国人民以幸福。……协商之另一结果为国民大会将延缓举行，对代表问题则双方意见犹未能一致。中共方面不主张维持旧代表，原则上主张实行普选。

毛氏末评论中苏条约称，该条约为远东和平之保障。有人认为对我国之民主运动不利，实则相反，可拭目待之。又有以为苏联以国民政府互为对象而惊讶，实则除国民政府而外，自无可为对象者。然条约亦并未束缚苏联对中国政治批评之权，舆论仍可说话，前数日苏联红星报撰文谓中国应走向民主政治，对我两党团结寄以殷切之期望。中国获得强有力之盟邦，可勿忧心于被其他国家侵略。

上述谈话，后人多只引述前半部分，说明中共反对国民党"一党专政"的态度与立场，而将毛泽东对于苏联与国民党政府签订的"友好盟约"的评价"节略"了。但这却是十分重要的内容，字里行间既有中共对中苏盟约的肯定，也有中共对国民政府的承认。只是在后来的历史发展进程中，这些都发生了根本性的变化，以致不再为人们提起。

毛泽东为什么单独对大公报记者发表谈话？无非是大公报更具民间色彩，其报道更能为读者所接受且传播更广泛的缘故。因此，9月20日，毛泽东再次与王芸生等长谈，并应邀率周恩来、王若飞等出席了大公报的欢迎宴会。正是在那次宴会上，发生了王芸生向毛泽东提出"共产党不要另起炉灶"，毛泽东回答"不是我们要另起炉灶，而是国民党灶里不许我们造饭"的那段公案。同样是在那天，毛泽东为大公报写了后来广为流传的"为人民服务"的题词。

后来，关于"另起炉灶"的那段对话，被演绎为毛泽东"驳斥"甚至"痛斥"王芸生，纯属主观臆断了。试想当时场景：和谈期间，毛泽东以客人身份应邀到大公报赴宴，还曾对王芸生笑称"久闻大名，如雷贯耳"，怎么可能大动肝火"痛斥"主人呢？事实上，正是因为听了毛泽东的谈话，王芸生、大公报才愈发致力于促进团结统一，呼吁避免内战。

当然，必须承认，重庆谈判之后，《大公报》确实发表了几篇颇具争议，甚至"反共"的言论，并且遭到重庆《新华日报》和延安《解放日报》的抨击。譬如，尽管《大公报》曾经客观地全文照发了朱德总司令的文告，但并不等于它没有自己的意见。1945年11月20日，大公报社评《质中共》，其中就争抢受降区问题批评中共说：

> 一个国家，于胜利之后，有两个系统的军队争降争地，已绝不应该；而争降争地复漫无止境，更如何得了？……看北方的战乱局面，很给人一种强烈的暗示，是中共意欲凭它的力量，凭它的武力，做到《会谈纪要》中所要求的陇海路以北及苏北皖北的特殊化。假使做到那样的局面，那便成了所谓"南北朝"的局面了，国家便被分裂成两半了。要做成那样的局面，则兵连祸结，要有多少无辜的生命财产遭殃，国家要被糟蹋成什么样子？岂可不加顾念？……共产党应该是生长于人民之中的，要实现这个大意愿，也应该问问人民的意愿。毛泽东先生在重庆时，曾屡次声言国家应该统一，他也同意本报"要变不要乱"的主张。今天的局面，很可能把国家弄成不统一，并导国家于大乱，那岂不也有违毛先生的本意吗？

次日，中共重庆新华日报社论《与大公报论国是》对此作出回应：

> 大公报在抹煞受降办法不合理的事实，隐瞒国民党发动剿匪的事实，并把国民党当局要乱不要变的事实转嫁给共产党以后，配合著今天国民党军敌军伪军乃至美军向解放区的大举猛烈进攻，跑到火线上来要求共产党强迫人民的军队放下武器，向反动派无条件投降，说是这样"就会被全国同胞弦歌丝绣而奉为万家生佛"。好一位妙舌生花的说客呀！但是天下一切大公无私的人们请判决吧！大公报在这里是大公呢？还是大私？在若干次要的问题上批评当局，因而建筑了自己的地位的大公报，在一切首要的问题上却不能不拥护当局。这正是大公报的基本立场，昨天的社评当然不是例外。

新华日报社论中，已经暗指大公报对国民党"小骂大帮忙"，可以视为中共方面对大公报认识与态度的转变，此后对它的抨击也越来越严厉了。

对于新华日报与大公报论战的是是非非，已有研究者做过多种评说，这里不再赘述。需要辨析的是，说大公报某些文章的观点是错误的，没有争议；但如果因此就说大公报"一贯反共"，则属牵强，因为它脱离了时代语境和历史背景，也不符合历史事实。这个背景与事实是：大公报批评中共的言论，多发表在全面内战爆发之前，那时，和平、民主、团结、统一建国是舆论主流，有悖于此的行为都会被批评。国共彻底破裂，内战全面爆发后，大公报对中共的批评很少，反而把抨击矛头更多地指向了国民党。

大公报记录的国民党接收

抗战胜利后，国民党派出大批人员从后方到收复区接收。这些人以抗战"胜利者"、"有功者"自居，不仅颐指气使，骄横跋扈，而且到处抢金子、抢票子、抢车子、抢房子、抢女子、……人称"五子登科"。结果带来的是社会混乱、物价飞涨、人心涣散，怨声载道，收复区的老百姓说，"想中央，盼中央，中央来了民遭殃"。

对于国家的乱象、百姓的苦况，大公报当然不能不发声，而且"声音"很大，很不给国民党当局面子，

从预见到警告

大公报对于收复区可能出现的混乱是有预见的。抗战胜利后仅仅一个月，9月14日，就发表题为《收复失土，不要失去人心》的社评，指出：

这次日本突然投降，使我们许多事情都不及准备。收复的土地是这么大，日军投降了，伪机关都已作鸟兽散，在我方未有充足的人员前去全盘接收过来之前，一定不免有青黄不接的情形。许多地方，许多事业，可能成为真空状态。投机家就不难像空气一般流注进去。收复区的金融现正紊乱，法币关金的身价在收复区正如天之骄子，这自然的形成一个理想的投机市场，把发国难财的本领拿去施展一下，很可以在浑水里摸到大鱼。这八年来，多少人借别人的血汗造成一己庞大的"既得利益"，心眼早被利欲堵塞了。我们对于社会这黑暗的一面看得太多了，对于当前的事情就不能不有所担心。

事实证明这不完全是杞忧。据本报南京专电，南京机关的公物，伪官的私物，很多已被人盗卖一空。公用汽车攫为私有。伪满驻宁"大使"被勒索三百万元。……这些勾当当然不一定是后方先到的人干的，但无论如何，这现象蔓延开来，决非好事。因为我们现在不但去收复失土，而且去抚慰受创的人心。收复失土，千万不要失去人心。那些同胞多年来在敌人铁蹄魔手下过着黑暗的生活，眼睁睁的盼望天亮，好容易才望到今天，只有光明才可以满足他们的渴望。如同大旱望云霓，落下来的必须是甘雨。……肮脏的手，漆黑的心，都请远远离开，不要污染这一庄严神圣的任务！……我们必须抱着这种伐罪吊民的心情，戒慎恐惧的去处理一切。我们带着胜利回去，一切要为国家着想，为收复区的同胞着想，公私活动都要做得像样，不能叫人失望。不要在失土收复后失去了人心！

9月27日，《大公报》再发社评《莫失尽人心》，已经不是预见，而是针对现实的警告，批评的矛头直指国府接收大员：

……客有自京沪来者，说了许多京沪同胞的兴奋情况，也说了一些他们的苦情。京沪的景况兴奋极了，也乱极了。在热烘烘乱嚷嚷中，这二十几天时间，几乎把京沪一带的人心丢光了。有早已伏在那里的，也有由后方去的，只要人人有来头，就人人捷手先抢。一部汽车有几十个人抢，一所房子有许多机关争；而长长的铁路，大大的矿场，却很少人过问。……由后方去的人，满箱满笼的关金券法币，成了武器，成了法宝，伪币与法币的比价无定，物价一日三迁，大大的苦了收复区同胞，大大的发了后方去的人。可怜收复区同胞，他们盼到天亮，望见了祖国的旌旗，他们喜极如狂，但睡了几夜觉之后，发觉了他们多已破家荡产，手上所仅有的财产筹码——伪币，差不多已分文不值。卖房子吧，卖财产吧，累世的财富转眼转移到手里握有关金法币的人。……十几天前我们就曾著文呼吁"收复失土不要失去人心"，现在我们要呼吁"莫失尽人心"了。

……京沪区的乱象，其原因可以分为两部分：一是政府无准备，至少是准备得太迟太不够；另一是人的品质问题。……以此为鉴，紧接着就要办的收复华北，收复台湾，收复东北，一定要有准备。准备什么？一要准备好了政策及办法，二要选择好人。这两点太重要了。没有这两点，失土纵然收复，而却失掉人心。

沦陷区同胞八年来过的是亡国生活，受着敌人与汉奸的双重压迫奴辱，现在抗战胜利了，祖国回来了，他们开笑口，流热泪，以迎祖国，假使他们所最先接触到祖国的却是一只只贪婪肮脏而毛茸茸的手，那要如何伤心呵！沦陷区同胞太可怜了，他们渴念国家，他们需要抚慰，现在沦陷区在次第收复着，政府，官吏，后方同胞，我们将何以慰沦陷八年的同胞？无疑问的，我们应该给他们看到，感到：正义的祖国，公道的社会，以及无边无涯的同胞爱！

今天抗战胜利了。理智在告诉我们：并不是一胜百了。胜了之后，我们还得戒慎恐惧。假使人人抱"胜利大吉"的心情，松懈了，懒惰了，甚且竟萌不肖之念，想在胜利后浑水伸手摸鱼，那就在胜利中又播种新的国耻。……天心厌乱，人心望治，这是千载一时的机运，政府应该循此机运励精图治，莫轻辜负了！

10月24日，《大公报》再发社评《为江浙人民呼吁》，披露接收江浙的国民政府官员以一比二百的比价回收伪币，以此掠夺人民财产，疾呼"抗战八年，大后方通货膨胀，还未到使工商业大量破产的程度，而今胜利到来，一开手，就使全国财富之区的江浙一带陷于经济崩溃的危险，这真太严重了！我们今天写此文，说是为江浙人民呼吁，真实正是为国家呼吁。"

大公报忧国忧民，批评矛头直指国民党，即使不算"骂"，也绝非"帮忙"。

国民党"劫收"实录

抗战胜利了，大公报也开始复员，派出各路记者到收复区采访、报道，并先后恢复沪馆、津馆。短短几个月，刊发了不少"劫收"新闻。

1945年9月19日，大公报记者子冈随第一批复员的政府官员乘船南下到了汉口，她发回的通讯，记述了收复区人民欣喜与困苦交织的种种细节，文末特别补记一笔："汉口有皇宫舞场一处，男客除盟军外，多为重庆来人，这些负责收复区的人追逐于酒色之间，女伴多为能说日语的中国女性……"那时，距日本投降才一个月！

10月24日，《大公报》发表南京特派员张鸿增通讯《休说重庆来》：

> ……和他们带来的法币关金购买力一样，"重庆人"在收复区老百姓眼里在跌价，江东父老对这些凯旋的人最初是刮目相看，再而是冷眼静观，现在差不多已经摇头蹙额了。……某人在重庆是三四等公务员，到这里独当一面，就也算成"要人"，接收了三四辆小汽车，嫌它们都不漂亮，拿一百多万又买了一部，……一席数千金，还大叹"便宜，便宜！"一夜数万金，还大喊"值得，值得！"……冷眼的江东父老观察了近两个月，得了一个结论，"重庆人"到了收复区，第一件工作是做衣服，找房子，第二件是弄汽车，第三件是

买黄金，第四件是女人。他们原希望这些凯旋的英雄一来，地方秩序渐趋安定，物价逐次平复，从此脱离苦海。谁知这帮人却是拼命享受，成了抬高物价的因素。一开始工作就是把邮资加了十倍，铁道客运加了九倍，水电加了十倍，南京城内公然白昼抢劫，拘留所人满为患，……收复区人开始恨"重庆人"，所以我劝朋友们，到南京休说重庆来。"重庆人"的风头被这帮先遣人员出尽了，你来抢白眼吧。

南京如此之乱，乱到了连市长都没有房子可住的地步。大公报报道说："马超俊市长……已经'孟母三迁'了。他到现在找不到房子，或者是因为他的市民都不肯收容他作房客。因为值此国府部院归来，有屋的人正好捞一笔。"

首都情况如此，北平形势如何？徐盈11月的报道说：

"复员不是复原，胜利不是休息"的巨大标语，已出现在北平街头。这已是接收两个多月的时候了。……我们的接收工作者未能给人民以温暖。但就事论事，此地的洋房与汽车的接收，并不见得比其他地方为烈。……接收人员的失职，政府要负的责任实比个人为大。……目前经济上的恐慌，使人们都归咎于重庆来的人，他们使北平别的没有复原，物价却复原了。……百物一致抬高，一个月中涨了三倍。……通货膨胀中，每个大城市的贫穷比例都是成正比的增加，何况贫富又一度以暴力向新的主人转移，许多宅门变更了主人。

12月13日，蒋介石到北平视察。子冈以她惯有的辛辣文笔这样报道：

北平被洗刷得更加干净了。在明亮的天空之下，今天的阳光显得特别温暖。……"五子登科"的现象顿然烟消云散，就像从来没有发生过的样子。馆子里的大腹食客如故，但已不敢叫条子。贴着"蒋主席万岁"红标语的戏园里已不见官员们。大闹油荒的汽车似乎也不再衔尾巴似的横冲直撞。据说还有另一原因是怕穿着外国军装的怪客武力劫车。金子价格大落，货物逐渐从囤户手里抛出。但有些房子表面上查封，实际却在开着后门。任它怎能打扮，却无法涂抹那接收即停顿的事实。北平是美丽的，但像是千年古树，内心正在腐烂。

一边是胡作非为，一边是无人负责。12 月 28 日，徐盈报道：

北方经济的复员已有四个月了，但步骤上似仍未脱离"时间性的紊乱"时期。待恢复的生产事业分别把握在不同的接收机关手中，谁也不愿仅做到接收而不接管。……一切混乱的原因在于没有一个良好的政策，特别是经济政策尤其彷徨不定。华中的局面得到多少人的批评，华南方面又何尝不如此，华北的局面今天已然如此，东北的接收局面如果不有大果断与大决策，会不会再来一次重演呢。

张继、鹿钟麟二位宣慰吏到河北来说了不少爽直话。张继氏引用阎锡山的话，"太原脚底下有炸弹""北平比想象中的好，脚底下的炸弹不会爆炸。"鹿锺麟承认国军对不起北方百姓，才使其受到这么大的蹂躏，"我们应以笑容对待百姓，才能得到他们的爱戴。"仅用笑容是不够的，人民要生活，要实物，要衣食的温暖。

接收这一笔大烂帐，我们自己越算越不清，……天津发现巨大粮库，尚无负责机关接管。此仓原系日本军粮库，贮有各种食粮及棉花约四五十万吨，乃华北第一大粮仓。此货场自日本投降后即无人负责，存粮经风吹雨蚀，损坏极多。附近穷民乘机前来窃取，每日损失百余石，……亦有数个机关派人前来查看，惟因积粮过多，无人敢负责任，以致始终未被应接收之机关接收……似此巨大粮库，可供平津两市居民半年以上之用……"

华北原不是一个贫困的区域，敌人为了养鸡取蛋政策，为农业，为工业都贴下巨额的资本，截到目前为止，一百亿元的棉花在地上无人收，一百万吨甘薯在地下埋着。机器的轮子如果旋转，一天的生产是六亿元。这些生产原是为了敌人自己使用的，如今应当要变为改善我们民生的原料，不应当再被漠视了。

农民与知识分子是新中国建国的基础，这两个广大集团的向背能够决定政治上的一切。接收人员的口号近来有些改变，多少人都说"我们不要接收物资，而是要来接收人心。"这人心是属于农民的，知识分子的，而不应是曾经卖身投靠一变而为同志的财阀，军阀，学阀以及地主、商人、官僚三位一体的群落……

时间进入 1946 年，1 月 28 日，《大公报》发表子冈通讯《北平岁寒图》：

……这是经过沦陷八年后的第一个春节呵，照理说，二百万人民应该多么欢喜，多么骄傲。可是，除了天上隆隆的盟机或自己的飞机声音不断，与偶一挂出的国旗外，我想问问老百姓们：你们触摸到我们的国家了吗？你们贴依到我们的政府了吗？这个春节与那些个春节有什么不同么？

我走在马路上，小胡同里，用不着开口，耳朵里到处是"怎么又涨钱啦？"的叹息声音。从来不和银行发生直接关系的百姓们，在几十家银行门口排队缴款，买那救济分署的十斤澳洲粉。人们的欲望变得多么低，从混合面到棒子面，再尝尝洋面，虽然抱怨七百五联币一斤够贵的，但仍愿为此卖出无尽的劳力。

社会局办的平粜煤粮也正在出售，五样杂粮分三处领取，所以有人说，这几天北平人民有三分之一正在为这些杂粮和澳洲粉奔波忙碌。当你看到大街小巷男女老幼背了大大小小的旧口袋，认真的在谈论，暂时忘记了咒骂与哀愁。当蒋夫人过平转长春的时候，我听到一位家主妇问："粮食卖到这样贵，蒋夫人知道么？你们当记者的可以告诉告诉啊。"她想了一想又说："她不管油盐柴米，她不会知道的。"

年三十，北平习俗一定吃饺子，今年感谢救济分署，让各家住户花了三天光阴，费三道换法币交面款领面的手续，可以吃一顿澳洲粉的饺子了。

5 月 15 日，《大公报》发表张高峰通讯《房产争夺在北平》：

……谁听说过国立学校闹过房荒？即使是私立学校，也不致如此之多因无房而让那么多的孩子失学。况且，北平的这种怪象还是随着抗战胜利而发生的。

学校闹房荒，市教育局责无旁贷，理应为之解决困难。但教育局不是接收机关，更没有力量去抢房子，于是只好向教育部交涉，经批准，将已接收的敌产二十六处拨交市教育局办学校。可是这些敌产的门口不是站着卫兵，就是贴了封条，还有的做了衙门、变成公馆。各色各样的封条，今天是甲机关封了，明天又换了乙长官，如同变戏法一般，令人摸不到头脑。……"这里不可能搬家，你们不必再来交涉了！"东观音寺三十六号有二十一间房子，"占领者"某少将如是说。东皇城根十九号有十八间房子，守房子的士兵说："这是留待我们团长家眷来住的。如果学校要用，请向军部去交涉。"老君堂十号被河北省某厅某科长与某股长两家"瓜分"。大觉胡同十一号被某参谋"占领"，石驸马后宅三十八号成了某军眷属"宿舍"……

北平的房子真的恐慌到如此程度吗？遣返了十几二十万日侨日俘留下的房子呢？请你从封条的缝隙往里看，就可找到答案了。许多房子空起来，几千学生却找不到安心读书的地方。

东北收复迟于关内，直到一年后，"劫收"的恶果仍在发酵。1946 年

12月24日，《大公报》发表张高峰通讯《东北飘雪的时候》，其中一节为"人心上冻"：

> 庆祝热烈的胜利不久，东北的人心就上了冻。现在东北已经到零下二十度的严冬，人心冻得更结实了。
>
> 为了了解人心上冻的原因，我曾在各地与人民接谈，并且也与东北籍的官员谈过，综合各方面的谈话归纳四点：一，社会秩序反倒不如伪满时代，民生不安；二，人民的某些负担有时比伪满时代更重了；三，自由到了东北，混乱也跟着来了；四，一年来不办汉奸，忠奸不分。由于这些原因，使眼巴巴盼了十四年的东北人民大失所望，距他们所理想的差得太远，所以人心冻结了。
>
> 造成这些原因的原因，当然是因为时代还在动乱，不如人意者常十有八九，一切罪过可以推给"战乱"身上。但有一次与一位东北籍的官员谈天，他说："最叫东北人寒心的是，不以平等相视。一般无头脑的人们，只要是从南边来的，他们就有一种征服了东北人的心理，一切要占上风，甚至待遇享受上都不平等。所以有人说，东北二次沦陷了。"这话叫人听来痛心极了。难道东北不是中国的版图，东北人不是黄帝子孙？何必"征服"？我以为他用这两个字用得太尖刻了，他说："你不相信吗？过去东北人不太团结，也从来不排外，现在他们懂得排外了，这是为什么？"因为我也是南边来的，含糊地也被他痛骂了一顿。"可是，没有人来东北是服务的吗？"我问。他又正言厉色道："你看见了那些要征服东北，统治东北的人们没有？"我有些不解，但又怕谈多了动了他的火气，还是不往下谈好。
>
> 我两只脚托着沉重的心，向他告辞，走出门来，街头积雪未化，寒风刺骨，大豆香的时候已经过去，现在又是一年的尽头。一切要等待明年了，东北今后还有更艰苦的寒冬。

《大公报》报道的这些"劫收"新闻，显然都是"负面"的，简直就是在"骂"国民党当局昏聩、无能。

"读者投书"里的民意

除了言论、新闻,1946年新年伊始,《大公报》还连续刊登"读者投书",借民口控诉"劫收",以民意警示当局。以下节录部分来信:

　　胜利了,虽然我们这里(晋西)仍不平靖,但我们想:只要军队一来,起码治安是决不成问题的。谁知好容易盼着军队来了,而人民的痛苦反更增加,更严重了。说起来真是悲痛的很。在军队来的第三天,便传出补征八年粮税的消息,跟着便强派捐款,索要衣食。起初人民尚以为军队远道来此,这种情形情有可原。但后来他们竟一面强索民食,一面公开出粜,倘有敢违命不交,就把你囚在类似监狱的地方挨冻挨饿。至于日寇的公粮,反置之不问,任他们随意运走,随意出卖。此外更招集当地流氓地痞,组成所谓"剿叛军"等,借剿匪为名,对乡村大肆抢掠,行踪所至,十室九空,而他们却莫不满载而归。至若强征人民作劳工等事,更数不胜数。据说已有一部人民不堪压迫,转而他投了。坐镇太原的当局对这种情形真的毫无所知吗?希望救救我们。

　　两个月前,贵报重庆版有一篇社论《莫失尽人心》。大家读了以后,除了失尽人心的大员没有什么感想外,一般的人没有一个不交口称赞的。贵报发表那篇社论时,沦陷区收复尚不久,所以确实尚未失尽人心。可是到了今天呢?最显明的事实是物价问题,白米白面我们是不常吃,也不大打听价钱,只以我每天不可或缺的棒子面来说,今天差不多合伪币三百元一斤了,煤块七十五元一斤,其余柴菜油盐无不青云直上。物价如此的威胁,我们老百姓真到了快饿死的时候了。一天除了愁叹典卖以外,只是在这绝望的深渊里来拼命。当初日寇盘踞华北的时候,物价上升不已,人民只是关上了门在家里咒骂，每日烧香念佛的只求我们的胜利来临。胜利来到了，沦陷区可怜的老百姓看见中央大员自天上飞来后，真如子女见着亲父母一样，觉得这一回可好了，一切一切全有办法了，第一是棒子面绝不会再到二百多元一斤了，于是喜极而泣，乃至涕泪交流。没想到喜极而泣的眼泪还没有擦干，现在老百姓可又哭了，哭的是，不但棒子面比日本鬼子在这儿还加倍的贵，并且我们的贤明当局连一丝的办法全没有。今天说开仓了，明天说平粜了，盼到今天，把棒子面盼到三百多元一斤。要知道我们是五强之一呀，一切一切最低限度应当比敌伪霸占这块地方的时候好一点，才对得起这群温良恂顺的老百姓。老百姓除了求饱食暖衣外，他们那里有什么其他希望呢。所以我恳请贤明的当局救救老百姓吧！

经过敌伪八年余的压迫蹂躏，盼望我们的军队早日莅临，以解除老百姓的痛苦，真是若大旱之望云霓。结果军队开来了，民众在热烈欢迎之余，悲痛接踵而至。因为不但未得抚慰与救济，反而增加了负担与痛苦：（一）国府明令全国免征田赋一年，但晋省"借粮"限期照缴，刻不容缓。（二）军队借剿匪为名，时有骚扰情事。到了乡村，声言我们把日本人打败了，有了大功，非吃白面不可；并且亲自动手，将米面缸搬出吃尽为止。（三）武装敌人多未缴械，照旧携枪到各乡抢掠民食衣物。（四）国府明令停止征兵一年，晋省仍征壮丁，编练团队，以致一般青年不能各安生业，多误入歧途。（五）汉奸特务之流恶迹昭彰，仍然逍遥法外。并闻彼等除行贿以图保全狗命外，且大肆活动，施展其钻营之伎俩，投效当局，继续作威作福。以上所举，皆是有目共睹之事实。希望政府当局注意改善，则感鸿恩于无涯矣。

抗战胜利不过半年，欢欣鼓舞已成明日黄花。大公报如此连篇累牍发社评，登消息，转来信，批评社会乱象，揭露国运艰难，民不聊生，实在令国民党政府难堪，这算不算"骂"呢？

当然，《大公报》不是某一党派的机关报，不可能一味地批评、指责其他党派。在另一封"读者投书"中，就对国共两党都提出了批评：

> 胜利来临已满五月，国家大事竟弄得千疮百孔，啼笑皆非，人民满腔热望，一变而为通体冰凉。停战协定早已签字，协商会议开幕多日，但是协商的还是高调入云，停战的反而酣战不休，百姓何辜，遭此涂炭？请问各党派，竟日谈民主，而眼里哪有"百姓"二字？反过来说，百姓绝对无此贱骨，自愿挨打。……第一大党和第二大党所表现的仍是党权高于民权，私利胜过民主，你也讲民主，他也讲民主，而事实仍是儿戏民意，草菅民命。我们要求不必谈这样的民主啦！处在被动地位的民众们，处于倒悬的老百姓们，泪眼婆娑的望着西方山城，我们顶礼膜拜，虔诚来哀求，请大发慈悲，高抬贵手，让我们过去吧！

刊登这样的读者来信，可以看作大公报借读者之口表明自己的"民间立场"，以示对国共两党"不偏不倚"。但那"西方山城"，分明指的是国民党政府所在的重庆，批评的主要对象是执政的国民党。

军调、和谈、大公报

《大公报》对国共两党报道最为密集也相对"平衡"的阶段，是在军调与和谈期间。如果从当时执政与在野的角度看，对中共的报道则更引人注目。

重庆谈判之后，国共和谈继续。军事调处执行部，就是根据双方达成的协议，借助美国政府，由国、共、美三方代表组成，以停止冲突、恢复交通、受降及遣俘为主要任务的工作机构，1946 年 1 月设立于北平，简称军调部。同年 6 月，国共内战全面爆发，军调步履维艰，延至 1947 年初，美国政府宣布调处失败，2 月，军调部解散，前后存续四百余天。

军调期间，《大公报》从多角度、全方位对国共两党的活动作了大量报道。

徐盈、子冈两支笔

1946 年初，新任美国驻华大使马歇尔到任后，即紧锣密鼓"调停"国共军事冲突。1 月 7 日，成立了由张群（后为张治中）、周恩来、马歇尔参加的"三人小组"；10 日，张群、周恩来签署《关于停止国内军事冲突的命令和声明》，双方分别向各自的军队发出停战令；11 日，大公报特意刻制"停战令下！"四个特大号字，做了消息标题，并发表社评为停战欢欣。13 日，"三人小组"下设的军调部三方委员抵达北平。《大公报》报道称：

> 军调部三方代表（美国罗宾逊、政府郑介民、中共叶剑英）率部分工作人员飞抵北平，分住北京饭店三层楼内。军调部职员均佩圆形徽章，标有中英文图案字，两端麦穗，上方有三环相连，做团结之象征。罗宾逊对政治协商会议及执行部前途均深表乐观，但同时认为"任务至艰巨"。郑介民连称"不算旧账"，相信一定能够全部停战。他说，"九年未能成功的谈判，再谈我们一定老了。"叶剑英自称"土包子"，从未来过北平，只听说北平可爱。他说，"团结是世界历史的喜事。我来时，政治协商会议才开了三天，但代表们十分公正坦白，空气祥和。总之，盼对和平建国有一个各党派、无党派所共同承认的纲领，然后再谈政府的组成。"叶并表示，同意应先停止宣传战，希望新闻界朋友帮忙促成团结。

北平军调部设立的同时，中共主办的《解放报》（三日刊）和十八集团军驻北平办事处也公开出现在北平。这些机构的存在及活动，愈发使北平成为当时北方军事、政治敏感、中外各界瞩目的城市。

为了及时报道北方局势的发展变化，大公报调派得力记者，在北平设立了办事处，初期有徐盈、子冈夫妇，军调开始后，张高峰、戈衍棣等先后加入，由徐盈任主任。他们的采访报道，自然把军调动向作为重点内容，尽其所能把国共双方的主张、态度和行动报告读者。

由于种种因缘，这几位大公报记者在内战中的公开报道和幕后活动，都明显表现出反对内战的倾向。其中，作为知识分子出于良知和对时局的认识起着决定作用，而另一个重要背景是，徐盈、子冈夫妇都是中共秘密党员。张高峰虽无党派身份，但与徐盈、子冈是多年同事、好友，与一些共产党人也是相识相知的朋友，甚至参加过中共地下党的外围活动，向他们通报国民党的有关情况。

明了这几位大公报记者的政治身份、背景，有助于理解他们的报道倾向。不过，与中共的这种关系，并没有影响他们作为新闻记者的职业素养与操守，他们的报道不仅恪守了客观、公正的原则立场，尽可能全面反映各方动向、意见，而且往往通过某些现场细节，真实地记录了当时的历史。

1946年1月18日，《大公报》发表子冈通讯《三委员在北平》：

军事调处执行部的三委员到北平四天了，人们对他们的注意与热望，不下于蒋主席之来北平。二百万北平市民之能读报的也就只占十分之一，但一般的都具有很浓厚的新闻常识。……北平的报章像是时局的温度计，又像炎夏时节枝头的知了，（报童）他们喊着，把人民的心给跟着掀起。

北平这笼城，在三委员未来时正在作粮价物价的涨价竞赛，涨得人们晕了头。市政当局一个劲儿喊平抑、惩罚，但是捉几个奸商有什么用呢。平粜与救济面粉如石沉大海，连一丝涟漪也引不起来。

三委员之来给市政当局解了围，在叶剑英参谋长初到北京饭店接见很多新闻记者的时候，一位官方报纸的记者坦白地对他说："您再不来不得了啦，北平二百万人民盼了您多久了。"叶笑着，于是谈着城市乡村的呼吸相联的问题。叶氏谈到"中国内部冲突本应由中国人自己解决，现在弄得由美国朋友参加帮忙，我们一方面感激，一方面惭愧。"……现在很多中共干部和技术人员已自张垣出来，我问："有女的吗？"执行部的政治顾问徐冰笑说："我们的女的到这大城市来得先受一番训练，真是土包子啊！"

北京饭店目前虽非执行部专用，但警卫仍如同战服团包用时一样，美国宪兵在每层楼上守卫，这对于政府代表是司空见惯，对于中共代表却有点那个。美国代表罗宾逊在三楼，政府代表在二楼，共党代表在一楼。……互相联络商洽至为便利，而且非常巧合地，郑介民与叶剑英是广东同乡，他们外貌除了后者多一撮黑须外，颇有似是而非之处，都是方圆脸，结结实实的。

郑介民委员是留日学生，他的对手却是留俄学生。郑氏下机后便说要坐火车回去，他也许有把握才说这句大话，"半个月以后津浦通车"的消息已经不仅给予他一个人以喜悦。据说张垣到北平之间，也只有五十里路的铁轨尚未修好。

三个委员有时候一起在北京饭店里吃黄油面包，有时一齐出席宴会，十八日午后招待记者们。为了慎重，问题是事先提出的，而且预发出入证，因为办公人员尚未到齐，三位委员尚未正常地到协和医院去办公。（笔者注：军调部办公设在协和医院）想不到P.M.C.今天为了中国兄弟的协和也来效力。

政府负责新闻发布的是中宣部大将季泽晋，他向记者声明，与中宣部全无关系了，完全算执行部的人。他的中共对手是龚澎女士，他们在重庆便已很熟，所以工作颇为便利。龚澎抵平以后每夜忙到三点才睡。新华日报颇想在北平出版，据说筹备起来并不困难，只要政治协商会议真的带给全国以和平以及言论自由。

　　李宗仁氏也说，中国内争如同一个家庭里兄弟的失和，不劳驾邻居的劝解也可以和好的，这和叶剑英说法刚好如一，那么在邻居上来帮忙以后，想来和好更是指日可待的事了。

　　子冈的愿望当然是好的，但事实并不容乐观。1月26日，徐盈的报道就显得颇为冷静：

　　重庆之政协会议与北平之执行部呼吸相连，而民主与和平息息相关。执行部二十四日发表第四号公报，说明若干地区冲突告一段落。执行小组工作正在展开。政府代表郑介民表示，需要更多译员转赴前方，展开工作。中共方面亦表示愿调十三个军区之参谋长来平，以主要干部做小职员，以便即可解决一切。双方均在忍耐极限上获得一致之解决办法。

　　这"双方均在忍耐极限上"的判断，可谓洞悉之见，点睛之笔，并为后来的事实所证明。

　　子冈向以文笔犀利，语言泼辣受到读者欢迎。她继续报道：

　　……三委员在一起听过一次励志社的招待戏，马连良的《打渔杀家》。人们真盼望三委员的戏快演完，春节带给他们以和平幸福。否则执行部的存在反而可以威胁物价。三方面人员不过五六百，但全是美钞法币阶级啊。

　　蔡文治参谋长嫌新闻记者们太喜欢滥发军事三人小组去来的新闻了，他是不能了解人民想知道这些事是有多么迫切。来了或去了，也就帮助说明事态的进展。……（老百姓）理解战争为他们带来多少灾殃，不和平又会把肚皮都饿瘪。

　　子冈这里所说军调部的开支，还只是初期。军调高峰阶段，工作人员总数已逾九千人，月开支法币高达四亿元。

子冈最大胆的行动，是她 1946 年 2 月独访中共解放区张家口，写下了著名通讯《张家口漫步》。通讯开篇写到她在飞机上的感慨：

> 几个月来的冲突给胜利以后的人民浇了满头冷水……记者望着窗外的云彩与阳光发笑，回旋在机翼下的北方黄土平原应该不再染上自己弟兄的血迹。人民的足迹应该可以在祖国的土地上自由来去，人民可以不再听到枪炮的声音……当我和两个美国记者一个法国记者坐了美国飞机去张垣的时候，我是不能抑制自己的内愧的，他们也许曾想：这也是会打架的中国人啊！

通讯中，子冈记录了张家口人民欢度春节的盛况，介绍了边区开展的城市建设、民主制度、人民生活、拥军爱民、扩大生产和坦白清算运动，以及受到聂荣臻、罗瑞卿的热情接待，见到丁玲、艾青、萧军等文化人的情景。这篇通讯公开报道了当时鲜为人知的中共解放区的真实情况，在国统区产生了轰动效应。

2 月 14 日，军调部成立一个月，《大公报》发表徐盈通讯《满意的成就》：

> 调处执行部工作了三个星期，经过了不少的风浪，费尽三方面的心力与唇舌，在政治协商会议成功开幕的第二天，也就是农历的元旦前夕，发表了第七号联合公报，第一次引用这样的句子："已有相当满意之成就"及"普遍流行着真正之乐观"。
>
> 新闻记者对于执行部的新闻抱着最大的关心，但同时也最难下判断。这个像是灵敏的温度计，升降特别迅速，随地随时都受气压变化，报道可能有风雨的到来。……调处执行部真是一个不平凡的所在。美方是个仲裁者，希望由漠野上的厮杀进入协和医院的大楼中，为舌剑唇枪的战斗，如今已然实现了。在举国反对内战的空气

之下，可以说，没有这样一个特殊性的机构，也就望不到和平。

一场大噩梦，经过了一月的时光才算由大而小，由小而停下来，……大冲突是没有了，但在犬牙交错的地带，仍然不免时有小摩擦。……政府方面说，中共对于每个问题都要留下尾巴，但中共则表示，交通不应再带来战争。虽然，双方对于美方主持人的公正态度则同加感佩。

停止冲突、恢复交通、受降和遣俘，这四大问题已有一半得到了结论，每个结论的获得都是最大忍耐的成果。每个问题都是多角而有枝节的。这算不算是"满意的成就"？各方面各有其满意与不满意的答案。

《延安的春天》

军调部开始工作不久，徐盈曾随同张治中、周恩来、马歇尔到各地视察停战情况，五天内飞越九省，行程八千公里，写下了多篇通讯，后来结集出版了《烽火十城》一书。

在通讯《和平播种记》中，徐盈对各地国共双方将领会面时的场景做了个性化的描写。在北平，周恩来把罗瑞卿介绍给张治中说，"他是黄埔五期，你的学生。""罗瑞卿便恭恭敬敬地敬老夫子一杯。"张治中点名要傅作义、贺龙干一杯，"这两位农民型将军欣然遵命"。在济南，周恩来说："看到王耀武将军和陈毅军长握手言欢，我保证和平一定能够实现。"在徐州，顾祝同回忆了西安事变后与中共的接触，说那时谈的"也不外是军队的改编，政党的公开……大家一别十年，又能见面，是很高兴的事，感想因而也很多。"在太原，阎锡山以抗战中指挥过刘伯承而声称"他应当算我的部下"，并且说了一番耐人寻味的话："中国共产党能妥协吗？我不相信。因为我们不能叫人不革命了。"最后，徐盈还意味深长地写道，这些将军们的部队"正犬牙交错地对峙着"。

在太原期间，发生了一个颇具象征意义的插曲：阎锡山把一幅关圣帝君（关羽）的石刻拓像作为礼物送给马歇尔，告诉他："这是中国古代有名的军人。"马歇尔仔细看过，忽然指着画像中汉寿亭侯大印上三环相联的印钮说："这是我们执行部的符号，他是我们执行部的发明者。"于是在众人大笑中欣然接受。

原来，军调部的标志就是三环相联，代表国共美三方相辅相成，互相合作。徐盈感慨道，如果说，汉寿亭侯印钮的三环代表着桃园三结义，那么，与军调部的标志不能不说是一种偶合，"今天唯一的希望是，能如三结义式的大团结。"

张、周、马从太原到绥远，那里刚刚打完仗，徐盈报道说：

> 十二战区长官傅作义、副长官邓宝珊、马占山这三位坚强抗日的将军，也没有想到在日本人投降之后，他们竟会首先应付了内战。马占山将军抱着一腔回到东北的热望，不料部下在大同被打了个七零八落，他不禁老泪纵横地哭了。他说抗战多少年，死伤了多少袍泽，但他没有流过一滴眼泪。现在他竟孩子似的哭了。傅作义将军在围城当中，每到伤兵医院一次，看见双方的伤兵，总要哭一回。他说："我怎么变得婆婆妈妈起来了？"邓宝珊将军在绥远被围前三天从榆林赶到，无意中陷入围城。在被围中间，解围之后，不论公开或私人谈话，他总是迭叫惭愧，连"共产党"三个字也没有提过。谁也不愿内战，内战是极可耻的事，傅、邓、马三将军可以说知耻之士了。傅邓两将军都打算辞职出国考察，马占山将军老了，要退休，他说："日本人投降了，我的心愿已了，绝对不再干了。"

> 张周马一行来绥，虽然仅勾留了三小时，但物价却一度跌落。周恩来先生说话很婉转，他说，他个人乃至中共都对傅长官在抗战的功绩永远尊重。过去不幸的冲突，使得绥远地方和人民受损失，他特来慰问。绥远人听了，只好苦笑。

> 绥包解围之后，傅长官便立时整编军队，合并裁编，同时并进。鄂友三是在大青山抗战最久，建功最多的绥远民族英雄，改编为一

个保安师，游击部队大都归他统辖。他们都说抗战胜利了，放下枪杆，拿起锄头，愿意回家种地去！

徐盈此行对共产党的宣传，最精彩的莫过于长篇通讯《延安的春天》：

……在那个延水冲积出来的大场子上，只有一座小小的彩牌楼，交插着美国国旗与中国国旗，四围团团站满了上万的手执红缨枪，穿着土布军服的人民、士兵和公教人员。群众的口号声响成了一片，那就是"欢迎马歇尔"，"欢迎三人小组"，"拥护政协决议案"，"国共合作万岁"。这些口号与这些来客对于延安都是生疏的。十八年的对立又到了接近的时候，历史就是这么成曲线地进行。

到延安，外表上看不出什么浓厚的政治气氛，但由于那么多的成年人在跟着汽车乱跑，说明这里还是一个闭塞的农村，人民还没有接近了更多的机械文明。而由于中共的干部们来自四面八方，虽然是这样一个全中国较落后的区域，也变为全世界注意的焦点。这种努力是空前的，但对于一个外来人，延安的进步甚难从表面看出来。假如不把这地方叫作延安，当中共和它的干部们离开以后，这区域的未来将要成为什么样子，倒是耐人寻味的。

……雪后的延安，地皮上非常松软，田野的肥料气偶然地飘来。解放日报上说：他们要提前春耕了，此时此地，正看到延安的春天。

……所有留在延安的人物都出席了（欢迎宴会）。毛泽东显得比过去更健康些，穿着咖啡色毛呢中山服，面孔黑黑的，领子照例不扣。朱德穿着一身剪裁得满整齐的黄呢军服，和蔼得如一老姬。边区主席林祖涵鬓发银白，徐特立穿棉军服，七十老翁颇有童颜鹤发的样子。谢觉哉，边区的副议长，结结实实的老人。王明的颜色比较憔悴，据说是近来闹着心脏病。

每个餐桌都有一二位主人，其中有的桌上便是女性，那便是毛夫人江青，朱德夫人康克清，彭德怀夫人浦安修和李富春夫人蔡畅。

她们一律穿着西式短服，与棉军服的女同志已大大不同，而蔡大姐则着戎装，有雄赳赳的丈夫气。江青女士从在飞机场上迎接马歇尔的一刹那起，不论到那里，都形成为一个中心人物。她顾长，秀丽，活泼，北方人但有江南的气息。她方从重庆医牙归来，她说"重庆的物价吓死人"，她又说在那里看了两次话剧，很不错。记者问她今后是否还要从事话剧演出，她想一想说道："如果团体要我去做，我就做；如果不需要，就不做。"有一位朋友问她想不想上海，她表示有机会也要去。又有位朋友跟着便说："赶快催促毛先生去南京，您就可以到上海了。"江青整了一下她那件黄呢军服大衣，略为凝神一下，很自然地嫣然一笑。

菜上几道，酒过几巡，毛泽东以主人资格站立起来，用一种很不通俗的湘潭话致辞了："马歇尔元帅，张治中部长：你们促成了有益于中国人民的事业，和平，民主，统一，团结。我代表中国共产党表示感激，愿保证以最大的努力来执行这三个协定。中美合作万岁！国共及各党各派合作万岁！我敬祝杜鲁门总统、马歇尔元帅健康！"马歇尔元帅的答复是沉重地庄严地举起杯来："向中国人民敬一杯！我们的感觉是一样的。"

延安中共中央大礼堂的晚会是一个历史性的集会。中共七全大会的标语还在高悬，"在毛泽东的旗帜下胜利前进"，两边分挂着毛及朱的巨大油画像。

朱德首先到戏台上致辞，表示中国四亿五千万人感谢马歇尔元帅的来临，他代表中国共产党愿意在蒋主席及执行部指导下完成使命。"不可否认的，在中国和平民主统一建设的事业上，还有许多障碍，许多困难，这些障碍困难，使停战协定至今在有些地方还没有实现，政协的决议所遇到的困难更多，因此中外舆论预料整军方案的实现，一定更不容易一帆风顺。但是，我们对于中国的前途始终是乐观的，我们相信国共两党的团结，各民主党派的团结，全国人民的团结，加上中美的团结与美苏英中各大国的团结，一定能够战胜一切困难障碍，一定能够建设成为一个独立，自由，富强的国家。中国一定能够与美国，苏联，英国及其他友邦亲密团结，巩固远东的和平与世界和平。"（全场大鼓掌）

马歇尔跟着在大鼓掌中走上讲台，……他很用力地说："朱总司令谈到关于中国和平、民主事业及实行军队整编方案的困难，这不是使我诧异的事。中国的幅员是如此广大，交通是如此的不便，还有十八年来的对立，那么这种困难当然也就不足为奇了。不过，最令人惊奇的倒是短短时间内所造成的停战局面，及交通的恢复，这种奇迹乃是由于双方的好意与谅解所造成的。"

"张治中，周恩来两将军和我这次亲到各地视察，就是要为了找出困难的原因和解决的办法。我们每到一地，都获得保证和平，恢复交通，让人民自由来往和生活的允诺，我今天更自毛主席得到保证：（周恩来将军也向我这样保证过），中共用一切力量加速使各地情况恢复常态。我觉得重庆的官员们也没有问题，……我们要进一步到一更有意义的工作，这就是整编全国的军队。这一步如能实现，人民负担可以减轻，大批士兵回到正常生活，以往的各种问题，尽可利用立法和舆论来解决，而不诉诸武力，这样就可使中国得到全世界的尊敬……使中国早日脱离混乱。我非常高兴能到延安，谢谢你们诸位的招待。"（全场大鼓掌）

张治中部长说："兄弟到这里来一共三次，第一次去年八月二十四日来这里迎接毛先生赴渝；第二次十月十一日陪送毛先生回延；这次则是陪马歇尔元帅来访问毛先生及朋友们。"张部长指出，第一次是以满腔热望从事和平团结；第二次则在双十协定，奠定了和平统一团结的基础；这一次，由于伟大的马歇尔元帅的帮助，更有了停战协定，政协决议及整军方案。……光明已看到了，国内的和平得到了坚固不拔的基础。"我以政府代表向延安的朋友们保证，我们签订了的这个协定，可以说促成民主，团结，统一，和平的历史性的伟大文件，政府一定百分之百不折不扣的付诸实施，贯彻到

底。"（大鼓掌）

张部长又说："两党对立了十八年之久，朋友们，这不能说是太短吧，我们以最短的时间结束了对立，这不能不感谢美国的帮助，政府蒋主席的领导，中共毛主席的领导，全国四亿五千万人的要求得到了共同的结果。中国是五强之一，可是我们愧对这名称。要造成一个现代化的中国，我们要迎头赶上去，以三十年至五十年来和平建设。今天，我们很快活：黑暗过去了，光明来到了；破坏过去了，建设来到了。让我们重复高呼这个口号：和平、民主、团结、统一的新中国万岁！……最后，我还要说一个笑话，我刚才已和毛主席谈过，将来你们写历史的时候，不要忘记写上一笔：张治中三到延安。完了。"（大鼓掌）

这一番话能不能成为一个历史上的文件，目前尚没有人能够知道，但是马歇尔将军已经表示过，如果内战不能迅速结束，中国经济上将遭遇总崩溃。政治民主化与军队国家化的实施，便能如两轮似的推进中国的和平局势。

晚会的歌舞节目，第一个便以腰鼓形式来欢迎马歇尔，男女八人唱到："国民党，共产党，中华民国的双臂膀。国民政府蒋主席，全国人民都拥护。民主国家就要建立起，马歇尔将军美名传千古。国共两代表，抗战史上美名标……"

历史立刻便被用戏剧形式反映出来，多少人都在想，希望今天不是戏，而是历史当真推进了一大步。中国两党已对立了十八年，这种和谐的空气，应当认为是这十八年来的奇迹。

《延安的春天》，大块的文章，白纸黑字印在国统区的报纸上，中共会认为这是大公报的"帮忙"么？

北平解放报事件

1946 年 4 月 4 日，天津、上海、重庆《大公报》同时刊登北平电话、专电：

> 三日清晨，政府出动九十二军一四二师四二六团、宪兵十九团、三个警察分局的军警宪特等三百多人，分两次搜查中共解放报编辑部和发行部、十八集团军副参谋长兼北平办事处处长滕代远公馆，逮捕四十八人，分别扣押在外城二区、内城二区、内城四区警察分局。……叶剑英昨日接见记者称，这次逮捕中共人员是非法的，是特务分子所为，意在制造事件，破坏和平民主事业。

军调期间，国民党当局公然逮捕中共人员，这是怎么回事？大公报记者何以对内情了解得如此清楚？叶剑英又为何单独对大公报记者发表谈话？

事情的经过是这样的：1946 年 4 月 3 日清晨，大公报记者张高峰突然接到上海申报驻北平记者的电话，说中共解放报编辑部突被军警搜查并捕走多人。申报不便采访，希望大公报出面报道，申报转载。张高峰马上想到了在那里的老朋友杨赓等人，迅即拨通了解放报编辑部的电话，果然，杨赓也在被捕之列。张高峰要求去采访，对方表示欢迎。

早 7 点，张高峰即赶到宣武门外方壶斋胡同九号解放报编辑部，接待他的是化名编辑文艺副刊的周扬。周说，天亮之前，国民党出动军、警、宪联合突击搜查，逮捕了总编辑钱俊瑞、编辑主任杨赓、记者范元甄等十几人。迫于当局压力，许多报纸不敢报道，他希望大公报尽快将此事公诸社会。张高峰允诺后迅即回到办事处，与彭子冈商量如何处置（当时徐盈外出采访），决定先去探监，设法见到被捕的中共朋友。

9 点，彭、张到了梁家园警察分局。进入二门后，就看到大院右侧敞棚里拘押着钱俊瑞、杨赓等人。大家虽是朋友，但此时不便声张，只能彼此点头示意。

大公报记者的迅速到来，令警察局长杨恩禄十分惊讶。碍于大公报的声望，只好勉强接待，一番寒暄之后，双方开始问答式的谈话。

张："请问为什么要逮捕这些共产党人？"杨："不是逮捕，是临时拘留，因为他们没有报户口。"彭："说句笑话别见怪。如果把北平没有户口的人都抓来，警察局非挤破不可。"杨："哈……"张："果如杨局长所说那样，你们将如何处理？"杨："我想只要他们承认错误，报上户口，会很快释放的。"彭："分局有权放人吗？"杨："我们听总局的命令。"张："据解放报编辑部介绍，今晨搜查，政府出动了军警宪三方武装人员，看来是有计划的行动？"杨："……"

再问无益，彭、张告辞，表示将去警察总局采访。出门路过拘押共产党人的敞棚时，张突然问杨："可否和他们见个面？"杨毫无戒备，顺口回答"可以，可以。"他决没有想到那些共产党人中有大公报记者的朋友。张、彭趁机与之握别："请留步，再见。"杨转身回了办公室，张、彭走进敞棚，握手的瞬间，杨赓递上一张纸条给彭。张说，警方不敢承认是逮捕，只说是拘留。事情可以转圜。

走出警察分局，子冈去景山东街15号给叶剑英送信；张高峰去警察总局和八路军办事处采访，始知办事处亦被搜查、捕人，并迅速查清了出动军警的部队番号、人数等情况。当晚，叶剑英在北京饭店召开中外记者招待会，披露了这一事件，抗议国民党破坏和平民主，并向大公报记者发表简要谈话。他们随即向大公报天津、上海、重庆三馆打电话，发专电，于是有了本文开始的一幕。

事件经《大公报》迅速公开，舆论哗然。4月4日，国民党当局迫于压力，把被捕的中共人员集中于市警察局，叶剑英亲往慰问，并当面向局长陈焯交涉。陈认错道歉，保证今后不再发生同类性质事件。傍晚，被捕人员全部释放。

5日，《大公报》再发北平专电，报道了事件结果，并特别指"滕代远说：中共不怕威胁恐吓。言论自由业经开放，中共在北平办报，准也要办，不准也要办。"

"解放报事件"迅速解决，大公报记者的及时介入、"帮忙"是一个重要因素。但国共斗争并未结束，一个月多后，国民党当局还是以"未经中央核准而已发行，于法不合"为由，下令查封了北平解放报和新华分社。

东北军调面面观

1946 年初，国共双方在东北的争夺愈演愈烈，局势日趋紧张，因此成为军调工作重心，也成为《大公报》报道重点。4 月初，北平军调部派出执行小组到东北，徐盈随行短暂采访。吕德润、张高峰作为大公报特派员，先后常驻东北报道。

一般认为，国共形同水火，势不两立，军调谈判也必是剑拔弩张。其实，军调小组初到东北时的工作气氛还是比较融洽的，至少在公开场合颇有君子之风。请看徐盈报道的东北执行小组首次宴会的情景：

> 执行小组三方面四日晚在中苏联谊社举行了一个盛大的集会，到会者美、苏、政府、中共四方面人士的握手言欢，说明了这是东北的一个空前局面。侍役、舞女、奏乐者都由日人充任。昔日的主人一变而为阶下囚，更说明了"时代的趋势"，堪称是十四年来的空前突变。
>
> 马歇尔元帅的随员白鲁德以执行组长地位，说明执行部是蒋委员长与毛泽东氏签订的一个特殊组织，在历史上是史无前例的。双方本是老对头，如能获得协议，必有第三者出面。我们所处的地位是困难的，我们不能说谁对谁错，我们的工作仅是计划，使中国人来完成。东北是一个最困难的区域，……我们要的结果，是在桌子上谈论，但这战争已不能由中国自行解决，也就是中国内战不能自行终止。中国不能和平，世界将受影响。
>
> 吴能定代表政府小组致词，谓此次与离别十四年多的东北父老

见面及美方代表、中共代表欢聚一堂，十分兴奋。首先我们感佩美方代表，其次感佩中共代表，他们都是爱好和平，我们要建设富强康乐的新中国。

饶漱石致词，首称不堪回忆的是十四年来，东北同胞在日本帝国主义下所受的痛苦。他说，……我们今天胜利了，有任何不同的主张，必须按政治方式解决。沈阳街上有标语，说我们要和平，我们反战争。今日我与白鲁德将军到林彪将军司令部去，我看到上万的群众说，我们要和平，要民主，要统一，要建设。其目的是一样的，我对于中国的前途……表示非常的乐观，并有非常的信心。……和平若不能实现，我们对不住中国人民，对不住死难同胞。

徐盈报道沈阳观感和军调动向时写道：

这里一条横街两端都有松坊，一面挂的标语是"世界和平万岁"，一面是"中华民国万岁"。在警备森严的步哨盘查下，成群结队的人民到这两块标语之下翘望，希望能够在车马的动乱中获得一些什么，……白鲁德将军飞访林彪的消息是第一等的刺激新闻，跟着便知道中共有铁道，有城市，有生产组织，而且短期内准备欢迎中外记者团前往视察。他们对于"主权"的接收，是作如是的解释："国民党只要自己接收，不要民众接收。"政府方面说："停止冲突是可以的，只要执行小组协助推进国军接收。"有人便巧妙地问，沈阳的报纸上只有匪而无共，请问究竟是共还是匪？美方答道，这件事在没有调查以前不能奉告，但他却奉劝记者们两句话：希望中国报纸多登载事实，那样对中国和平才有望，如若违背事实，则只有造成冲突空气，增加调处上的困难。……小组在军事三人小组对于大原则决定之前，局部的停止冲突是不可能的，而且也不会得到协议的。代表执行部的三环，没有力量能使他们联在一起。

执行小组工作了两个月后，中共首席代表饶漱石调离，由从苏联回国不久、一度化名李敏然做代表团顾问的李立三接任。

李立三大名鼎鼎，是中共早期主要领导人，他的继任引起各方关注。只是东北军调谈判艰难，成果有限。李立三任首席代表期间，与国民党方面就部分地区武装冲突责任以及交换俘虏问题，进行了拉锯式的谈判，最终达成了用彼此俘虏的国民党长春市长赵君迈与共产党员金人交换的协议；同廖耀湘、杜聿明直接交涉，迫使国民党军撤至松花江以南，并停止修复松花江大桥，为保证江北解放区安全和部队进行休整争取了一段必要的时间；当时，国共双方分别控制着东北电源或线路，小丰满不输电，哈尔滨电力不足；输电线被切断，沈阳也将陷入黑暗。李立三与国民党沈阳市长董文琦谈判，达成了小丰满输电协议。对李立三的这些活动，大公报记者都作了及时报道。

7月，李立三奉调回延安，郑洞国等宴请送行，大公报记者出席并报道：

> 郑洞国、廖耀湘、尚传道欢宴李立三，美方人员及记者等均出席。此为记者在东北所仅见之三方同时出席有一团和气之宴会。郑洞国致词，申述和平之重要及欢迎李氏和平使者之情，并对美方表示感谢。李立三致词谓：由于在长之受招待，知政府之和平诚意，并坚决表示中共之希望和平，更转达林彪望和平诚意及向杜聿明、郑洞国等致意。李氏提及美方时，出席者均凝神静听，李氏以感谢美方为和平而努力之执行小组为结尾。美方蒋森上校亦致感谢及盼和平之词。三人致词均短，毫无火药味，而有一片和平声。……东北之前线平静，自有助于南京之谈判。李氏在长备受招待，连日访问郑洞国、廖耀湘等，郑等均回访，大谈乡情及童年旧事，倾谈时间均甚长。李氏笑语记者：彼来已造成一和平空气，但愿和平不止空气而已。

李立三走后，东北执行小组共方首席代表先后由伍修权、李初梨担任，小组改为分部，由沈阳迁往长春。大公报记者始终与中共代表团保持着比较密切的交往，彼此互通信息，以致成为朋友。中共方面提供的消息，也成了大公报记者的报道内容。

1946年11月14日，《大公报》沈阳专电，公开报道"东北中共通过省县等组织条例，各级政府均以民主集中制机构力求精简为原则。省府由人民代表会选举府委及正副主席，组成行政委员会，向人民代表会负责……"

18日，沈阳专电"中共对战局发表看法"，先设问：内战中中共领导的军队是否能坚持下去，直到取得胜利？然后直接引述延安《解放日报》社论说："我们十分肯定地回答，完全可以坚持并且可以胜利，是因为中国人民有了自己的军队，有了广大的解放区，而且学会了运动战与游击战争。……我们的敌人乃是思想上的腐化，惧怕敌人，和平幻想，退却逃跑，个人打算，小团体主义，没有警惕性，不守纪律等，应该与这些敌人坚决奋斗，争取反攻的来到。"

1947年1月3日，沈阳专电："东北中共地区普遍展开煮熟'夹生饭'运动，……最近各地检查群众工作，发现了极严重的坏现象，他们把工作坏的地区称之为'半生不熟'或'夹生饭'，特点因各地情形不同，'生熟'程度亦有差别。其共同点为：一，地主恶霸的威风没有打倒，他们仍与农会有联系。二，分地斗争中没有真正发动群众，结果多不合理。三，没有真正正派的劳而又苦的人当积极分子，一群假积极分子不能代表穷人利益。四，群众武装是形式的建立，还没有专心以武装来保卫胜利的果实，因此造成群众间的互相恐怖或不信任。现在，中共对此'夹生饭'地区喊出一个口号：'坏蛋充积极，分地不合理，深入了解后，从头再做起。'"

2月14日，被俘的东北行辕经委会专员钱瑶章等被中共释放回到沈阳。15日，大公报记者专电报道："……钱氏并谓，在拘禁期间甚感中共方面力量之集中，组织之严密，其新闻纸以教科书方式供给民间。东北共军以乡村控制城市，北满一带分地运动已告段落，乡村普遍成立农会及自卫队，为下层实际政权。上层政治机构为东北各省市人民代表联席会议，其人选按'三三制'分配……"

这些新闻都是国统区读者愿意了解的信息，《大公报》作了如实报道。

1946年夏，从事工商界和上层妇女统战工作的中共地下党员、著名民主人士罗叔章从南京下关事件脱险，经沈阳去哈尔滨，中共方面派人找到张高峰，请他设法送她们安全转移。当时，国民党当局对北上人员控制严密，罗叔章这样的人物很难顺利通行。张高峰便把东北长官部颁发的记者特别通行证给了她们，到达后再寄还给他。张高峰回忆说，"说实话，当时我并没有什么'革命'意识，但我知道要够朋友。"

共产党人"亮相"大公报

1946年6月，吕德润随军调小组到中共在东北的政治、军事中心哈尔滨，访问了林彪、彭真、吕正操等中共领导人。他在报道中这样描述了林彪：

> 我有点不大相信面前这位清瘦身材的人便是人人皆知的林彪。我想象中总觉得他有一把胡子，可是他面上光光的，态度文文雅雅，他才四十二岁，是黄埔四期的学生，他的对手杜聿明长官、郑洞国副长官，都是黄埔一期的老大哥。林氏穿日本将校呢军服，未戴阶级领章，也没有勋章，戴着青天白日徽的军帽。讲起话来，低沉而有力……
>
> 问：现在的停战对中共有利还是有害？
>
> 答：从政治上论，中共愿东北成为和平民主的东北，为使战争不蔓延，十五天停战已完成初步作用，从这点讲是有利的。从军事上讲，我对停战感到很意外，这停战使我们不利，以致使我们的军事布置无从实现。从四平战役后，我们已使国民党军分散，而给以各个"歼灭"。这形势已成，我们也动手这样做，停战了，所以不利。

问：中共是否希望停战期延长？

答：不仅希望延长，并希望根本不再打。

问：四平之战中共是否受到严重打击？

答：四平之战可分三个时期：①野战，②阵地战，③放弃。在野战时，我们使对方正面的部队伤亡很大，对方的美械及俘虏已成为我们的补给与兵源。至于我们自己，无一人被俘，未损失一条枪，所以我们在四平不但物质上没损失，并且我们对阵地战的信心提高了。我们在四平坚守，希望能以此换得和平，后来在政治上这似乎不可能，同时我们为保护北满，乃自动撤退，并且自动的撤退长春与永吉，准备今后在运动战上取胜，求得和平。

问：十五日停战后何以前线有冲突？是否因交通联络关系？

答：与交通联络无关，是对方进攻我们，……国军方面之飞机时常轰炸，……我与美方朋友同躲地洞。

问：哈尔滨是否撤退？

答：现正谈判中，如未谈好前进攻，则决应战，并且是全面的。

吕德润在报道中还特别注明："我相信我的记录是可靠的，在这里我不加任何注解地介绍给读者"，实际上宣传了共产党对内战的态度和主张。

有意思的是，吕德润与林彪还有如下对话：

记者问林氏，对黄埔军校印象及以纯军事眼光对杜聿明氏战略之意见如何？提及黄埔，彼面露微笑称，由老百姓变为军人是黄埔所给之大转变，军事上是入门。对杜氏在军事上无可批评。彼认为政府军作战未将政治及经济因素加入。彼亦准备与杜见面时干一杯。记者问，如全面和平整军成功后，拟从军抑或从政？林氏谓，带兵二十余年，如有带兵机会，仍愿带兵，不过从政也可以，视届时之需要而定。以彼个性，还觉带兵好。

报道在分别介绍了彭真谈"清算斗争"、吕正操怀念冀中抗日之后，还专题报道了东北民主联军的情况：

> "联军"二字过去对人多少有些生疏，但是提起"义勇军"三个字来，便亲切而明了多了。义勇军在东北的抗日史的确是一部不朽的史诗，……七七以后，尤其是珍珠港以后，日本便想狠命的割去这条盲肠，他们不能说没有什么效果，我们的义勇军也的确吃了些亏，但是他们渡过这个考验了，在北部一带深山里吃野草吞雪花的活了下来。……有人拿给我看一本"康德"三年出版的《剿共秘本》，"这便是个证据，"那位说，"打了十四年，连我们的存在都不承认还成吗？"

《大公报》介绍义勇军（抗联）的历史，其意义在于，当时，国民党不承认东北有共产党的武装，并以此为由拒绝共产党接收东北。而民主联军正是在义勇军的基础上，加入从河北、山东、热河出关的新四军、八路军组建而成的。这样的报道，无异于在客观上给共产党"帮了忙"。

1946年10月19日，《大公报》罕见地转载新华社延安消息，题为《毛泽东答美记者问，猛烈抨击美国对华政策》，报道了9月29日毛泽东接见纽约先锋论坛报记者斯蒂尔的答问：

> 问：阁下是否认为美国调解中国内战之举已告失败？如美国政策按目前形势继续实行，则结局将如何？
>
> 答：我很怀疑美国政府的政策是所谓"调解"。根据美国大量援助政府，使得他能够举行空前大规模内战的事实看来，美国政府的政策是在藉所谓"调解"作掩护，以便从各方面加强政府压迫民主力量，使中国变成美国殖民地。
>
> 问：中国内战将延长多久？其结果将如何？
>
> 答：如果美国政府放弃现行片面援助政策，撤退驻华美军，实

行莫斯科三国协定，则中国内战必能早日结束。如果不是这样，就有变为长期战争的可能。

问：阁下是否认蒋主席是中国人民的当然领袖？共产党是否将在任何情况之下均不接受蒋主席的五项要求？如果国民党企图召集一个无共产党参加的国民大会，则共产党将采何种行动？

答：世界上无所谓当然领袖。蒋主席如能按照今年一月间的停战协定及政治协商会议的共同决议处理中国政治、军事、经济等项问题，而不是按照所谓五项或十项违反上述那些协定的片面要求，那么我们是仍然愿意和他共事的。国民大会只应当按照政治协商会议的决议，由各党派共同负责去召集，否则我们将采取坚决反对的态度。

毛泽东的谈话公开见诸于国统区的报纸，除了《大公报》，恐怕没有第二家。

毛泽东、林彪、李立三这样的中共"大人物"可以在《大公报》上"亮相"，普通共产党人也出现在《大公报》的报道中。1947年2月，张高峰在一篇通讯中公开报道了一位牺牲了的共产党人：在辽东盖县熊岳镇，一位23岁的共产党员杨运担任了区长，率领穷人清算了一批"大肚子"（地主）。后来，国民党打回来，杨运被捕了：

……杨运被审的时候说：为了替穷人争权利，为了打倒剥削穷人的大地主，所以才杀了六七十个"大肚子"。可是这些"大肚子"的家属今天要向他索回人命。审他的法官说："你们今天失败了，人民并不拥护你们。"杨运说："我个人也许因为年轻识浅，工作失败。（但）中共的整个理论与政策没有错误，也不会失败。"法官判处杨运死刑，杨运绑赴刑场，一面喊着"毛泽东万岁"，先挨几棒，最后一枪倒地。杨运死后，我在饭馆向几个茶房说："杨运好不好？"他们说："我们不敢说好。"（反攻倒算的地主）王志平则大骂：杨运该死。而另外一群人是怀念杨运的。

张高峰后来说，这样的内容，当时其他报纸的记者是不敢写的，但大公报记者敢。这不仅是记者胆识，更表明记者的立场和报社的支持。

大公报报道共产党，共产党也曾称赞大公报，1947 年 2 月 11 日的《人民日报》，以《西康夷民英勇反抗"清剿"，雅安宁远蒋军受挫；天津大公报猛抨蒋介石屠杀政策》为题，刊登新华社延安 8 日电："天津大公报对蒋政府此一屠杀政策发表社评称：'地方政治的黑暗，民族问题的复杂，政府置之不顾，硬认为叛乱必须施诸武力，这是危险鲁莽的举动。民不畏死，奈何以死惧之！'并谓：'以飞机轰炸落后人民，非明智之举。'"

可见，当时大公报与中共非但不是对立的，甚至还有互通之处。

"十年谈判老了周恩来"

上面标题的这句话，出自大公报记者曾敏之之手，也是他在重庆专访周恩来后所写长篇通讯的标题，时在 1946 年 4 月。在这篇通讯中，曾敏之写道：

……周恩来深沉地回忆着说："差不多十年了，我一直为团结谈商而奔走渝延之间。谈判耗去了我现有生命的五分之一，我已经谈老了！多少为民主事业努力的朋友却在这样长期的谈判中走向监狱，走向放逐，走向死亡……民主事业的进程是多么艰难啊！我虽然将近五十之年了，但不敢自馁，我们一定要走完这最后而最艰苦的一段路！"从西安事变到现在，已经十年了，从执行中共"统一战线"策略而营救蒋委员长时跟政府商谈团结算起，周恩来已经历了十年的谈判生涯。抗战八年中，他经常来往于渝延，成为中共与国民党政府间唯一的桥梁。……（周恩来）最后并感慨地说出他对中国民主事业发展前途的见解，他认为："中国人民已经起来，在我们这一生中还可以把艰苦途程走完而达到胜利。不过走最后这一段路是更艰苦更困难，需要我们克服就是了。"

周恩来所说的艰苦谈判，就包括东北问题。请看《大公报》的报道标题：

　　5月3日，周恩来申述中共意见，主张先停战再实行五原则；政府表示须先收复长春再商停战，双方致成僵局。
　　5月5日，周恩来声明中共对东北问题态度，仍主张先实现无条件停战。武力接收中共绝不让出。政府图以武力夺回长春，恐谈判短期内难有进展。
　　5月24日，马歇尔周恩来昨商东北局势，周恩来等与中宣部讨论宣传休战
　　5月27日，东北大局临重要关头，蒋主席明示解决途径，致函马帅提出商谈意见，中共须承认接收主权恢复交通。

6月6日，南京方面下达了东北停战令，宣布自7日午时起，双方停止追击、进攻，十五天内商谈解决各项问题。中共方面亦声明，同意并愿促谈判成功。而8日的《大公报》社评却指出："停的是东北，时限是十五天。有地限有时限，其范围已经告诉我们，这不是真正的停战。……政府所提出的前提条件，假使这十五天内竟并不能获得完满解决呢？自然是再打内战。……现在是暂时停战了，紧接着自然是商谈。商谈是必要的。用口辩论，总比用手打好。但是商谈可靠吗？也实在让人不能无虑。"
十五天的停战结束，问题并没有解决，吕德润报道说：

　　东北停战，松松紧紧，紧紧松松的闹了十五天，现在又延长了八天，八天以后如何呢？打了这么久，谁都不服输，都相信有能力打败对方。林彪将军的谈话是个例子，他认为今后可以把分散的国

军零星消灭。而国军的赵家骧参谋长表示，假如非打，我们有够足的交通工具，专找他们的主力，上天可追到灵霄殿，入地可追到水晶宫。谁也不服气谁，这是一个不太好的场面。

廖耀湘将军和饶漱石讲，现在我们打胜了，你们也不如过去光彩。于是在不打中都想和平，都说本身有诚意，而对方无诚意。拖下去，都说对自己不利，对对方有利。可是拖却像是拖定了，虽对自己都不利，可是因为不利就不打了吗？……真打?! 会打出一个水落石出吗？一位国军将领说："我们的兵是伟大的，真是无条件的打仗。"说着，他又焦虑起来，说现在带兵真难，连一般士兵也想到了为什么要打仗？打完了，接收的人肥肥胖胖，他们可是吃不饱，胜利了的政府对他们有什么好处？在哈尔滨，我问一位民主联军的人，你们的士兵是否愿意打？回答是，不乐意。一位由江苏到哈尔滨的新四军说：快和平了吧! 我好回家看母亲去!

东北态势胶着，南京方面周恩来仍在为和谈、停战而努力。《大公报》连续报道：

6月20日，谈商遭遇重大难关，蒋主席提出东北整军及共军在关内外划地驻留方案，周恩来表示难于接受，恢复交通谈商亦搁置

6月21日，周恩来声明中共基本态度：不分关内关外，没有时间限制，停止一切冲突，静候调处；国共争端如需友邦调解，只有依照杜鲁门总统声明及莫斯科三国公告的原则办理

7月1日，停战期满协议未成，双方宣布继续谈商

7月2日，中共主张长期停战并开政协会议，让步应是双方的，是有限度的

7月3日，和平前途一新希望，蒋主席昨晨延见周恩来；国共直接商谈开始，重新检讨历次所谈问题

局势看似有了转机，但中原国民党军突然向中共李先念所部发动进攻，揭开了全面内战的序幕。紧接着，国民党又单方面宣布准备召开"制宪国民大会"，引起中共与民盟的抗议，和谈变得愈发艰难。大公报密集报道和谈动态，中共的主张、周恩来的活动，几乎每天都出现在报纸上：

7月9日，中共发表时局主张（一）全国（包括东北）无例外无条件无限期的停止冲突。（二）重开政治协商会议，改组国民党一党专政的各级政府成为民主联合政府。（三）在政协会议监督之下，实行最大限度与最高速度的复员裁兵，彻底废除军队属于少数个人的制度。（四）要求美国政府停止干涉我国内政，停止助长我国内战，并立即自动撤退一切在华海陆空军。

8月4日，和谈前途暗淡，马歇尔昨飞牯岭，行前晤周恩来交换时局意见

8月12日，谈商结束，大局沉闷，周恩来昨访司徒长谈

8月21日，国运前途万分危险，全面内战空气愈浓：中共动员解放区军人工农参战之号召，无疑正式宣布战争状态之存在；政府中共间战争即将演为公开而大规模的争夺杀伐，人们对于大局前途已不愿寄予任何希望

8月27日，周恩来主持记者招待会，中共绝不接受政府五项要求。"战争解决不了问题，而且战争是要付代价的"；"美国一方面派马帅、司徒来华调处，一方面又单独援助政府进行内战，构成矛盾的两面政策。希望美国改其错误政策。"

9月4日，国府改组五人会谈恐将延展，中共认为徒劳不愿参加

9月6日，时局停滞战火炽烈，马帅司徒与周恩来长谈又无结果

9月7日，马帅调处再做努力，携周恩来意见七登匡庐

9月8日，商谈搁浅大局黯淡，除非得到停战保证，中共拒绝一切形式之和谈；国事前途将完全取决于内战战场了

9月12日，马周昨长谈又无结果；中共坚持要停战保证，认为

情势严重

9月22日，首都商谈僵局愈严重，中共以发表商谈记录相威胁

9月29日，蒋主席提出新决策，劝中共合作勿片面疑惧

这里，蒋介石耍了一个花招。一边劝中共"勿片面疑惧"，一边调集重兵大举进攻张家口。10月1日，周恩来向马歇尔提出备忘录："政府如不停止对张家口及其周围一切军事行动，则认为宣告双方全面破裂"。4日，中共重申，必须以恢复一月停战令；如参加政府必须保持否决权。5日，中共重提和谈条件：要求立即停止对张家口的攻势。6日，马歇尔和司徒雷登连访蒋介石，为挽救大局作最后努力。9日，蒋介石通令全国，恢复征兵，准备大打内战。同日，《大公报》发表社评，呼吁《不许破裂！必须和平！》：

……内战已打了一年，但过去还是且打且谈，还有妥协与和平的希望。假使从此破裂，认真大打特打，企图以打解决，那就真正崩溃横决而不可收拾了。……打，是用人民来打，死的都是人民，毁的都是人民的财产。拉丁拉人民，征粮征人民，叫人民怎么负担？战区一片残破，非战区一片愁苦，再加上物价高压经济恐慌一天天的深刻，这种日子怎么可以长久？看看国家的情况，看看人民的痛苦，怎么还能打？谁非生人？谁非人子？为什么以苍生为刍狗？看在人民的面上，也要激发恻隐之心，不忍破裂，而必走向和平。……大局若破裂，炮火连天的打着，而开国民大会，而讨论宪法，那是不会有好结果的。……目前的局面，真如千钧一发，但其关键却握于国共两方之手。请勿放手任其破裂，必须坚持和平！

《大公报》的呼吁终被炮火湮没。11日，国民党军攻占张家口，蒋介石认为"天下底定"，宣布召开"制宪国大"。《大公报》连续报道各方反应、动态：

10月13日，中共代表团发言人重申，政府片面召开国大，决心推翻政协决议，实行全面破裂。我们不受国大约束，因此引起的长期内战政府应负全责

10月17日，蒋主席重申政府和平诚意，明示具体实施办法八项，待中共同意即颁令停战；京沪均有洽商，中共仍持缄默

10月19日，中共发表时局声明，提出两点主张：承认恢复一月十三日双方军事位置为一切军事商谈准则；承认实行政协一切决议为一切政治商谈准则

10月23日，第三方邀请双方商谈，停止宣传攻势

10月30日，时局斡旋遭遇挫折，政府中共均不满和平方案

10月31日，时局症结渐趋明显，政府盼中共提出席国大名单，中共说停战与国大截然两事

11月9日，蒋主席颁布停战令，十一日午起关内外生效；重申国大如期开幕，仍望中共等党派随时参加；中共态度：政府单方面宣布停战，事前未与中共代表协商，而将"为防守现地所必须"的除外，仍可作一切军事行动的藉口；政治方面所提之一切办法，均与政协决议及程序相违背，因此政局前途不容乐观

11月12日，社会贤达继续奔走，李济深等上书蒋主席请缓开国大

11月14日，时局危险依然如故，综合会谈又无结果；国大不再延期，中共不出席，人员撤退中；延安下动员令保卫陕甘宁边区，朱德要大家学战斗技术

11月16日，国大开幕，蒋主席致辞阐释制宪任务神圣庄严，召集国民党代表训话，本届国大仅为制宪，决不可要求行宪

11月17日，中共代表团声明，和谈停顿即回延安；周恩来书面谈话，责备政府破坏政协决议，召开国大阻塞和谈之门，通过所谓"宪法"，把独裁、内战、分裂和出卖国家与人民利益合法化。中共坚决不承认一党国大

11 月 19 日，中共代表团今返延安，周恩来夫妇昨访马帅辞行

12 月 5 日，周恩来返延，和谈已告停顿。

12 月 7 日，周恩来电马帅调处条件，要求立即解散国大；政府认为无希望，美方仍在等机会

12 月 8 日，调人工作棘手，马帅决定返美报告并请示

局势发展至此，国共彻底破裂，大公报能够做的，也只剩下"客观报道"了。

军调部曲终人散

中共代表团撤离南京，北平军调部名存实亡。1947 年 1 月 11 日，《大公报》发表叶剑英谈话称："马歇尔将军对中国政局调处失败，及在中国内战中所扮演的角色，是要受批评的，他不能躲避责任。……国共军事势力之对比并不如国美双方当初所假象的，内战非短期间内所可结束，国民党的胜利尚不可期。"

14 日，《大公报》发表记者戈衍棣的新闻综述《军事调处一周年》，回顾了军调从艰难到失败的过程，预言军调部将"寿终正寝"：

军事调处这一年当中，曾经有过三次停战令。第一次停战令将东北除外，第二次限于东北，第三次在国大召开之前，由政府单方面宣布，未经三方协议。这三次停战令一次比一次软弱，每次都有漏洞。因之"战"始终没有停下来，冲突愈来愈多，愈来愈大。全面内战是早已经开始了。从海南岛到东北，只要有国共军对峙存在的地方就有冲突，有战争。这弥天的烽火，燃烧着每个中国人的生命。负有救火责任的军事调处执行部，三环相连，手臂互挽，虽不是隔岸观火，却也束手无策。……现在马歇尔将军已经奉召回国报告中国局势，周恩来已飞回延安，三人委会是军调部的顶头上

司，工作指导者，现已拆散，于是一般又想到了军调部今后的存废问题。……

军事调处已陷于绝境，执行部工作人员显得异常悠闲。小姐们织毛衣，先生们聊天，十月里就已烧起了暖气，协和医院仅温暖了坐在那里办公的人们，却温暖不了全国的人心。隆冬冻结一切，却冻结不了横决如流的战火。北国的冬天，一切是沉重的。内战使得多少人没有了家，没有了衣穿，没有了饭吃。他们饥寒交迫，对着那所绿琉璃瓦，外中内西的官殿式的建筑，多已不存幻想与希望了。

马帅奉召回国时，记者曾访军调部中共方面委员叶剑英，谈及军调部在这一年当中没有工作成绩表现的症结所在，他认为这是根本上的问题，这话是中肯的。所谓根本上的问题，当然是军事三人小组委会之日益削弱与不协调。那么再从根本上往上推，就又有了国共两方的根本态度问题。根本上有出入，就差之毫厘，谬之千里……军调部的命运，在她满周岁的时候，是大体可以决定了。这个中国史上空前的机构是值得人玩味的。由于她的三环相连的形式，使隔离的都市与乡村还可以互通一点声息。假如没有了她，乡村与城市的对立将益加尖锐了。中国人民将被当权者横加割裂，兄弟姊妹咫尺天涯，或将益加窒息了。

1月29日，美国政府宣布"终止其对三人小组和军调部之关系"，命令美方人员尽速撤退。30日，国民党政府宣布，解散军事三人小组和北平军调部。31日，徐盈自北平报道军调部动向：

国共两方似均在听候上级指示，双方虽分别迭有集会，但对外一言不发。国方仅表示，美方撤退后对中共代表团之安全绝对负责。协和医院大楼门外汽车拥挤，室内温暖清洁一如往昔。惟一般工作人员之强笑态度，则为前所未有，其情绪是依恋，抑是困惑，令人把握不住。总之，这一件和平美丽的外衣是要被剥脱了。以后中国将要完全暴露出那一幅褊狭手足相残的丑象。宣传战、谍报战将要过去了，再来的将是骨山血海的毁灭。

大公报记者对军调失败感到痛惜的心境跃然纸上。

军调失败，内战将至，国共双方代表是否立刻反目为仇了呢？不然。子冈1947年2月4日的报道作如是描述：

> 军调部三方面都在准备着撤退的工作，他们现在已经是没有什么争执了，相反地倒表现得似乎非常和谐。这一个历史的和平机构在其结束前之一刹那，仍有其优良的流风余韵，充分的表现着绅士的胸襟与和平的气氛，对遍地烽烟作着一种讽刺性的抗议。蔡文治参谋长将于本月五日在北京饭店举行盛大酒会，欢送中共代表团，邀请中外记者作陪。蔡氏并表示政府方面人员须尽地主之谊，待共美两方人员完全撤退后再为全部结束……叶（剑英）氏致政府方面之备忘录亦颇为客气，对军调部一年来国方招待食膳、予以交通之便利表示感谢。并请代为转达李主任、何市长致谢。

5日，在国方欢送中共代表团的酒会上，叶剑英回答了记者提问。子冈报道"这一幕演戏一样的酒会"时说：

> 叶氏自美国宣布终止军调部关系后始终避与记者会晤，此次与会顿时成了记者群追逐的对象。一群群的人去包围他，提问题请他解答……有人问及叶氏对军调部撤销的感想，他说：军调部早就没有工作了，一月四亿元的招待费，有点浪费。他个人感觉有点惭愧。有没有收获呢？他说教育了我们，也教育了全国人民。有人问中共主张美军撤退，现在美军要撤退了，叶委员看法如何？他说，听其言，观其行，看一看吧。又问军调部撤销以后，如果英美苏要共同调处解决中国问题，中共方面是否赞成。他说："原则上自己事应当

自己了，这是民族的自尊心，如果自己有了和的基础，朋友愿意帮忙，又是真正的调处，不是以义始而以利终，而且符合全国人民的利益，中共是不反对的。闻日前军调部美方吉伦中将曾以备忘录致中共，希望通知中共地方部队，于美军撤退时予以便利。叶氏已电告延安转知中共地方部队，并当面提出保证，绝不开枪射击。……询以军调部撤销后，内战是否打的更凶？他说："走着看吧。"关于中共今后动向及内战发展的形势，叶均避不作答。

7日，中共代表团又举行盛大酒会，话别军调部国美两方代表及北平军政首要、社会名流、中外记者约五百人。子冈的报道别有意味：

> 宾主济济一堂，极一时之盛。这将是军调部成立以来最大的最后的一次宴会，每个人满脸堆着笑容，不过各有不同的想法。美军就要快乐的回家了，各奔前程。三环相连的军调部，就这样的拆伙了。中国人民的灾与劫似乎还没有受尽，酬酢的欢笑中，不知隐伏着多少惨痛。记者曾询民盟之张申府氏对军调部撤销后中国之前途的看法，他说："打吧。我想从现在起，三个月后定有一个新局面。"八时以前宾客陆续走了，谁也不能断定何时何地再相逢。

报道中还有特别穿插了这样一段：由延安撤退回北平的国民党代表周北峰在席间与人聊到未来的内战时说，"……一般中共人士颇具胜利信心，他们相信可能打出一个和的局面来。……他对中共人员的做事精神，表示钦佩，他擦着延安带来的火柴说：就像这火柴棍，没有一根擦不着的。"

16日，叶剑英离平前夕，子冈专程到他的寓所采访：

> 叶氏已改着长袍，状至悠闲。叶氏屡询记者"君以第三者立场看政府对和平有无诚意，其诚意至何程度？"并谈及解放区土地问题，自称愿多征询党外人士意见。从叶氏对其所拟声明之审慎态度观察，

使吾人感觉全国人民期求和平之愿望，终有一朝能以重来，而其关键似不在"以战求和"，国际局面如有新发展，在全国人民要求下，战火仍可遏止，和平仍可到来。叶氏于记者辞出时说："这次是暂别，以后我们见面越早，人民所受痛苦越少。"

军调部的三连环臂章，曾象征团结，给近在咫尺的北平人多少希望。做小买卖的见了这个臂章，都要打听一下和平谈妥了没有？近几个月来一面谈，一面打，军调部形同虚设，如今干脆解体。人心增加一点凄楚，对和平暂告绝望。

军调部的结束还有一点绅士风度，一连串的酒会举行，而且有往必还，蔡文治参谋长还请叶剑英委员到他私邸吃饭，他们都用外交辞令向外说"私人感情很好。"军调部结束，北平的中共人士便将绝迹。……

叶委员将最后离平赴延。一年来，这位将军颇增老态，头发逐渐白了许多，意兴却仍豪放。日前军调部中共新闻处与记者话别，叶也出席，他说："平日为了服从三方面的约束，不能个别发表意见，愿赔不是。敬大家一杯。""今天我们只有高兴，没有难过，后会有期！"便与大家一再痛饮。大家要求他留字纪念，他为每个人写上"为和平民主独立的中国而奋斗。"这位对军事、政治、文学、音乐俱极娴熟的将军，有点醉意地当场高吟"长江后浪催前浪，世上新人换旧人！革命成了一种风气的时候，民主潮流是大势所趋，封建堤防必被摧毁，任何力量也阻挡不住。"他与大家分手时说，"看清现实，把握真理，争取将来！"他解释自己的奋斗说，"虽是快进棺材的人了，但为了要交代后人，不能不努力啊。"

不管文告的真伪，总之国共的破裂与大打，在北平军调部结束以后，感觉得更真切了，……翠明庄已凤去楼空，南河沿北口但见绿瓦灰墙，杨柳尚未发芽，也许春寒还冷得紧呢！

和谈破裂了，军调部曲终人散，后来的历史证明，果如徐盈所说，

"再来的将是骨山血海的毁灭"。

两次长春之战与三位报人的命运

谈到大公报对国民党"小骂大帮忙","污蔑共产党",人们常用的典型事例，就是1946年大公报与新华日报关于"可耻的长春之战"那场笔墨官司。然而，时至今日，无论批评者与辩解者，往往都没有说清楚事情的来龙去脉，以致以讹传讹了。这里就笔者所知，作一补充和厘清。

东北内战历时三年。这期间，大公报先后有两位特派员常驻采访。先是吕德润，1945年10月即随东北行辕主任熊式辉到了东北。1946年6月内战全面爆发前，东北局势已为全国关注焦点，大公报又派张高峰到沈阳，与吕德润共同负责东北报道。1947年吕德润先调上海，后转台湾，张高峰继续留在东北，直至1948年春。

吕德润与张高峰都有战地报道经验。抗日战争期间，张高峰在中原战场，吕德润在滇缅战场，分别随军采访报道，对战争是熟悉的。但他们又都坚决反对内战。由于无党派身份，他们的报道并不具党派色彩，而是站在民间立场，竭力"为民请命"，并且常常揭露和抨击国民党的种种腐败、无能，乃至倾向于共产党，这也就是后来他们一再检讨的内战中所谓"中间偏左"的政治态度。说明这一点，有助于理解他们当年所写的报道，重新审视那场笔墨官司。

那么，长春之战及其争议的真实情况是怎样的呢？

"可耻的长春之战"

1946年3月中旬，苏军开始从东北陆续撤退，作为东北曾经的政治经济中心，长春成为国共争夺的焦点之一。4月15日，上海《大公报》

以"长春苏军昨已撤去，共军进攻接踵而来"为题做了报道，并以副题"国土既归来，还流同胞血！"表明了它的立场。16 日，又发表了王芸生写的社评《可耻的长春之战》。社评说：

> ……在苏军纷纷撤退之际，在东北的内战形势却在加剧的进展，且已在许多地方纷纷打起来了。……尤其可耻的，是长春之战！这两天，东北方面的军报雪片飞来，……我们坐在关内深夜编报的报人，读着这络绎而来的电报，手在颤，心在跳，眼前闪烁俨若看见凶杀的血光，鼻腔酸楚，一似嗅到枪炮的硝烟。……苏军刚刚迈步走去，国军接防立脚未稳，中共的部队四面八方打来了，且已攻入市区。多难的长春，军民又在喋血……中国人想想吧！这可耻不可耻？

4 月 18 日，中共重庆《新华日报》发表社论《可耻的大公报社论》进行反击，在指责国民党破坏停战协议，攻取东北多地后，指出：

> 对于大公报社论作者，凡是国民党法西斯反动派打击人民、撕毁诺言、发动内战等事情，哪怕天大的事，都是不"可耻"的，只有人民对于这种反动派还一还手，那就不得了，那就是"可耻"的了。大公报社论作者如此反对人民，应该是够"可耻"的了吧。

《新华日报》社论最后说：

> 大公报里是有好人的，但它的社论作者，原来是这样一个法西斯的有力帮凶。在平日里假装自由主义，一到紧急关头，一到法西斯要有所行动时，就出来尽力效劳，不但效劳，而且替法西斯当开路先锋，替吃人的老虎当虎伥，替刽子手当走狗……大公报社论作者又把自己的原形暴露出来了，人民必须严重警惕！

因为与新华日报的这场论战，王芸生"后半生永不得安宁"（其子王芝琛语）。当年被新华日报狠批，还只是开始。1962年，他在那篇《1926年至1949年的旧大公报》的"自我讨伐"中，自认《可耻的长春之战》"完全站在国民党反动派的立场上讲话，并且散播诬蔑东北民主联军的无稽谣言。""文革"被审查，这条"罪状"又被翻出来"上纲上线"……晚年的王芸生悔恨1962年那篇文章是他"最大的违心之作"，想来也应该包括关于长春之战论争的"自贬"。不过，值得注意的是，王芝琛所著《一代报人王芸生》，对那段公案也是只讲过程，未加评论。

"不得安宁"的不止王芸生。在王的那篇"违心之作"中，吕德润的通讯《春天里的秋天》也被点名，该通讯中关于国共内战情况的报道，成为了王芸生《可耻的长春之战》社论的依据之一，因而吕也为此屡遭审查。2009年6月吕德润去世后，新华社所发其生平介绍中，说他"从1950年一直持续到'文革'结束的二十多年里，历次政治运动中，均被错误列为受审查、被批判的对象"，所指应该就包括他驻东北的那段经历，当然也应该包括长春之战的报道。

同样是在这篇"生平"中，新华社对吕德润任大公报驻东北特派员经历的表述是，"曾受徐冰、伍修权、李立三等同志指示，在大公报上发表了多篇有利于我党的消息报道。……他还利用记者的有利条件，为我党多方收集在东北的国民党军政方面的情报"；他的报道"客观地反映了当时的政治、军事形势，从另一个侧面揭穿了国民党方面散布的谎言。"那么，关于长春之战的报道呢？新华社没有提及。事实上，吕德润当年的那篇报道通篇近九千字，既涉及国共之争，更着重分析中苏、中日、中美在东北问题上的纠葛，仅仅不足百字关于中共军队作战的描述，无论如何也不应该构成"罪证"。

吊诡的事情还在继续。对王芸生和吕德润的审查还"殃及"到了也曾任大公报驻东北特派员的张高峰头上（论战之时张并不在东北，而是在北平），这又是怎么回事呢？——因为另一场长春之战，即后来被许多人一再提及、反复挖掘，并且常常被人与1946年的那场长春战役混淆了的

1948 年的长春围困战。

围困长春前后

1948 年 3 月，永吉（今吉林市）弃守，四平战败，国民党在东北的重要据点仅剩长春、沈阳、锦州三个中心城市了，而且由于交通阻断，各自孤立，地面调兵与补给困难，空中运输也受到极大限制。

与之形成对比的是，中共在东北站稳了根基，交通极具优势。随着占领区的扩大和铁路的及时抢修，火车可由哈尔滨通到辽宁的辽源、通辽，大军调动便利，补给源源不断，因此能够在辽西、辽南广泛转移、机动作战。

为了固守长春，牵制共军南下，减轻沈阳、锦州压力，3 月末，郑洞国以东北"剿总"副总司令兼任第一兵团司令、吉林省主席，亲赴长春坐镇。他没有想到，这是他在东北最后的厄运。

对长春的包围从 5 月开始。民主联军主力分别从北、南、东三面向长春集结，形成合围之势。5 月 21 日，随着大房身和宽城子两机场被占，对外空运联络中断，长春成为一座坐以待毙的"死城"。

长春的孤立，与东北全局有着千丝万缕的关联。为方便读者了解当时的局势演变，同时审视大公报的报道立场，以下节录长春被困前后《大公报》有关东北的新闻专电：

4 月 6 日，东北军粮不足，民粮飞涨，沈阳食豆饼者约二十万人以上。东北筹码拮据，央行赶制大额钞票运往沈阳。政府控制区铁路行车里程已不及三百公里，管辖机构却有十二个，而参与实地工作之员工一月份薪水迄未补发。

4 月 13 日，饿殍填沟壑，饥民逃四方，热河天灾人祸酿成大难临头。收复区五县四十乡百分之九十陷入断炊危状，想吃高粱、糠、豆腐渣、豆饼亦觅不到，只剩观音土、树皮、草根没吃光。村妇孩提扒山斫柴，发蓬衣烂，翁妪挑柴进城换米。一担柴换不到两升高粱。四乡饥民载道，哀吟惨绝，讨饭要不着，饿得走不动，村间中阴沉忧伤，壮健青年不见，非当兵即逃亡，老弱饿毙日众，少妇自杀最多。此间统计，饥民非赈不活者二十万。承古道上逃荒络绎，百姓说：地方大小衙门都是要钱要粮的，不管救济，由他们挣扎在死亡线上，跪望中央快救命，国内富老慷慨些。

4月14日，沈阳骡马肉充斥菜市，足证农村贫困，忍痛宰杀牲畜求换食粮。沈阳百里之内随处可见荒田，秋收必远不如去年。当局发动部队协助春耕，农民仅乞求不再抓丁抓马抓车，保存人力畜力，胜于直接协助。

4月18日，现东北国军控制区仅四十八乡镇，沈阳附近即占四十个，壮年多远方避难，无人春耕。当局为解救粮荒，提倡半豆（大豆）半粮之混合食法。十八万法币一斤之高粱米，沈市一百七十万人口有力购买者约占半数。

4月21日，东北纺织陷于末路，产棉区几乎全部放弃，开工纱锭仅余六千。东北电力局长郭克悌抵平，接洽滦煤出关救济辽西煤荒，以恢复锦西电厂发电。

4月25日，锦沈段铁路恢复无望，入关旅客多由新民步行四百里至锦州再搭车入关，日均千余人，多为冀鲁籍之工人，扶老携幼，为状甚惨。数十年之关东梦，如今换到一身贫困。

5月8日，辽宁省主席王铁汉抵平称：辽西尚有五县城由国军控制，辽西与沈阳联络隔绝。王氏曾在辽西各县便装访问农村，认为如仍任地主剥削贫农，则士兵摸不清今天为谁打仗，此为根本问题。组织地方武力，并非随便招兵买马，人民不堪负担与征购，应纯为自卫。否则人民只有两条路可走：一是逃，二是死。

5月12日，东北将领云集北平，与傅作义等缜密研究关内外配合作战方略。东北新兵补充仍须在现有之十三县市内抽征训练，目前辽西防务重于沈、长两城。

5月15日，辽西战幕揭开，铁路中断。沈阳民航机票审查组门前车水马龙，登记人数已过万。飞不走的纷纷搬家至"安全地带"。但哪里安全谁都说不清。飞不起又无处搬的只好抱着"天塌大家死"的念头。沈阳房价大跌，过去要价一千万元的空房，现只要三百万便可顶下，且带满堂家具。

5月17日，锦州邮路不通，平津发往邮件阻滞。东北国军控制区仅余三盐场，盐价大涨，一斤盐可换一头毛驴。

5月21日，长春下令所有废墟及空地种粮。有钱人成批逃亡关内，四乡逃向长春的则大为减少。留下的苦力依赖日工过活，中产者大崩溃，满街都是小贩，把所有积蓄暴露于街头。当局为维持军民关系煞费苦心，然也只好拖一天算一天。

5月27日，阜新、北票两矿弃守后，辽西用煤即告断绝，电厂工厂全部停工。锦州电厂存煤即尽，日内将再停工。

6月10日，共军完成合围态势，向长春城郊渗透，企图吃掉国军零星部队。某东北人士称：长春孤点已成国军之累赘，军火食粮惟赖空投，且缓不济急。

6月11日，抚顺特殊钢厂为国内所仅有者，沈阳兵工厂兵器用钢全由该厂供应，最近华南亦亟需特殊钢供制兵器与工具之用，东北政委会每日拨调飞机十数架，拟供五百吨南运。

6月26日，东北重心已由沈阳移至锦州，沈长两城全赖锦州空中输血。锦州物价狂涨如旧，不过多添了几个机关。街头官比兵多，花千把万就可弄个校官牌子。市上出卖骡马甚多，买者寥寥。卖主说，不是兵拉就是匪抢，谁还敢养马？

6月30日，东北各省市长以长沈粮价高于全国，人民嗷嗷待哺，联署电请行政院将长沈两城划为美援配给区，粮食部电复称：东北交通梗阻，运输困难，不克救济。

7月4日，东北物价升腾不已，据央行某处长称：东北机构太多，九省三市已没有非在沈阳办公不可的必要，不如紧缩或移至关内，即可减少流通券发行。

7月12日，五千难民到锦州，粥厂只能日供一餐，当地穷人也去喝粥。煤都抚顺穷人偷煤为生，矿工连豆饼也吃不起了。

7月19日，北大教授吴恩裕自沈归来称：沈、长普遍缺粮，一斤树叶子涨到十万元流通券。如中央支撑东北，要动用美援，给以物资补充；要限制特殊阶级随意购售，减少波动。又东北已临麦收季节，沈阳国军四路出击抢购新粮。

7月28日，辽宁、辽北、沈阳、长春四议长及国代十九人，为争取美援联名致送备忘录称：东北目前困窘已达极点，沈、长两市数百万人之食粮已濒绝境。严冬将至，衣着堪虑，东北各纱厂停工，棉花纱布援助为刻不容缓之事。

8月2日，东北铁路数万员工半年来多以豆饼糠秕充饥，近来更积压薪俸，生活日益窘困，遂全体怠工，要求改善生活待遇，各路客车曾一度停开或减班。

8月10日，长春市长尚传道称：长春被困半年，三十六万市民早以树皮、树叶、糠皮果腹，每日饿毙者数百人，军队与公教人员十五万人同遭饥馑之威胁，深盼政府每日能派专机运粮空投。如粮荒解决，长春孤城仍可坚守。若任长春自灭，以往所牵制之共军兵力势必南下围困沈阳，则沈阳势将与长春同一命运。

8月11日，空投长春飞机已中断两日，食粮益感恐慌。东北留平国代、立监委等四十余人讨论决议分电蒋总统、卫立煌等呼吁：尽量空投食粮救济；军事采攻势并疏散人口；拨一万套军装救济流平学生。长春议长毕泽宇称："长春食粮恐慌到万分，多人面黄肌瘦，吃乳小孩大半饿死，甚而未绝气即遗弃街头，政府何能忍心叫长春自生自灭？"

8月16日，沈阳附近虫灾严重，高粱田禾被腐殆尽，今秋收获最多三四成。又东北当局严禁公务人员滞留关内，因故入关者限期返任。

8月19日，吉林省、市、县参议会联合会电留平东北国代、立监委，内称："军粮空投迄今两月，始终未能如数。被困之国军仍就地采购军粮。刻高粱米每斤法币一亿七千万元，大豆每斤一亿元。民粮空投喧嚷已久，迄未见颗粒，饥民望眼欲穿。

8月23日，据经济周刊载文称：六月份东北财政支出已超过法币三十万亿，相当全国支出的百分之四十，其负累之重，可以想见。

8月24日，抚顺煤矿因工资发不出，工人饥饿，日前全部停产。电厂维持开工，沈阳电源减少近百分之四十。本溪煤矿已临绝境，工人不堪饥饿相继逃亡，煤产锐减。

9月6日，东北九省三市立监委及国大代表五十余人联名呈请总统，请求集中空运力量，空投食粮并作其他有效处置，内有"北望乡邦，欲哭无泪，明知政府鞭长莫及，心余力绌，但长春地非瓯脱，人属国民，救溺解悬，政府有责"等语，情词痛切。

9月7日，东北生产萎缩，财政枯竭，剿总政委会近拟定各机关紧缩方案，裁减机构、人员，以求节省开支。又据东北来人谈，长春的米是用信封包装出售的。更有人说，长春十斤米可换一所大洋楼。

9月10日，长春不断遭受攻扰，飞机无法降落，粮食恐慌已达顶点，高粱米卖到法币两亿元一斤，市区内树皮草根都被吃光。

9月16日，长春大学校长罗云抵平称：长大为中国教育史上遭遇最惨之学校，学生死伤于炮火者十数人，食粮空投被砸伤毙命者亦有人在。罗氏旋以逃亡学生之照片出示，学生鸠形鹄面，骨瘦如柴，半年饥饿，均患夜盲症，且有多人于匍过封锁线时被扫射负伤，头臂等处包扎药布。现在长春之学生尚有一千余人，校址在双方火线之中间地区，罗氏苦无营救良策。

长春被围之时，郑洞国手下指挥有李鸿的新七军、曾泽生的六十军，论实力并不弱，但因为补给线太长，铁路中断，空投受阻，所以只能困守苦撑，期待坐镇沈阳的卫立煌调兵北上，打通沈长线，使长春起死回生。但林彪在沈阳外围部署了三个纵队，阻止了国民党军北上增援，以致沈长线半年时间无战事，国民党打通铁路运输的希望更加渺茫。在长春外围，林彪部署了四个纵队，修筑了层层壕沟。只要郑洞国不往外打，林彪也不再往里攻，但对长春保持着长炮射程，可随时向市内发炮。林彪的战术意图很明显——围而不打，以围困代替围攻，让长春自生自灭，迫使国民党军不战而降。

关于这场围困战，相当长一个时期内学界讳莫如深，事实上，早在长春被合围的四个月后，大公报记者张高峰就写了长篇通讯《我们要活命——五十万长春人民的控诉》，做了翔实报道，发表于1948年9月30日上海《大公报》。

"我们要活命"

报道在记述了长春被围过程、国共双方军事部署后披露：

> 五月间，共军在城郊发动铲苗运动，四十里方圆内的农物全被铲光，没有一粒新粮能入市区。城郊又布满了高射火器，国军空投食粮与弹药要从一万公尺以上投下，共军曾捡了许多便宜。……内无粮草，外无救兵，长春的日子，一天难一天。……市内几条小马路被挖得千疮百孔，多少年前压马路的煤渣与烧过的煤核，又检出利用一次。市内没有粮食，军队也改吃七成大豆三成高粱，喂马的料不过如此。一般百姓所吃的连牛马也不如，酒糟、树叶、瓜梗、野菜、枯草都成为稀有的珍品，饥饿比炮火来的普遍，人民正普遍的死亡。

> 长春饥饿的造成，不单是被围困，也是无粮空投或无力空投。吉林主席郑洞国，长春市长尚传道拍出多少呼吁投粮的电报，每星期断续的飞去十架八架，最多不过投下三十吨。五十万人口每天每

人一斤食粮，每天需要五十万斤，合二百五十吨，空投的数量太少，不能维持最低的需要。……每次飞机空投，粮包上没有伞，像炸弹一样落下来，多少人民被砸伤砸死，但是人民对空投仍有半喜半忧的心理，万一落在自己院内不被砸死，岂不多活几天！然而拿枪的人会知道谁家得了食粮，没有人民的便宜可占。砸毁的是贫民的平房，砸死砸伤的也是人民，吃着粮食的却不是人民。

在这样的背景下，整个长春被饥饿所笼罩，景象凄惨：

　　市内大户旧存的一点高粱米，直升到法币三亿一斤，穷人吃不起，改吃糠皮与酒糟，后来酒糟糠皮又卖到法币两千万一斤，变成中等人家的食品，穷人们又改吃不花钱的野苋菜，全身中毒浮肿，体力不支。长春的街头再也看不到一辆三轮车，蹬不动了！马车主人饿得赶不动车，马也饿的拉不动车，主人就向马下了毒手……最近粮食更恐慌，有人集团持枪向民间搜刮，当局没有办法再约束那些人的纪律，既然要守长春，只好让老百姓先饿死。

　　人民没有了活路，饿的迈不开步子，一跌倒就站不起来。街头上的饿莩，半死的弃婴与幼童触目皆是，呼爹叫娘，谁也救不了那么多的孩子，眼看他们饿死。……饿死的孩子们，被更饥饿的野狗分尸。狗饿得眼红，你不敢上前把它们赶走，正在吃死人的时候，一群狗可以把活人咬死。等到了八月以后，人又把狗全打死分吃了。长春市内看不见一只猪、羊、鸡、鸭，没有富裕的食粮再喂养牲畜家禽。平时猪都不吃的酒糟掺和豆面做成馒头，一个要法币两千万元。人民陆续的死亡，长春市民政警察两局负责组织了尸骨掩埋委员会收埋各处死尸。饿死的并不完全是穷人，凡不是军队眷属，都在奄奄一息的等死。

围困使长春的所有秩序都陷入了混乱，活命就是一切，一切为了

活命：

因为饥饿，省市政府的工作完全停顿，区保公所全部解散，少数公务员每天扶着一根竹竿去上班，来往的公文只是一个问题——粮食。长春市政府的中级以上职员，集中在招待所食宿，那里成立了市府伙食团，每天吃的是三成大豆，七成酒曲，一进大门口，臭气熏天。酒曲都是早已发了霉的，做些饼子馒头，又脏又黑，用眼一看，立刻反胃，实在是不容易消化。下级职员连酒曲大豆也难得吃到，……建设厅长于镇藩馋了，自己到街上买两斤土豆，平均每个要法币一百万，厅长的生活尚且如此，一般公教人员的生活也就可知。

长春市内的物价不是贵贱问题，而是物资有无的问题，能吃的已经吃光，能用的也已用光。全市没有一家饭店，过去四马路比栉的商店，几乎全部关门，……物价如此之高，票面五万、十万的流通券无济于事，长春半年来是靠中央银行发行本票过日子，市面通常使用的是流通券，五百万一张的一共发行了多少，据不正确的统计约在法币一万万亿以上。前吉林参议长毕泽宇说："将来长春人把骨头都卖了，也不能抵偿膨胀的通货价值。"

既然城里无法生存，可不可以出逃呢？报道说，

六月底共军对长春全部封锁……。市内粮食恐慌，无法解救，国军强迫人民向城外疏散，凡是出了城门的就不许再回来。共军利用这个机会，奖励"执枪归来"，凡是有一支枪，除自己眷属外，可另发给四张通行共区的路条。有钱的人家，就百般设法买到一支枪，据说并不难，自己携眷先走出国军的封锁线，在两军的真空地带去等，有人接受了你的钱，他可负责把那支枪给你送去，你再献给卡哨上的共军，然后拿着路条逃往沈阳。

这篇通讯是迄今可以看到的当时最早披露长春围城详情的报道。多年后，张高峰说，我写这篇报道的目的，就是想为围困中濒死的长春人民请命，呼吁攻守双方为老百姓着想。显然，他这种所谓的"民间立场"不可能为国共任何一方所接受。报道发表几个月后，周恩来就通过他人转告张高峰，那篇长春报道"是错误的，错在没有区分战争的正义与非正义。"张高峰接受了批评，也因此在1949年以后的历次政治运动中多次作出检讨。他在"文革"中曾经这样"自我批判"：

> 我打着"公正记者"、"为民请命"的幌子，污蔑解放军对长春采取的"以围困代替围攻"的战术，试图向共产党呼吁，若能攻就早日攻进长春；向国民党呼吁，若不能守就早日退出长春，救老百姓活命要紧。为了表示我的"公正"，表示"为民请命"，所以用了《我们要活命》这样一个反动标题，不分是非，不分正义还是非正义，向国共两党同等地提出了"活命"的要求。
>
> 长春人民的确是活不下去了，但那是残害人民的国民党统治压迫的结果。毛主席教导说："我们的共产党和共产党领导的八路军、新四军是革命的队伍，我们这个队伍完全是为着解放人民的，是彻底地为人民的利益工作的。"共产党进攻长春，正是为了解放长春人民，救长春人民活命。我却颠倒黑白，不顾事实，冒充"为民请命"，丧心病狂地向共产党呼吁"要活命"，这是对伟大的中国共产党的极大污蔑。
>
> 检查我为什么对党和人民犯下如此罪恶，问题还是在于立场。毛主席教导说："随着立场，就发生了我们对各种具体事物采取的具体态度"问题。我是资产阶级的新闻记者，站在资产阶级立场，把内战看成是"党争"（这是国民党的观点），中共进攻长春是"为一党私利"（这又是国民党的观点），国民党困守长春也是"为一党私利"，都想夺取这座城市，倒霉的是老百姓。随着这种反动立场和观点，我就采取了对国共两党"各打五十大板"的反动态度，因而犯

下了污蔑党和解放军的罪行。

张高峰对长春之战的报道立场、观点有错误，也做了"上纲上线"的检讨，但是否就是"反动"的呢？比较一下当时国民党中央社记者罔顾事实，公然做假的报道，读者可以作出自己的评判：

> 长春被围整整三月，民心已由不安转为坚定，市民为保卫此东北战略要镇，虽于物质生活中付出极大代价，而精神上所表现之坚忍不屈之气节，实令人致敬。目前市内秩序未稍紊乱，学校、商店及影戏院一如平时，两家日报照常发行，市面虽感物资燃料奇缺，而街头仍有二十余辆公共汽车往复驶行。二十日起，因改革币制消息传来与空投加强，物价普遍下跌，高粱米每斤由流通券三千万跌至两千四百万。（中央社 1948 年 8 月 23 日电）
>
> 我军民艰苦防御长春将近四月。由于空投补给之步入定时定量及各线防御工事之完成，显示军民坚忍四月之辛酸刻已获得较大安慰，即此东北重镇始终以"攻不破困不死"之雄姿屹立松南也。此间枯草落叶已报秋深，寒霜催人，准备迎接冬临。而币制改革消息似予比空陆隔绝之孤城以良好影响，盖两旬来物价皆已普遍平稳，食粮涨风亦告停顿。长春市民数月来情绪之不安与紧张，咸因物价之平稳而趋缓和。除偶闻隐约炮声外，无人可直觉彼等系身处匪军重围中。若目前长春机场能安全接受飞机降落及银行恢复开放内汇，则长春更可获得十足之安定。又市民政局统计：长春自驻军发动救死运动以来，已发放之急振金达流通券二百一十二亿元，救活贫难民八千五百余名。（中央社 1948 年 9 月 13 日电）

记者报道是从旁观者的角度，那么，当事者如何看？当年国民党在长春的最高首脑郑洞国在其回忆录中写下这样一段话："长春本是一座美丽的城市，此时城内外却是满目疮痍，尸横遍地，成了一个活生生的人间地狱，人民遭受了一场亘古少有的浩劫！多少年来，每每追忆起长春围城时的惨状，我都不免心惊肉跳，尤其对长春人民当时所遭受的巨大灾难和牺牲，更感到万分痛苦和歉疚，此生此世我都将愧对长春的父老百姓！"

"文革"中，"长春之战"这笔旧账再次被翻出，由王芸生那篇社评牵连到吕德润的通讯，进而错把吕德润的"账"算到了张高峰的头上。这两位当年并肩工作的同事和朋友，不得不反复辩解，那是两次不同的战役，背景与结果亦不同，并且为自己的错误已经做过多次检讨。但不懂也不想尊重历史的"造反派"们根本不予理会，只以"揪出历史反革命"为"战绩"。浩劫过后，吕德润和张高峰均得平反，两人说起"文革"遭遇，不免打趣说，彼此为对方背了"黑锅"。

1946、1948 年的两次长春之战，两篇报道，被一篇社评牵扯到一起，使三位报人几十年"不得安宁"，称得上中国新闻史的一段奇闻了。

大公报缘何《哭四平》

国民党战败，大公报披露，当局很无奈；国民党"大捷"，大公报还是"不给面子"，就不能不令国民党恼火了。1947 年四平战役的报道便是一例。

惨不忍睹的"大捷"

1947 年 5 月 13 日起，东北民主联军发动夏季攻势，先打分散守备怀德、昌图、公主岭、梅河口的国民党军各部，迫使国民党军收缩于长春、吉林、四平、沈阳和锦州等战略据点；后又集中兵力围攻连接沈阳、长春、吉林间的交通枢纽四平。

四平在沈阳东北三百华里，距长春为中长路第五站，又有"五站"之称。当地出产丰富，有大豆、高粱、苞米、小豆，所以日本人称之为"南满的米仓"。以四平为中心，有铁路东连梅河口，北通哈尔滨，南接沈阳，西北可直抵昂昂溪，是东北的重要交通枢纽，商业比较发达，形成南满一大集散市场。全市人口八万多人。市区分铁东、铁西两部分，铁东多民宅与零星商店，铁西为商业中心，多西式建筑，各机关与高级官员住宅都在铁西。

5月初，民主联军由松花江南渡，先后包围孤立了长春、永吉（今吉林市），19日攻占公主岭，长春沈阳间交通断绝。国民党动员了约三十万兵力堵击，防止民主联军南下；而民主联军却以大兵力从中长路东西包抄而来，不惜深入国民党军腹地。20日以后，以四平为主攻目标，先后占领四平以东的东丰、西丰、西安、海龙，和以西梨树、辽源、双山、通辽等县，等于两把刀子向四平两肋插来。6月上旬，又攻占了四平以南的昌图、开原两县，这样就封闭了四平外围仅有的缺口，四平被包围了。一场激烈的争夺战就此展开，血战十八个昼夜，以双方付出惨重伤亡，民主联军撤退结束。这就是1947年那场著名的四平之战。

7月1日，四平战役结束后的第二天，国民党东北保安长官部组织中外记者团专机飞往四平采访，报道"大捷"。大公报特派员张高峰随行。

四平所见，全城几乎成为一片废墟，民居、学校、商店的桌椅床柜全被搬到街头做了巷战障碍物，多处余烬尚未熄灭，双方战死的士兵陈尸道旁。看着这毁灭的情景，张高峰对长官部政治部主任余纪忠说："这样的内战真不能再打了。"余听了默不作声，只是一同迈着沉重的步子作战场"巡礼"。

在晓东中学七十一军军部，军长陈明仁向记者团介绍战役经过。这位黄埔一期的国民党军将领，虽然刚刚击败他的学弟、黄埔四期的民主联军统帅林彪，却没有显示出多少兴奋之情，反而显得很疲惫，自称"当了二十多年的丘八，也从来没打过这样的硬仗，挨过这么多的炮击。"对于他采用将大批黄豆撒在街上，阻止共军快速推进的战术，人称"撒豆成兵"的传闻，他也一笑了之。（笔者注：1949年8月，陈明仁与程潜在湖南率部起义。9月，作为特别代表赴北平出席新政协会议。见到毛泽东时，陈明仁提到四平之战，表示内疚。毛泽东笑了笑说："两军相战，各为其主嘛！犹如划船，都想划赢呀！……我看林彪打仗不如你。"1955年，陈明仁被授予人民解放军上将军衔。）

当晚，记者们都住在晓东中学楼上的教室里，这个学校的大部分已毁于炮火，大家盖着空投物资的降落伞睡了一夜。第二天清晨，张高峰站在窗口凝视着眼前的残垣断壁，听着远处传来的炮声，各处燃烧着的大豆还都未熄灭，瓦砾之中冒着烟火。四平所见所闻，令人感慨万千。张高峰陆续发出新闻专电：

　　2日专电：劫后四平并不是一个"惨"字所能形容，简直等于毁灭了。抗战期中也没有一座城市毁得这样惨。四平比人间地狱还不如，这一副灾景有几人看过？铁西区一片废墟，店民寥寥，铁东除民生药房外，也几乎全中炮弹。自来水毁了，电力局毁了，车站烧了，各机关只剩弹痕斑斑的四壁，民宅更不用说。四平毁灭在炸弹与炮弹之下。市民伤亡一万多，省府公教人员失踪也不少。刘主席翰东谈："作战容易善后难。"就是省府要找个办公的地方也不容易。四平还能复活吗？刘主席说，非三五十年不能恢复旧观。

　　2日专电：四平全城数万难民亟待救济。行辕一日拨来救济专款流通券三千万元。政府忙于善后工作，活人每人救济千元，伤者两千，死者三千。连日焚烧死尸已三千四百具，积压房下者仍在挖掘。因死尸过多且有未掩埋者，疫疬预防亦在着手准备。

　　4日专电：三日竟日大雨，归来之难民扶老携幼，躲于断壁颓垣之下，面对一片瓦砾，状至悲凄，救济工作不易拖延。雨后车站附近燃烧之大豆已熄，街头死尸臭气亦稍减。

　　7日专电：四平解围已一周，国军之进展仍受有颇大阻力，撤离四平之共军未北返，仅转至长沈铁路两侧，由内线变为外线作战，四平沈阳间平梅线上仍为双方主力所争之地，西侧之辽源一线仍为共军盘踞。连日虽无大战，然双方之发展仍极关重要。以种种情势观之，国军恢复此次战前之原态势恐非短期之事。

9日专电：东北军慰团刻已工作完毕，九日招待记者，望对四平伤兵及难民迅速救济。据该团所视察四平之第三十后方医院，内有伤兵一千七百余人，无床无被，连草垫都无，多赤身露体者。饭系未熟，面汤不如浆糊，医药亦无。一千七百余伤兵仅医生六人，看护一人。伤兵伤处已生蛆，满身乱爬，苍蝇成群。该团甫进门，伤兵即呼老爷奶奶救命。难民无家无食，均亟待救济。该团除向此间当局呼吁外，并吁请京、沪、东北人士与慈善家救济。

就在四平战后的那天，《大公报》发表了张高峰此前发回的通讯《东北的悲剧》，其中写道：

我们对这次东北大战的评价是什么呢？不论中共的背后有无别人来支持，其战斗力之逐渐强大是事实，不能再以过去的尺度来衡量。中共战术的改变也有叫人可注意之处，"突破重点，越点前进"，甚至"逐一吃掉"，这是中共在东北开始运用的新战法。……这一次的战争，虽然有一大片土地与人民被卷在炮火底下，其惨状胜过以往，但更可怕的是今年秋天，那时候青纱帐起，东北若再有大战，将比今日更复杂，更悲惨，……

总之，张高峰认为，内战可怕，百姓悲惨。这也成为他写四平报道的主旨。很快，他写出长篇通讯，题目就是《哭四平》，分别发表于1947年7月10日、13日的上海、天津《大公报》。

"哭"内战"哭"百姓

通讯的开篇就是沉重的：

几次提笔，又几次停笔，这篇追悼四平的祭文从何写起？十八昼夜的拉锯战，把四平拉成锯末了。

从六月十一日起，共军开始向四平城内进攻，七十一军军长陈明仁奉命坚守，激战十八昼夜，炸弹炮弹一齐向四平轰击，国军要守，共军要攻，人民夹在中间，锯呀！锯呀！由铁西锯到铁东。铁东的天主堂一度被共军占领，陈明仁军长仍在铁东的晓东中学内指挥抵抗，这时候援军北上最为迫切，飞机掩护，国军由开原攻抵双庙子，六月二十九日抵达四平南九公里的虻牛哨，三十日早晨九时与城内守军会师，共军分东西两路退去，四平之围解开了。

接下来，通讯具体描述了战后四平所见：

记者团乘吉普车参观四平市区，大家都有一种悲哀的心情，要痛哭四平一场。车由七十一军军部出发，先到铁东重庆路一带，沿街三步一坑，两步一沟，到处铁丝网，汽车过来退去，绕着前进。大街上还没有野外平坦，家家墙上不是炮弹洞，就是子弹眼，打的像筛子一样。一些想逃而逃不走还能苏生的老百姓，大人小孩的脸好像几天没有洗，站在门口，看过路的汽车。当汽车要过街头战沟的时候，他们赶快拿门板来垫上；汽车轮轴里搅进去电网，他们又蹲在一旁耐心的给解开，老百姓是善良的。

重庆路、一、二各马路完全毁了，没有一家居民。小巷的壕沟里埋着死尸，不知有多少，只闻臭气冲天，大家掩着口鼻。偶然发现一两具士兵尸体，看看他们的手还用绳绑着，那是谁家的兄弟，被谁家的人这样残杀了？一堆高粱干饭扔在路旁，有人说那是八路吃的。另一条街上，有一家四平最大的粮店，一大片高粱在燃烧，附近没有了居民，没有人去救火，也没有人去抢粮，任其烧完为止。听说四平损失的粮食约十万吨。

车绕回去看铁西，笔直的中山路约三四里长，两旁的商店、住宅、机关没有一家完整，街头上堆满桌、椅、木板，看来是作战时的阻碍。难民三五成群来归，十有八九背着粮食，只有这点财产了。扶老携幼，头发凌乱，满脸灰尘，他们的眼睛绝不东张西望，只是低着头走路，也许他们是从那些废墟中逃出去的，回来只想看看自己的家还有没有？老小谁死谁活？顾不到再张望别家毁了的房子。家里房盖早就没有了，那些难民连避雨的地方也不易找到，站在一堆瓦砾上，欲哭无泪，呼天不灵，叫人民怎么活下去?!

车过中山路天桥，桥下熊火四罩，浓烟窒人，车站积存的万余吨大豆足够燃烧十几天。大豆有油，火愈烧愈旺，无人救，也真救不了。难民一群一群的冒火抢扒，周围时有枪弹的爆炸声，他们要活命，就不能再顾及什么流弹。一袋一袋的把大豆背出来，小孩三步一停，老太婆也喘息不堪。破口袋又滴滴答答的漏在地上很多，后来的人踩在大豆上，几乎全要摔跟斗。也有人从别处拾来大块豆饼，背着不方便，由地上滚回家去，一不小心豆饼倒在死尸旁边，搬起来再推滚。不是穷人想发财，是饥饿叫人红了眼睛，什么大火，什么死尸，有了粮食好活命。

车过天桥到中山西路，那就更惨了。电力局门前士兵死尸横躺竖卧，皮肉红肿，苍蝇嗡嗡响。一个死尸的头上中了三枪，杀的是谁？是谁杀的人？凭吊死尸，不禁满脑袋问号。街旁的电杆倒的倒下，断的断了，稀稀落落的几根电线，像秃子的头发挂在电杆上。自来水塔的塔顶也坐在地上了。到处可以把人绊倒。中正路、聿明路、明仁路更是打得片瓦无存，因为政府机关全在这一带。辽北省政府的大木牌残断后，还留在街头，足证明共军仓促打来，不及摘走。中正路都是高楼大厦，如今只剩下四壁，街头没有一个行人，静寂的空气里夹杂着死人的臭味。死人在那里？就是那些瓦砾的底下，想挖也挖不出来了。

明仁路口的大树被炸弹连根拔起，房上的瓦也都飞了，满地弹片、手榴弹、掷弹筒。中山西路的西头过去是日本人建筑的所谓官舍，专供各机关职员居住，共军把东墙打个洞连上西墙，在墙里钻来钻去作巷战。

在一座地堡旁，前进报的孙系夫兄拾起一盒子弹拿给我看，硬壳纸盒上印着"U.S.A 美造七九步枪尖弹二十发"，孙兄问我要不要，我望着那贼亮的弹头说："不要，看看就够了。"他把那子弹扔了，留下那印字的硬盒。

通讯的结尾部分，记者写下的是自己的感慨：

十八个昼夜就把四平毁灭了。抗战期间，台儿庄大战、武汉会战、长沙大火、桂柳之战，比一比今天的四平，那些算不上战争。今天四平之战才真正有血，有肉，有老百姓流不尽的泪水。庆祝四平大捷，不应该忘记死去的近十万军民。

沈阳东北民报一位同业写"四平归来"，开头这样说："四平的解围，说是一个神绩，毋宁说是一场噩梦。苦战的结果，在军事的进展上是胜利，但在现实的获得上，四平的解围却是剩下一片焦土，一处废墟，一个万劫后的破城。"辽北全省十县三旗，全部于此次战争中失陷，近来陆续收复开原、昌图等县，全省三百几十万人口，无一不待救济。哪里有这么大的财力？可是战争既然伤害了人民，又怎能忍心旁观？今天的内战真是时代的悲剧，打不休，讲不合，我们甘愿做这悲剧的主角了。

看四平，忧虑全国，东北的战争将愈演愈复杂，愈打愈惨烈，人民没有了活路，到处一片废墟，国家的希望在那里？赶紧把稳舵，中国还是应该早点停演这时代的悲剧，悲剧让别人去演吧！

这篇通讯在《大公报》刊出后，东北长官部的新闻处长专门找到张高峰说，杜聿明等人看了很不高兴，说张高峰不报四平大捷，反而演"哭剧"，写祭文，岂有此理！简直像是共产党的记者。张高峰后来说，因为

"哭四平",国民党说我是共产党,与 1949 年以后历次"审查"说我是国民党一样荒谬。我没有党派身份,只是一个愿保持客观、公正,想表达民间意愿的新闻记者而已。

其实,就私人关系而言,张高峰和吕德润与在当年东北的国民党高层是友好的,彼此也相互尊重,但这并没有影响他们的报道立场。1948 年,郑洞国在长春投诚,杜聿明在淮海战役中被俘;再后来,这两位黄埔一期的国民党将领都成了新中国的全国政协委员。二十世纪六十年代初在北京,张高峰和吕德润都曾去拜访过他们,共叙旧话,自然不免诸多感慨。1981 年 5 月,杜聿明病逝,吕德润参加了遗体告别及追悼会,在自己的签名后面也写下了张高峰的名字。他写信给当时卧病的张高峰说:"事先未得你同意,但这个主我是敢做的,说不定还会受到老兄的表扬。"后来,吕德润还陪同郑洞国重返滇西,缅怀当年远征军抗日的岁月。

四平战役结束后的 1947 年 7 月,沈从文先生在为《湖南的西北角》一书作序时,写到他读大公报报道,有如下文字:"民族在悲剧中的挣扎,亦无不于字里行间流注。……直到最近,东北烽火中,吕德润、张高峰二先生的通信,还是我爱读的作品。……据我私见,这类作品虽有点时间性,依然值得由记者公会或所属报社为印行单行本,作全国性推销。因为这些作品实在都比一些杂凑文学作品有骨血、有生命,而又对社会现实富于批评性。即以文章言,也大多明朗而健康,可为习作叙事范本。"

大公报揭露的东北败象

沈从文先生说吕德润、张高峰的东北通讯"有骨血、有生命,而又对社会现实富于批评性",是中肯的。特别是随着东北局势的恶化,他们对国民党越来越失望乃至绝望,这种情绪反映在报道中,已经不仅是文字表达,连标题都是消极、沉闷的,如张高峰所写通讯《东北在变》、《东北的悲剧》、《无题写东北》、《严寒东北》、《干枯东北》、《烂污东北》、《东北的脓包》等等。"严寒"暗示没有春天，"烂污"、"脓包"是指腐败，"无题"寓意一言难尽，而"干枯"、"悲剧"则更是没有希望了。这些"负面报道"，各版大公报几乎都不加删改地刊出了。

由于这些报道引发了后来国民党与大公报的一场"官司"，以下做部分节录。

动荡中的"东北在变"

1947 年 11 月 29 日，大公报刊登张高峰的通讯《东北在变》，文章见报后，国民党的南京《中央周刊》发表针对文章"反骂"，说大公报记者"为共产党张目"，"是想往共产党那边变，……一旦中国全部被苏联占领，《东北在变》的作者必然还要写一篇《中国在变》"云云。

那么，《东北在变》写了什么，"惹恼"了南京呢：

> 树枝枯黄，雪花飘飞，动乱的时代又配上了这凄楚的季节，棉衣、粮食、冬煤都该准备，却都没法准备，家家忧愁，人人贫困。看看日历，这是胜利后第二年，太平的日子还在梦乡。
>
> 东北沦陷过十四年，始终是国人怀念的地方。收复后的两年来，东北又是战乱的中心，一直被国内外所注意。东北不幸，动荡的时代使它在变，历史方向愈错，东北变化的愈多。
>
> **富变穷** 战争本身就是富变穷的主要因素，炮火赶着善良的百姓家败人亡，东北大好的河山与建筑多毁于自己的炮火。战争不停，物价在滚汤圆，愈滚愈高，人民老赶不上。九月以后，东北对外交通断绝五十多天，物价翻了身，又折了个儿，高粱米卖流通券五百多元一斤，大米要八百元，美国纸烟在三千元以上，许多人都说戒烟的时候到了。但饭却比较难戒，沈阳街头讨饭的人群没有"戒"的勇气，老的坐在地上呻吟，小的追逐行人，呼爷爷，叫奶奶，钱

没有要到，西北风灌满一肚子。他们也许曾有自己的田园与锅灶，最近才变穷，而沿街求乞了。

东北本来是个好地方，二十年前"下关东"，吃喝衣住可以完全解决。现在不行了，到处都需要救济。沈阳警备局长毛文佐报告，一等警月薪一万九千三百元，以现在的物价计算，每人每月最低伙食费要四万元，有的警察下了班就去蹬三轮，有的每天只吃一顿饭。东北社会一片穷像。

多变少 东北地大物博，任何生产几乎都超过内地各省，大豆、高粱、煤、铁、木材更非内地所能比。不幸的很，胜利后东北的生产数字正由多变少。农产品过去东北年产三亿五千万担，占全国的百分之二十一，今年生产一亿五千万担。一九四五年日本投降时，东北年产煤两千五百万吨，今年十月为止，煤产量不到三百万吨。林木采伐量为四百九十七万立方米，现仅四万四千五百立方米，不到百分之一。铁路里程原长一万四千公里，现在政府控制区铁路全程约一千多公里，而且各路线被切得零零碎碎。运输力量原来六百五十万吨，现在机车与车辆天天在毁，路基与路轨天天被扒，运输力量已经减到三四十万吨。工业生产原为九百万吨，现仅一百二十五万吨。矿业出产三千万吨，现仅六百万吨。东北行辕陈诚主任说："东北正常的经济发展一时已不可能，欲恢复原来的基础，恐非短期内与加倍努力所能做到。东北的险象环生，使得吾人惊心怵目。"

有变无 国际间常因"有""无"而战，国内之战，在政治上各有目的，在经济上也难免一争"有""无"。但今天的战争破坏多于建设，"有"的也给打"无"了，"无"的更"无"了。"有"的东北要变成"无"的东北。

东北已经零下十余度，亟需的是煤。东北冬天没有煤，不仅工厂要停摆，活人也得停摆。……煤荒的第一个原因当然是战争，第二个原因是运输。永吉小丰满是东北电力的渊源，因为所有输电路多被破坏，六万千瓦的电不能往需要电的地方输送。动力没有了，城市失去照明，大小工厂也多先后停工。东北原来是有电的，现在到处感到黑色恐怖，造成工业经济的危机。东北的产粮区大部在北满。政府现在控制了东北面积的百分之十，而人口却占全东北的百分之四十七，食粮首先感到供应不足。打仗的军队要征车、征工、征牲口，想运也运不了。东北农村到处有粮，战争缓和后，食粮的供应即可恢复常态。可是战争偏偏是长期的。东北是产粮的地方，现在开始向外购粮了。

美变丑　日本战败了，几百万在东北的日本人全低下了头，恭敬着我们这胜利的人民。胜利已经过去了两年，这美景也跟着消逝。九十度的鞠躬恐怕要等到再一个胜利的时候。东北有日本人留下无数的房产，接收以后，变成中国人的摇钱树，张顶给王，王顶给刘，刘顶给赵钱孙李，大家都从中取利。沈阳市有多少不三不四的"招待所"、"酒馆"、"餐厅"、"筹备处"，随便占领了房子，里面表演着纸醉金迷的丑事。

……

东北在变，我们相信"物极必反"的原理。东北会由少变多，由无变有，由丑变美，由穷变富，到那时候，我们的子孙又该打算着"下关东"了。

"严寒东北"冻结一切

1948 年 2 月，张高峰以《严寒东北》为题，综述东北时局：

军事无开展，政治无改革，经济又枯竭，再加上人性变坏，东北的局面虽未天翻地覆，却已沉重万分。

军事攻守。一九四七年的冬季大战，像是中共存心对陈诚"只准共匪有六次攻势，不准有七次攻势"这句话的嘲弄，不仅激烈、持久，而且进展顺利，愈攻愈凶，如果国军退到关内，再想打回关外绝非易事。而共军占领了东北，将有多余兵力调往华北，华北国军的负担势必加重，整个北方局面也许更坏。如果国军能够全部退出关内，增强华北作战力量，改变华北局面，也未尝不是一计，但共军在辽西早已扎根，国军撤退必遭打击，未必能够全身而退。

政治混乱。东北政治最高决策机关是行辕政务委员会，组织机构庞大，既少政务又难推动，养了许多闲人。政府所辖十四个不完整的县市、三个更残破的省份（辽宁、吉林、辽北），其中吉林省只有永吉与长春两市。其他六省二市政府只能流亡沈阳，两年来变相虚设，开支浩繁，不能为乡梓服务，反为乡梓之累。新年以后，国大代表、立法委员、参议员竞选，投票开票以后，你骂他无政治家风度，他骂你伪满余孽，"为民之主"的人民反被闹得头昏脑胀。

经济枯竭。进入一九四八年，东北国统区煤矿或失守或被围，收入毫无，粮食告罄，处处都有数万人等待救援。远东规模最大、产量最丰富的阜新煤矿全部设备被彻底破坏，生产完全停顿。鞍钢被围困月余，因电力不足停工，万余员工生活困难，公司决定裁员三千。小丰满虽仍发电，但因输电线路被毁，除小部分供给永吉，大部分电都送到松花江里加热了水温，以致严寒中江水冒热气。东北时局动荡，工矿基础垮塌，资委会所属二十几个企业大部停产，保留了军事必需的抚顺煤矿、本溪煤铁公司、沈阳机车车辆公司和东北电力局维持生产，并移交"剿总"代管，实等于军管。事实上，东北行辕离开了这几个企业也根本无法运转。

民间痛苦。战争一向是人民的致命伤。打仗就要不断补充兵员，十八岁到四十五岁的青壮年全在被征之列。兵役制度是"征"，实际办法是"抓"，不问年龄，不管独子，一律要抓。各地的农夫、商贩几乎被抓兵吓破了胆，花钱运动保甲长，还要东躲西藏，终难漏过抓兵人的眼睛。乡间除了抓兵，还要抓车抓马，要吃要喝。国军士兵中流传："打大米，骂白面，不打不骂小米饭。"老百姓有多少米面可供军队？民间何堪其苦！东北农村的主要交通工具就是双辕马车。接收以后，无数的大车与骡马就归了军队，今天你征去拉太太，明天他抓去送弹药，农民不仅损失了车马，还要赔上赶车人。人力、兽力是农民的唯一财产，随意抓车抓马，造成东北军民严重对立。回想胜利之初，国军进驻沈阳时正是严冬，老百姓送去被褥、鞋袜、鱼肉，双方感动落泪，那已成为历史。老百姓说："沦陷十四年都没受过这样的苦，没遭过这样的罪。谁想到今天……"

"干枯东北"走向龟裂

1948 年 6 月，北平已经入夏，气候温润。遥望东北，却恐怕只有"干枯"二字可以形容。再写东北综述，张高峰便以《干枯东北》为题了：

　　最近半年，东北朋友纷纷携眷入关。关外整个环境干枯得使人窒息，不论军事、政治、经济、工业、教育都需要大量的"水"，需要重新努力"灌溉"，否则，无人敢保证东北不因干枯而龟变，由龟变而整个崩溃。

　　军事的演变 "不放弃东北"只是保证，事实上许多地方不能守或不必守。所以，辽阳、鞍山、营口、盘山、四平、永吉先后放弃了。长春市民惶惶不可终日，多虑的买好了胶鞋，准备跑路方便。然而长春撤退并不容易，变成吃不进去、吐不出来的鲠骨，卡在喉咙里。孤立中，长春军民苦度岁月，无煤、无电、无粮、无柴烧。人民在担心不久来到的冬天，冬天的长春常是零下三十度。

　　共军第七次攻势以后，东北的变化很大，吉林只剩下长春一城，辽宁还有十一个不完整的县。因为平沈路的中断，整个东北也是孤立的，一切补给及运输全赖空运解决。空运的力量有限，东北的军事一直采守势。……今冬长春的冷，沈阳的饿，大成问题。既有饥寒袭击，共军必不直接攻沈长两城，下一次的战斗，可能以锦州葫芦岛为中心展开。共军若能占领全部辽西，虽然国军还能控制沈长两城，东北大势已去掉多一半。辽西这盘棋非常重要，一旦战斗开始，必演成血肉横飞的惨烈争夺。

农村的崩落　天天逃难，时时逃兵，既不能安生，如何种地？再劝人民"务农为本"，简直是梦话。壮丁连征带逃，农村里剩下的是老头老婆。物价飞涨，无法生活，牛马骡杀光，到城市去换几斗粮食。农村缺乏人力畜力，春耕荒芜遍野。东北仅有的十一个县份，再任土地荒废，秋后要饿死更多的人。战乱的背后是骚乱，炮火刚过去，骚乱进入农村，循环的抓车、抓马、抓丁、征粮、征草、征工，农村被炮火轰平，农民又躺在三抓三征的担子下，站也站不起来了。

饥饿的担子　日子一年不如一年，生活一天不如一天。在战乱中能吃饱的是少数人，东北的饥饿比全国各地都严重。粮荒已经到了如何程度？举个例子，国军士兵的伙食早已由大米改吃高粱，后又改为每月二十六斤高粱掺入三斤大豆，一般人民的主食干脆直降到豆饼。饿死过人吗？除非你整天住在洋楼里，不然到处可以看见饿殍或自杀的穷人。

解救东北粮荒，惟有南粮北运接济。南粮只能运到葫芦岛或平津，然后再空运沈阳。五十万袋食粮若一天运到沈阳，需要一万三千多架飞机，一个月运完也得四千架，谈何容易？纵然全部运到沈阳，不过能供应二百万人一个月的食用，可是沈阳的人口约一百五十万，能吃到南粮的必不是全体人民。远水不解近渴，沈阳的粮价有涨无落，每月收入两三千万的公教人员，以全部薪水也只能买到五六十斤高粱米，两口之家想吃饱高粱米都不可能，改以豆饼豆渣豆面为主食，委屈了肠胃，影响了健康，代价是不至于立即饿死。

沈阳民营小型工厂随着经济崩溃而纷纷倒闭改行，遣散工人。沈阳原有两千九百五十三家民营小厂，半年之内倒闭了一千六百四十八家。成千成万的人群失业，面临饥饿的威胁，挣扎、苦斗，也突不破饥饿的难关。饥饿给出两条路——死与活。有勇气的自杀了，更有勇气的铤而走险，大小城市随时有抢杀案，东北乡间到处有土匪。为防止饥饿，安定社会，东北计划大量疏散人口。战时的食粮与子弹同样重要，军队没有子弹会投降的，人民没有食粮自然会闯大祸。

东北干枯现象已成，正进入龟变阶段，要防范整个崩溃，需要大量的"水"，应该重新下番普遍的"灌溉"工作。

"跌进糟房"的东北学生

"在东北，教育是一个比内战还可怕的问题。隐忧正多，已经因为不健康而腐烂，因腐烂而成脓包。"这是 1947 年 4 月，大公报发表张高峰通讯《请看今日东北之教育》开篇的话。一年以后，东北战火愈烈，学生已经不可能安心读书，更有相当一部分人逃入关内，北平成为东北流亡学生最多的城市。6 月 29 日，《大公报》发表张高峰通讯《跌在糟房里——东北青年的控诉》：

十七年前父母逃亡，十七年后子女又流浪，东北两代人都交的是厄运。流亡在平津的东北四五千学生，住庙台，睡走廊，风吹雨打，吃不饱饭，读书无消息。他们伤心地说："我们不如猪狗，猪狗是有主人照应的。"

胜利后比抗战时更混乱了，无组织，无政策，一切越出常轨。东北的教育早已翻车，不论公立私立的大中学，从无人把它看成是"树人"的摇篮。教育部除供给应有经费、来往公文外，别的不管。主校政的由这学期敷衍到下学期，教了什么，学了什么，是先生与学生的事。在两不管的夹缝中，东北的若干学校就成了"糟房"，青年被腐蚀着。

……东北学生如潮水一般涌进关来，由一千增到近五千人，一批接一批地走进庙宇与难民所。原在东北的各学校，还留有少数走不动或不想走的学生，守着像死过人的空荡教室与宿舍。关内外东北教育，在一个不彻底的教育计划下，半身不遂，甚而四肢瘫痪。政府对学生不能救济，反而造了孽。

更令人不解的是，教育部并无命令国立东北大学、沈阳医学院、长白师范学院迁平，而三校校长全在北平处理校务，半数以上学生分批飞来北平，图书仪器也在装运。而东北今年暑假高中毕业生两千人，无大学可入，无力进关升学，无职业可就。混乱程度一至如此，各校当局与教育部如何向东北人解释？教育部追问过责任吗？关心过学生的出路吗？光复迄今，东北教育有什么改革？教育部说，东北"师生很艰苦，虽然环境不安，各校上课情形良好"，那是掩耳盗铃，自欺欺人。负责办教育的把教育本意完全糟蹋了，受教育的也被教育贻害了。教育是不能开玩笑的，贻害青年是对国家的罪孽。青年变成教育的玩物，世界上只有中国的教育政策如此。

以难民身份寄居北平的那些私立院校学生，每人每天由教育局发给玉米面一斤，每顿吃两个窝头，副食费没有，青菜盐水，灌满肚子过一天。有几处借不到蒸笼，煮两顿粥，就点咸菜，一出汗又饿了。住难民所的睡砖地，门口写着"苦斋"两字，真是苦了他们。住庙的露天睡庙台，天一亮老和尚念经，大家跟着惊醒，睁开眼，满身露水，仰脸望着灰白的天空，想家的又闭上眼，偷偷流泪水；抑制不住郁闷的哼哼流亡曲。太阳出来了，往背阴的地方搬；下雨再找避雨的房檐。"早知道这样，何必进关"，他们对自己的行动发生了疑问。对那不如猪狗的生活，忧郁、烦闷、痛苦，多少人已经开始病倒。麻疹、脑炎、夜盲症、疥疮在普遍传染，有的几经交涉请求送入医院……从东北走出"糟房"，到北平跌进另一个"糟房"，这"糟房"天下，叫青年失望到底。

《大公报》一系列揭露东北败象的报道，无一不是在"揭疮疤"，甚至是"煽动"，不仅是批评、"小骂"，简直就是在"报丧"了。这不能不令国民党当局难堪、恼火，并且伺机"惩治"。

国民党对大公报"翻脸"了

实事求是地说，抗日战争前期，由于大敌当前，一致对外，也由于大公报奉行"中立"立场，"尽可能不结怨于任何党派"，加之张季鸾与蒋介石的私人关系，大公报与国民党的关系确实曾经比较融洽。但1941年张季鸾逝世，王芸生接手大公报总编辑之后，情况发生了变化。如果说，张季鸾的温文尔雅让国共双方都想争取，那么，王芸生的恃才傲物则让双方都认为他是"对面"的人。抗战胜利后，当国家面临历史转折，国民党的腐败、无能日渐显现，乃至病入膏肓时，大公报对国民党的批评也随之愈发尖锐。有一种说法，蒋介石曾对陈布雷感慨："张季鸾在世的时候，大公报还提出一些很好的建议，还是比较友好的。王芸生当政之后，尤其是现在，是在恶毒地骂我们啊。"如此，国民党最终与大公报"翻脸"以致公然迫害，也就"顺理成章"，并不奇怪了。

从"三查王芸生"到"和平无望"

1948年7月，国民党政府以南京《新民报》"屡次刊登为匪宣传文字，散布谣言，煽惑人心，近更变本加厉，谎报事实，污蔑国军，妨害戡乱军事，违反出版法之规定"为由，勒令《新民报》永久停刊。7月11日，《大公报》发表王芸生写的题为《由〈新民报〉停刊谈出版法》的社评予以抨击：

> 溽暑炎天之际，中国新闻界又出了不幸事件，南京新民报于前

天奉令永久停刊。读内政部发言人的谈话，新民报受到如此严重的处分，全是为了报道与刊载军事新闻失检之故。这可见在国家不安定的时期做报之困难。……我们谨以满怀惶悚之情，一谈出版法问题。

　　……出版法是个枝节性质的法律，我们敢冒昧的说，其有不如其无。这个法，是袁政府时代的产物，国民政府立法院虽略有修正，而大体因仍其旧，实是一件憾事。因为言论与发表的自由，是人民的基本权利之一，宪法例有保障的规定。出版法的立意，乃在限制言论与发表的自由，这与保障民权的精神是不合的。……自然言论与出版的自由也不是漫无限制的。报章杂志的言论记载若有犯罪，会妨害国家利益，或诽谤个人名誉，刑法上订有罪刑，可为制裁。

　　现行的出版法，实在不合时代精神了。……国民党已结束一党训政，进入宪政，则属于国民党特权的法律应已无效。现代民主宪政国家，人民可以公开抨击政府施政，在野党在宪政轨道中尤其以推翻政府为其能事，那非但不犯法，且是一种特权。……中国新闻界立言纪事，向来有一种极其畸形的现象，就是对政府大官极不自由，动辄受到停刊封门等处分；而对社会个人则极度自由，造谣中伤，恶意诽谤，受害者无可奈何。这种欺软怕硬的情形，是极丑陋无光的。

　　中国应该进步了！报纸，应该是进步中国里的不可少的一种要素。我们要求废止与宪法抵触的出版法，给新闻界以言论出版的自由；新闻言论如有出轨，应引刑法制裁。我们也宁愿立法院制订一种诽谤法，以防止新闻界滥用自由。

王芸生的这篇社评引发了国民党中央日报对他的点名"回骂"。

7月16日，《中央日报》发表题为《在野党的特权》社论说："共匪的新华社咒骂我政府为袁世凯政府，所以王芸生君在社评中指现行出版法为袁政府时代的产物，以影射我政府为袁政府……王芸生君是新华社的应声虫。"

18 日的《大公报》，王芸生以个人署名，回应中央日报的"叫骂"："大公报向有一种气度，就是挨骂不还嘴，我个人也从不与人打笔墨官司。中央日报社论与大公报社评讨论问题，却以我个人为对象，全文十二次提到'王芸生君'如何如何。把报社与个人相混，是可以不必的。……中央日报社论似乎有意省略了'在宪政轨道上'六个字，于是就扯到'武力暴动推翻政府'了……引申开来，其意义出入甚大，不得不辩。"

19 日，《中央日报》再发社论，题为《王芸生之第三查》，声称"我们大可发起三查运动来检讨王芸生君"，查出他"致力于国际干涉运动，为莫斯科会议做准备""不断响应共匪新华社的广播，为共产国际策动的反美扶日运动努力"。第三查则是等待王芸生"谴责南斯拉夫共产党特别是狄托（即铁托）元帅的论文和通讯，作为他效忠共产国际的证明。"中央日报的这"三查"都是莫须有的，无非是国民党给大公报罗织罪名罢了。

其实，王芸生被中央日报点名"叫骂"，已经不止一次，只是国民党"骂"错了人。

1947 年 12 月 29 日，针对国民党政府教育部发布了针对学生运动特别修改的《学生自治会规则》，《大公报》发表李纯青执笔的社评《何必防闲学生活动》，提出批评：

> 统观这套规则，全文精神所注，显然以防闲今天的学生活动为中心意旨。由这里似乎不难测知当局干涉学生活动乃至统制全盘教育的风向气候了。……若果拿出雷霆万钧的压力，且果真生效，则所有学校都将弄得如死水，人人都若将就木，这以教育观点言，实在也是大可忧虑的一端。……今日学生基于所目击身受，多半坠入烦闷困恼的深渊，故关心时局，不满环境，进而过问政治，抗议现实，或由于感情的激动，出于耸听的姿态，平心而论，实皆有其必然性。且放眼全国，尤不可忽视此种动向的全面性。

社评见报次日，中央日报即向大公报"发难"，说学生掀动学潮，倡议罢课，"大公报竟著文响应，谓教育当局此举乃'防闲学生活动'，淆乱是非，颠倒黑白，危害青年，破坏学术之研究。……大公报王芸生之流，其主义为民族失败主义，其方略为国家分裂主义。……大公报不是租界，王芸生之流何能自外于法律？爱国人士岂能坐视彼随意发表谰言，助长动乱，危害国家？"

1948 年 10 月 19 日，《大公报》就新闻自由问题再次发表社评称：

> 报纸是一面镜子，它的作用是反映现实。如果现实是丑恶的，怎样控制，镜子也无法把它照美了。镜子可以摔碎，却不能借挖掉后面几块水银来光鲜面容，那只是把镜子本身弄得破烂而已。……如果把新闻言路严密堵塞起来，我们敢说沾光的不是政府，更不是升斗小民，却必然是胆大包天的贪污腐败的一群。

国民党对大公报一再施压，迫使大公报转变立场，结果却是"向左转"了。1948 年 11 月 10 日，香港大公报率先行动，发表王芸生所撰社评《和平无望》，事实上宣布转变立场，靠拢人民：

> ……事势如此，和平无望。……石走悬崖，箭已脱弦，其势已无法挽转，再难得简易的和平了。……大局动荡，生民涂炭，身在水火，忧心曷极。但要知道，真正的历史创造者，并不是稀世的英雄，而是亿万生民。亿万生民的求生力量，才是人类历史的真正动力。违逆了人民大众的求生力量，必无治；摧折人民大众的求生欲望，必乱。明白了这基本的道理，则如何拨乱返治，自可不言而喻。看目前中国的乱局，人民真是痛苦极了，目前纵然和平无望，人民大众终会走上合理生存之路。我们挥泪跋涉，总希望这条真实而持久的和平之路已在不远。

蒋介石看到香港大公报的转变表态，十分恼火，而上海、重庆、天津三家大公报又转载了这篇社评，进一步扩大了影响，国民党当局开始施以高压。总管理处所在的上海大公报，曾几次遭到当局派人包围，声称搜查共党分子。国民党中央宣传部要求大公报代总经理曹谷冰对香港版的态度"负责纠正"。其驻沪"管理"新闻出版业的头头方治甚至面对面威胁曹谷冰："你们大公报靠卢布吃饭，为共匪宣传。大公报香港版的言论如不马上改正过来，我就枪毙你。"

国民党对大公报已完全"撕破脸皮"，由言论"骂战"而公然行动了。

重庆大公报被控"十宗罪"

1948 年 12 月 10 日，国民党重庆当局宣布，各报今后刊登消息与言论应注意下列事项：一，不得诋毁政府及元首；二，不得刊载动摇民心、降低士气之消息、言论；三，不得刊载刺激学潮、工潮之消息、言论；四，不得刊载刺激物价之消息、言论；五，不得刊载有损邦交之消息、言论；六，称"中共"必须称"共匪"或"匪军"；七，凡军事匪情消息，须采用中央社或官方正式发表之消息，否则应负法律责任；八，报道消息必须确实，道听途说、谣言不得刊载；九，不得刊载共匪广播或共匪发布之消息、言论；十，标题与内容相符，不得夸张失实，蛊惑人心；十一，不得借题发挥，以古讽今；十二，凡有关评论政府措施之文字，应提出具体意见，作积极性之建议，不得侮辱谩骂；十三，转载他报或刊载收听之任何广播消息、言论，以及刊载他人之演讲，应与自行撰拟报道者负同样法律责任。

显然，这"十三条"如同枷锁，目的是控制媒体，钳制舆论。果然，仅仅一个月后，重庆大公报就成为这"十三条"的钳制对象了。

1949 年 1 月 10 日，重庆大公报接到地方法院传票，要发行人王文彬到庭受讯，案由是"违反出版法第二十一条及国家总动员法第二十二条，应负出版法第二十八、三十二条及防害国家总动员惩罚暂行条例第八条治罪之责。"此案原告是国民党重庆市政府，背后实际上是重庆绥靖公署。

按照诉状，大公报被控的十条"罪证"如下：

1.1948年2月25日《严寒东北》（高峰）摘要："东北政治军事均甚紊乱，人民痛苦，一片惨象。"审查意见：违反政令，称共匪为共军，夸大东北危机。

2.1948年4月25日《杯酒一席谈》（何永佶）摘要："政府得到美援，并未应用于国家，为一般中饱份子贪污了，又拿到美国去购置产业。"并谓，毛泽东是革命者。审查意见：毁谤政府，为匪辩护。

3.1948年7月11日《由新民报停刊谈出版法》（社论）摘要："出版法已不合时代，与宪法相抵触，应予废止，何可引为根据。民主国家言论应极自由。"审查意见：为新民报辩护其为匪宣传之事实，淆乱视听。

4.1948年7月8日《跌在糟房里》（高蜂）摘要："流亡平津的学生不如猪狗，因猪狗是有主人照应的。"审查意见：刺激学潮。

5.1948年7月15日《反对政府违宪摧残新闻自由并为新民报被停刊抗议》摘要："毛健吾等联名请求立院应即修正此违宪出版法。"审查意见：故意刊载此反对政府言论，刺激人心。

6.1948年4月23日《干枯东北》（高峰）摘要："东北不论军事、政治、经济、工业、教育均无办法，人民痛苦万分。"审查意见：毁谤政府，夸大危机。

7.1948年8月16日《山东流亡学生在京乞讨度日》（本报讯）。摘要："南京各大街道发现许多学生集队乞食。"审查意见：刺激学潮。

8.1948年11月6日《武汉有和谣》摘要："武汉有政府与共匪谈和谣言。"审查意见：故意刊载和谣，扰乱军心人心。

9.1948年11月16日《碾庄地区战事持续，宿县郊外搏击猛烈》（本报讯）摘要："津浦路南段两侧几全线为匪扰乱。徐埠间交通难恢复。蚌埠南匪谍不时出没。"审查意见：夸大匪军力量。

10.1948 年 11 月 25 日摘要："共匪广播声明反对美援"；审查意见：故意转载此类消息，为匪张目。

因为这"十宗罪"，重庆绥署一方面请内政部予大公报以停刊三天的行政处分，一方面令重庆市政府控告大公报于地方法院。由于"十宗罪"中张高峰占了三宗，王文彬还特意写信给在北平的张高峰，要他设法暂避一时。朋友们也说，国民党现在穷途末路，抓人杀人不眨眼，还是躲避一下为好。张高峰觉得，重庆远在千里之外，北平已被重重包围，国民党恐怕顾不得了，小心一点就是。不久，北平和平解放，重庆又陷困境，此事也就不了了之了。不过，从重庆当局的"指控"，人们可以想见当年报纸要坚持客观、真实报道的不易，以及新闻记者要保持职业操守的艰难。它还表明，国民党已经不能容忍大公报了。

1 月 19 日，已经转变立场的香港大公报刊登重庆通讯，披露重庆当局控告大公报是"欲加之罪岂无辞，以卑劣手段打击民间报"，同时，制作了一个很长的标题。引题为"防民之口以图挣扎，重庆滥施新闻统制"，主题是"用'十三条'绞杀新闻自由，挑剔电文罗织入罪打无耻官司"。通讯写道：

> "争取新闻自由"的口号喊了好多年，新闻自由不仅没有获得，政治力量加之于新闻界的枷锁却愈来愈牢了。虽然中国有"防民之口，甚于防川"的古训，更有因"防口"而引起的事变屡见于史章，但是到今天，言论依然被严格封锁着，报纸因而动辄得咎。
>
> 在重庆，报纸、杂志、通讯社于政协时期曾蓬勃一时，后因大局倣援，这盛况也因而变成过眼云烟了。重庆的文化水平愈来愈低落，几家报纸虽然照常出版，强撑腰杆为社会服务，但其窘境不堪言状，既要应付当前的经济逆流，又要适应当前的政治环境。报人常为别人呼冤，自己的辛酸泪却只有往肚子里流。就这样，政治环境还不能允许，警告是常有的事，停刊也时有可能。……报纸对于

担当"人民喉舌"的资格大有问题了。但是，我们却哪里知道他们的苦衷？

……（重庆当局宣布的十三条）意思是"新闻自由"就在这官定的十三条里。看看这十三条，真令人寒心！每一条就是一条锁链！每一条新闻都会触犯其中的任何一条，哪里会有"新闻自由"?！在统制新闻的历史上，这真是破天荒的最严格的统制。任何地方的新闻统制，对这十三条都要瞠乎其后呢！

各报社负责人接到"十三条"后，心情惶恐，……各报纷纷拟文呼吁新闻自由，话虽然是委婉的，力量却还是有的。报人是有骨气的！他们说：政府既要"下决心打到底"，认为"宣传重于作战"，又需要"赶快收拾人心"，"争取人民拥护"，则对新闻界的管制应放松点，对于新闻与言论的事后检查，尺度也要愈宽愈好。除军事外，似不必花费很多精力，斤斤计较，字字挑剔。他们举例说：过去物价的狂涨，并没有因报纸不刊黑市价而停涨。今天接近战区的逃难潮，也不因报纸的刊载与否而停止疏散。同样，前线军事偶有失利情事，更不应迁怒到报纸的记载。有的报纸则于苦恼之余根本取消社评，避免官方加罪。有的则于激愤之余，愿意当局恢复新闻检查制度。

在重庆做报纸确是越来越难了。新闻记者向被社会赐以"无冕王"。这话在今天不能通用了。新闻记者在今天是有冠者，他们戴的是荆棘之冠啊！

后来据王文彬讲，审理此案的法官也不愿开罪于大公报，说"这个案子是上面交下来的，我不敢宣判大公报无罪，但我有权拖延判决。王文彬对法院传讯，必须随传随到，不要避不到庭，也不要完全依靠律师辩护。我有权多开调查庭，可以迟迟不判决。"结果拖拉半年，不了了之。1949年9月，国民党又搞了一次"接管"重庆大公报的闹剧，逮捕了渝馆编辑主任顾建平，逼走了经理王文彬，宣布与上海的大公报总管理处"脱离关系"，出版了"伪《大公报》"。直到重庆解放，大公报才重新恢复。1952年改组为重庆日报至今。

*   *   *   *   *   *

从 1945 年日本投降，到 1949 年国民党败退台湾，三年多时间里，夹在国共之争中的大公报左支右绌，两边不讨好。正如 1947 年 5 月，国共商谈停止宣传战，饱受"夹板气"的大公报借题发挥，发表社评大倒"苦水"时所说：

  ……由于党派之争，宣传战到了白热化，凶恶得充满了火药气，令人惊心动魄；下流得骂街造谣，令人闻之作呕。被目为宣传对象的人民读者，真会被他们宣传得头昏脑胀，啼笑皆非。……宣传战的背后是枪炮战，血眼相视，血口相喷，自然不可避免。……大公报不属于任何党派，是一张人民立场的独立报纸，我们就痛感我们的力量微弱，努力不够。胜利以来，我们为国事的起落而忧，为国运的振荡而惧。我们反内战，我们要安定，我们尤其要民主与进步。大公报拥有广大的读者，但是我们的沉痛呼声，我们的挣扎努力，究竟有些什么影响，究竟发生了什么力量，稍一思量，辄不禁惭愧无地。在声势汹汹宣传战短兵相接之际，我们努力维持可怜的人民立场，努力保持头脑清明，心境平和。说来可怜，大公报一非"国特"，二不"尾巴"，在这天下滔滔，不归于杨则归于墨的情势之下，大公报实在落于一条极狭的夹缝当中。我们诅咒内战，愤恨内战，要安定，要进步。同一立场，两面受攻。一面飞来红帽子，使我们苦笑；另一面又骂你是"帮闲"，是"法西斯帮凶"，更使我们莫名其妙。奉告一面，不可为渊驱鱼，把天下人都看作共产党；奉告另一面，要争政权，就不可作践人心。天下真理，要非定于武力。说一声痛恶内战，便骂"帮闲"，然则何人忙？难道只是有枪有炮会打会骂的人忙吗？赤手空拳的小百姓只有忍气吞声静候统治了。大公报在这方面，是打不还手，骂不还口。也许是我们的懦弱，内心一句话，我们不愿意参加宣传战。大公报很少刊载新华社的稿子，因为其中主要的是攻讦暴露。同时我们也很少登载走出"解放区"而痛述共产党暴行的文字。为什么？小气些说，我们还愿意保持君子风度；从大局说，我们实在想为大局留些余地，总不思其破裂。坦白说，这一点心情，是大公报的弱点，我们承认。

现在国共约定宣传休战了。我们十分希望彼此各以君子风度，忠实守约。党派的宣传休战了，同时民间的舆论却应该活跃起来，甚至民间舆论应该对一切反国家反人民的恶劣现象采取攻势。能如此，则国事是非得见，民意得以发挥。今天中国的民间舆论微弱极了，而独立的报纸也陷入左右夹攻的苦境。说来可怜，中国假使能够民主化，则这可怜的民间舆论独立报纸必为主要的力量。美国杰弗逊总统曾说："宁可没有政府，不可没有报纸。"我们报人又岂可气馁！

面对国共之争，大公报想保持它所认为的"人民立场"，但事实上做不到；文人论政，书生意气，其角色之尴尬是必然的。不过，大公报反对内战，呼吁和平，又是无可厚非的。本章不厌其详地引述了大公报当年的诸多报道，只是想说明：大公报的文字，有言论，有新闻，各有千秋，不可一概而论。但有一点是共同的：对国共两党，无论"骂"或"帮忙"，都是基于反对内战，呼吁和平，为此，对国民党不仅"小骂"，而且"大骂"；对共产党虽有"骂"，更有"帮忙"。

三、大公报的采编运作特色

——兼谈大公报人的职业追求

　　判断一张报纸的地位和影响，从读者的角度看，最直观的就是看它发表的各类文字。谁家的内容丰富，真实可信，编排新颖，特别是独家新闻多，读者喜闻乐见；言论公允，反映民心民意，就会被青睐，受追捧。对于报纸来说，要用尽可能好的上述内容和形式吸引读者，则需要尽可能多的好记者、好编辑。因为采编人员的职业追求以及生产优秀文字、版面的运作机制，在相当程度上决定着报纸的销路，销路就是报纸的地位和影响，并且决定着报纸的命运。

　　大公报能够在诸多报纸的竞争中独树一帜，自有其独到之处。

从大公报新闻专电说起

　　有论者说，社评、通讯、星期论文和副刊是《大公报》

的四大特色，不无道理。但是，如果因此而忽视它的新闻专电和版面设计（包括标题），则显然失之偏颇了。事实上，作为一张新闻纸，首先吸引读者的，当然应该是新闻，即最新的客观事实报道，以及能够准确、生动地概括新闻内容的标题。

什么是"新闻专电"

《大公报》的新闻版，每天都会有来自各地的专电，报道各个方面的最新动态和相关消息。何谓专电？即报社派驻各地记者通过无线电报的形式向编辑部发回的当日新闻。

二十世纪三四十年代，无线电报是最快捷的信息传播方式。报纸通过记者的新闻专电迅速、及时地发布新闻，抢先手，占独家，才能赢得读者，此即为新闻时效性的重要所在。也正因如此，新闻专电的字数都是短小精悍的。

如果是新闻通讯，时效性不强，文字又长，拍电报不划算，则通过邮局邮寄。因此，那时的新闻通讯亦称通信。笔者每每听到大公报前辈说到新闻，都是特指新闻专电或电话传递的即时消息，而通讯不算新闻。可见他们对新闻的要求标准。

除了专电、通讯以及采用的其他通讯社稿件外，《大公报》还有本市讯、××（地名）电话、综合消息等几种报道形式。它们的区别是什么呢？以天津《大公报》为例，本市讯是天津编辑部派出的外勤记者采写的本地新闻，综合消息为多种信息混编，电话则来自北平办事处。因与天津近在咫尺，随时可通长途电话，比电报更便捷。电话报道是口述新闻稿，言简意赅的同时，有时还要说清楚标点符号；如果不打草稿，更需记者具备相当的文字功力与逻辑思维。笔者就曾不止一次听大公报前辈说过，徐盈就是口述成章的高手。

报社采用电报方式传递新闻，需要政府主管机关的特别批准，由发报人（记者）持交通部电信总局印发的"收报人付费新闻电报凭照"到电报局发报。由于电报费用昂贵，凭照还会注明指定的收发报地点，如抗日战争期间，张高峰奉派中原做战地记者，所持新闻专电凭照，发报地点就注明为河南洛阳（第一战区长官部，蒋鼎文驻地）、叶县（第三十一集团军总司令部，汤恩伯驻地）、南阳（第二集团军总司令部，孙连仲驻地）、安徽界首（鲁苏豫皖边区总司令部，汤恩伯驻地）、湖北老河口（第五战区长官部，李宗仁驻地），收报地点则为重庆、桂林两地大公报编辑部。

电报的内容文字需要译成由阿拉伯数字组成的电码，才能拍发出去，费用以字数计算。为了快捷、抢发新闻，有时还需要记者自己译成电码，直接交电报局拍发。笔者儿时就见到过父亲自备的电报电码本。想想那时没有打字机，更没有电脑，所有稿件都要手写，还是竖行繁体字，可见当年做记者很不容易。

从一组专电看职业报人

这里以大公报一组新闻专电为例，解析这种传播方式的意义、作用，以及它体现出的大公报职业报人的素养。

1947 年 7 月，美国政府特使魏德迈率团到中国进行调查，并于 8 月 5 日到沈阳，做了一次来去匆匆的访问，大公报记者张高峰全程跟踪采访报道。

魏德迈，美国陆军中将，抗日战争后期（1944 年 10 月）接替史迪威出任盟军中国战区参谋长及美军指挥官，1946 年 4 月离任。在华一年半，对中国抗战胜利做出过贡献。由于他中国问题熟悉，有自己的见解，以及与蒋介石的合作远好于史迪威，1947 年初，马歇尔军事调停失败后，曾一度传闻魏德迈将出任驻华大使。7 月，美国总统杜鲁门指派魏德迈为特使，率团来华，对中国目前的政治、经济、军事情况"做事实调查"，作出评估并提出报告，以为美国政府考虑对华政策及援助提供参考。调查团成员包括美国国务院、财政部、陆军部、海军部等九名顾问，于 7 月 22 日抵达南京。

魏德迈率团访华，关系到美国今后对华政策、援助，引起国人高度关注，是当时的重要新闻，各报无不趋之若鹜。包括中共延安《解放日报》、重庆《新华日报》，不仅有报道，而且有评论。作为有重要影响的民营报纸，《大公报》当然要及时报道其动向。但是，魏德迈到沈阳，包括迎送、谈话、宴会、视察、休息，前后总计不过 39 个小时，他都做了些什么？《大公报》的报道，包括标题、电头在内，不过 1500 字，又能写些什么？这里先照录如下，再作分析。

8 月 6 日，（题）魏德迈抵沈各界欢迎今视察抚顺

[本报沈阳五日发专电] 沈阳的人们知道历史在演变，五日到北陵的路上两旁站满人，迎接胜利以来从未有过的贵宾。魏德迈使团一行，五日五时半乘三星专机在东北问题的中心沈阳降落。魏氏着灰西装，腋下的黑色公文袋好像装着许多问题，美驻沈阳领事华特介绍与熊主任式辉、郑代长官洞国晤面，魏氏与前在印缅作战的廖耀湘军长最熟悉，一握手就问："你也在这里？"于斌主教赶上来介绍几位在四平无教堂可住的神父。魏氏遂检阅全副美式装备之仪仗队后入城，至铁路宾馆休息。下午七时参加熊主任式辉招待会，六日专车赴抚顺，将由抚顺煤矿总经理谢树英及东北电力局长郭克悌陪往，当日返沈。据新闻顾问华生称：魏使不一定招待记者。

[本报沈阳五日发专电] 五日晚八时以后，魏使回行馆与美方在沈人员、总领事华特、副领事胡贝德及顾问等开会，并无接见我方人士消息，仅接受各方面提供之书面报告多种。东北当局曾拟请魏氏多留一日，赴鞍山参观，魏氏以时间急促辞谢。魏氏随从人员称：此行在着重"事实的调查"，魏氏不拟答复记者询问。

[本报沈阳五日发专电] 沈阳不比北平，更不比南京，这里是战争的一个中心，是与苏联毗连的一块土地，其余就是一些劫后的工矿，那么魏使团来此，他们所想寻求的事实，亦就不难推测，可是魏使这几天的确够累的，五日九时与美方人员集会后，十时就睡了，

他的团员在深夜还在替他整理资料。

[本报沈阳五日发专电]魏使抵沈后，换着蓝色西装，赴行辕回拜熊主任式辉，谈话约半小时。七时全体团员出席熊主任招待会，各界首长五十余人亦被邀参加，与魏氏偕行之各顾问分别被东北财政金融政治工程等负责人员邀至旁室或室外花园叙谈，八时散会。

8月7日，（主题）陈诚抵沈访魏德迈长谈一小时无他人在座
（副题）魏使团视察抚顺接见各界一行飞青岛明晨返南京

[本报沈阳六日发专电]参谋总长陈诚六日下午二点偕随员二十余人专机抵沈。陈氏此行似有暂将坐镇东北之意。

[本报沈阳六日发专电]魏德迈特使六日下午九时由美军事联络团返铁路宾馆行邸，陈总长诚即往访，无别人在座，谈话约一小时。

[本报沈阳六日发专电]魏德迈特使六日晨八时偕一部团员乘车赴抚顺参观，廖耀湘军长代表熊主任式辉、抚顺矿务局长谢树英、鞍山钢铁公司总经理邵逸周、东北电力局长郭克悌等陪往，魏氏于当日午后二时半返沈。按抚顺为我国煤都，埋藏量约九万万吨，敌伪时代日产最高达三万吨，光复后减至日产五千吨。

[本报抚顺六日发专电]魏使团一行六日九时半抵抚顺，下车后检阅国军二〇七师，魏氏询问某士兵能否吃到肉，该士兵瞠目以对；又问一着秋季美式背心之士兵热否，答：不热。魏特使并对全体官兵作五分钟讲话，旋赴煤矿及炼油厂参观，由抚顺矿务局长谢树英按图解说，魏使等于当日二时许返沈。

[本报沈阳六日发专电]魏德迈特使在抚顺参观煤矿时，曾询及日籍员工生产情形及人才训练问题。

[本报沈阳六日发专电]魏德迈特使六日午后二时半由抚顺返沈，三时换穿戎装，在美领事馆接见郑代长官洞国，约谈一小时。五时以后与美方人员及驻沈美军联络团辛格罗少校等有所集会，定七日晨九时飞青岛。

　　[本报沈阳六日发专电]魏德迈特使六日下午四时接见参政员王化一及美商，五时赴美军联络团与美方人员集会，并同进晚餐。魏使团一行定七日晨九时飞青岛，留一夜，翌晨返京，下周赴台湾、广州等地。

　　[本报沈阳六日发专电]魏德迈特使政治顾问施博思及财政顾问任金斯六日未去抚顺，在沈做搜集资料活动，午间任氏至美领事馆访总领事华特，施氏于午后一时接见国大代表宁恩承，三时接见参政员王化一。宁氏曾任李顿调查团参议，熟悉东北情形。

　　[本报沈阳六日发专电]沈阳人民团体致魏德迈特使函件约五六十件，以私人名义提出者甚少。据美方某人士称：所收各函件内最使人注意者为"苏联"与"中共"字样之多。

　　[本报重庆六日发专电]关系方面消息：魏德迈将军将于自东北南返后来渝一行，定十七日飞渝，十八日飞汉口。

　　魏德迈在华行踪是当时举国关注的重要新闻，各报记者如果不能及时发回报道，就是失职；如果没有独家内容，就是无能。《大公报》这组报道分两天发在要闻版头条位置，专电分别发自沈阳、抚顺、重庆，合并起来，完整地报道了魏德迈一行在沈阳的活动，不仅有行程，而且有细节，还有背景介绍，并报道了其日后的动向，区区千字文（不计标题、电头），可谓新闻要素齐全，内容丰富多彩。

　　先看行程动态。从5日下午5时半抵沈，入住、谈话、出席招待会、美领馆集会，到10时就寝，无一遗漏。从6日晨8点魏德迈一行出发，到晚上10点与陈诚谈话结束，每个时间段的活动都有报道：检阅部队、参观煤矿和炼油厂、接见郑洞国、接见参政员及美商、与美方人员集会进餐、与陈诚谈话，环环相接。除了魏德迈的活动这条主线，还有两条专电报道了他的两个顾问的活动以及使团接受人民团体函件的事实。关于魏德迈的动向，除沈阳专电说他将飞青岛、赴南京，还特别编发了一条"关系方面消息"的重庆专电，使报道更丰富、更完善了。

再看细节描述。5 日，从机场开始，魏德迈的衣着、公文包，所见人物、行程安排、随员谈话及工作，都囊括在了几百字里。6 日，在部队，魏德迈与士兵的对话；参观中，"矿务局长谢树英按图解说"，"曾询及日籍员工生产情形及人才训练问题"；回到沈阳，"三时换穿戎装"见郑洞国；与陈诚谈话"无别人在座"；连报道所收函件，也有"最使人注意者为'苏联'与'中共'字样之多"的记录。体现了记者观察细致入微，选材简洁精当。

三看其中包含的诸多背景元素。特别是第一条专电，字数最多，内容也最丰富。"历史在演变"，一笔带出东北乃至中国面临的局势；"黑色公文袋好像装着许多问题"，暗指魏德迈此行任务艰巨；"与廖耀湘军长最熟悉"，意指魏德迈指挥过印缅作战，也熟悉中国；"这里是战争的一个中心，是与苏联毗连的一块土地，其余就是一些劫后的工矿"，三十多字即涵括了东北问题的严重和苏联的因素，以及东北劫后余生的经济状况。在魏德迈参观抚顺的消息中，还用四十字专门介绍了抚顺作为煤都的相关数据；提到宁恩承时，介绍了他"曾任李顿调查团参议，熟悉东北情形"等等。这些，对于读者理解新闻都很有意义。

这 14 条专电，最长的不到三百字，最短的只有三十多字，可以想见，记者是随时随地在"抢"新闻，不断地追踪、补充，不停地向报社发回电报，最终组合起来，就成为一条完整的新闻了。

最后说说版面安排。

一是，14 条专电并没有按照时间顺序编发，而是考虑了新闻内容的主次。以 6 日报道为例，陈诚到沈阳会见魏德迈，而且"似有暂将坐镇东北之意"（暗示东北指挥官有换帅可能），显然对东北局势更重要，因此排在最前面，并且做了主标题；魏德迈在沈阳、抚顺的其他活动，是消息主体，依行程排列；其随员活动则排在后面，最后才是重庆补缀消息。

二是，编辑保留了记者独具匠心的细节描述，不仅使消息有可读性，而且使读者可做推想。譬如魏德迈问士兵的两句话，一曰"能否吃到肉"，士兵"瞠目以对"；二曰"热否"，答"不热"。这样的客观报道，比记者主观评论更具说服力。此外，14 条专电一一排列，不厌其烦地重复出现[本报 × ×（地）发专电] 字样，表明报纸、记者的专业作风与精神，令读者信服。(《大公报》的新闻专电还常常标注发电时间，如有加急专电，时间标注会精确到几时几分。如果当天截稿时未能采用，隔日刊出时会注明"迟到"，以区别于当日消息，可见其严谨和对读者负责。)

　　新闻专电是《大公报》的重要特色之一，但过去很少被研究者重视。这里从《大公报》新闻专电说起，并以一组报道为例，不仅为重提这种报道形式，并且想说明，大公报记者的职业精神与职业追求，在最常用的报道形式和极短的文字中，都有充分体现。他们对事物的观察、细节的捕捉、材料的取舍、新闻背景的运用以及新闻价值的判断，都表现出了职业新闻人的素养与功力。

"魏德迈到沈阳"的幕后

　　一组新闻专电，看似动态报道，其实蕴涵深意，背后更有故事。

　　"魏德迈到沈阳"第一条专电中，有"于斌主教赶上来介绍几位在四平无教堂可住的神父"一句，并非记者闲来之笔，而是有意为之。

　　于斌时任天主教南京总教区总主教，曾在意大利留居十年。抗战爆发后，于斌出任国民参政会议员、驻重庆的乐山地区主教。然而，于斌并非单纯的宗教界人士，他还协助军统活动，不少天主教徒经他介绍为军统工作。于斌与蒋家父子的关系也非常密切，时相过从，讨论"机密"。由于他经常忙于各种政治活动，被媒体称为"政治主教"。大公报记者当然知道这个背景，并曾多次在报道中予以揭露。1947 年 8 月 4 日，魏德迈到沈阳的前一天，于斌即乘坐蒋介石派的专机飞抵沈阳，可见其身份的重要。张高峰后来著文说：

　　　　那天，他胸前戴着光闪闪的十字架，左腋下夹着一个装满文件的黑色大皮包，从飞机舱中走下来。在沈阳铁路宾馆，(东北行辕给魏德迈准备的官邸）我问于斌，此行的任务是什么？他狡猾地回答："为视察教会而来。"我又追问一句："于先生今天到沈阳，魏德迈明天到沈阳，是计划中的事还是巧合呢？"他假装不能理解这句话的意思，打着哈哈回答说："真是巧合!"但他并不否认早已知道魏德迈明天到沈阳的消息。下午，他就去了东北行辕拜访熊式辉，显然不仅仅为了"视察东北教会"。

8月5日上午，"视察东北教会"的于斌夹着他那装满情报的大皮包出席了行辕召集的紧急会议。熊式辉主持，而穿着黑色教衣、带着十字架的于斌却比那些金板领花的国军高级将领们还高一等，在会上做了训话式的主要发言。他说明了蒋介石给他的任务——"协助东北当局，满足魏德迈使团所需要的情报。"他还详细地报告了在南京三次谒见魏德迈的情形，以及魏德迈"最感兴趣的事物"。熊式辉根据"总主教"的指示，把长春、抚顺等地的首脑们召来面授机宜，并且布置临时组织若干"人民团体"，准备了向魏德迈提供"控诉"中共与苏联的五六十份文件；又组织了部分学生以"旅大人民"的名义，做好"我们要回家乡"的手旗，准备到魏德迈住的铁路宾馆去请愿。（见6日专电记载——笔者注）

当天下午五时半，魏德迈使团专机在沈阳降落，于斌与熊式辉等同时到机场迎接。魏德迈走下飞机时，于斌首先上前握手，其次才是美国驻沈阳领事华特。到机场欢迎魏德迈的，还有四平天主教堂的法国神甫，那也是于斌事先布置好的。华特介绍熊式辉、郑洞国与魏德迈见面后，于斌用手势把三个法国神甫从人群中招呼过来，介绍给魏德迈，希望魏德迈能够召见他们，谈一谈四平战后"无教堂可住"等问题。显然，那也不仅是宗教问题。

8月6日，魏德迈去抚顺，张高峰随同采访，不知于斌在做什么。7日，魏德迈走了。8日，于斌也离开了沈阳。难道还是一种"巧合"?!

在关于魏德迈到沈阳的报道中，张高峰无法确认于斌暗中做了什么，但又必须披露他的存在，于是以"客观报道"的方式做了暗示记述——魏德迈到沈阳，本是外交、政治活动，一个南京主教来做什么？无异于戳破了于斌的宗教外衣。"在四平无教堂可住的神父"，既是于斌活动的陪衬，同时也暗指战火毁灭了四平。后来，上海、天津等地的一些报纸也发表了于斌在沈阳活动的消息，于斌看到后很是尴尬，派人向记者"打招呼"，希望回避媒体。他是贼人胆虚，恐怕暴露了自己的政客嘴脸。1949 年，于斌终于随着蒋介石去了台湾。

专电中，有魏德迈检阅二〇七师时与士兵的一段对话，也非记者闲来之笔，而是暗含讽刺。时值 8 月，写士兵"着秋季美式背心"，意指青年军全副美式装备，竟没有像样的夏装，酷热中还要穿毛质薄呢军服；又写"魏氏问某士兵能否吃到肉，该士兵瞠目以对。"显然是指他吃不到肉，却不敢讲，又不想昧着良心说假话，所以露出一副呆傻相。这样的文字不免有"污蔑国军"之嫌。

果然，消息见报后，二〇七师认为大公报记者有意丑化他们，派人到沈阳找到张高峰"问罪"，要求"更正"。张高峰说："我的报道是真实的，是同情士兵。伏天穿毛料，难道不热死人？我若说士兵每天都能吃到肉，那才是假话，士兵们若是说我造谣，再来兴师问罪，难道让我再更正一次？莫如你们写信，《大公报》来函照登，说我报道失实，士兵没有穿毛料，每天都有肉吃，不是更好？"来人说回去再商量，结果二〇七师不干，还闹到东北行辕去了。行辕的朋友劝张高峰息事宁人。无奈之下，他只好答应再发一条消息，这次索性给它一个"此地无银"。报道称："二〇七师全体士兵系根据政府优待青年从军办法之规定，每人每日食肉三两、黄豆二两、油一两、盐五钱、青菜十九两，足能维持个人营养。且该师装备整齐，士兵精神饱满，极注重培养国防人才。复据该师某负责人称：七日报载魏德迈特使在抚顺询问士兵生活，与实际情形稍有出入。"这条消息不厌其详地介绍二〇七师的待遇，还加框刊出，显得很突兀，读者看了，就明白是军方找麻烦的结果，而非简单的"补正"。惟不知二〇七师的人看了作何感想？

"来函照登"的含义

张高峰对二〇七师来人所说的"来函照登"，与大公报常设的"读者投书"不同，另有含义。它是处理针对"报道有误"，要求更正的来信的一种形式，又往往意味着大公报并不一定认可，但出于"尊重各种意见"而照登，让读者去判断。

例如，1943年2月初，《大公报》因报道豫灾和配发社评被罚停刊三天。复刊后，却连续刊发了两篇"来函照登"，说的恰是《豫灾实录》"报道有误"：

2月10日，题：豫省政府驻渝办事处来函说明豫南灾赈情况

敬启者：读本月一日贵报载有《豫灾实录》，关怀豫省灾情，吁请各方救助，曷胜感佩。惟关于发放赈款之事，不无误会，兹就敝处所接省府上年十二月二十九日电告关于发放赈款情况，特为奉达：……（数据略）查豫省灾重人多，且因灾民流离逃荒，此项赈款是否能普遍分及每一灾民，均能沾受中央德惠，故未敢断言。然省府所领赈款均已发出，各项措施亦均有事实可资查考。因恐关心豫灾各方人士益增虑系，尚祈披露，为感。此致大公报社。河南省政府驻渝办事处启。二月三日。

2月26日，题：赈济委员会来函，豫灾施赈情形

敬启者：读本月一日贵报载有《豫灾实录》，核与事实不无出入之处，兹特将本会请款办赈及督导有关机关配放情形奉达：……（数据略）本会对于豫省灾荒发生之后，即分电豫省府及有关机关切实加紧协同办理，复派员赶往巡回督同地方机关办理，并电饬运送配置难民洛阳潼关总站先在郑州漯河两地个增设分站一所，以资办理出境灾民之管理。以上各项措施，为办理灾民之举，敬希查照为荷。此致大公报社。赈济委员会启。二月二十四日。

这里，除了"来函照登"，大公报没有就此多说一句，"照登"的旁边，就是"本报代收赈灾捐款"的消息。显然，大公报没有要"更正"的意思。

又如，1946年11月14日，大公报刊发北平电话："翁副院长在平谈话，决追究收复区坏事"，报道了行政院副院长翁文灏接见本报记者时的谈话：

> ……视察收复区经济建设，历滨海诸大城，感慨万端。翁氏谈及收复区之种种不良现象谓："坏到使人不敢相信"，并继声称："本人官可以不作，此若干坏事必加追究。"

谈话见报，翁文灏大约怕国民党高层怪罪，不敢认账，于是给大公报写信要求澄清，大公报便以"来函照登"的方式"端给"了读者。翁氏来信全文如下：

> 大公报社惠鉴：本人返渝，阅及本月十四日贵报所载本人在平谈话，对于收复区各种现象有过分激昂之语，与事实并不相符。收复区对于日伪资产之接收处理，一般而言，各机关均在认真办理，不可以局部有待改善而概括评断。敬希将此意照为登载，至为企荷。此颂时绥。翁文灏敬上。十一月十六日

翁文灏的信中并没有明确否认自己说过的话，看起来更像承认自己语言"过分激昂"的检讨。大公报"来函照登"，既尊重了对方，又维护了自己。更重要的是，如果说，河南省政府、赈济委员会的"衙门"还小，大公报不足畏惧，那么，贵为"行政院副院长"的翁文灏也如此温文尔雅，言辞恳切，则一方面说明那时的官员还懂得尊重舆论，另一方面也显示了大公报当时的舆论地位。

对于当局的某些无理指责，大公报记者则索性采取"不予理睬"的态度，连"来函照登"都不提。

　　1948 年 3 月 10 日，华北"剿总"新闻处组织记者团到平东香河县去采访，据说是那里打了胜仗。到了香河，军方介绍作战经过，描述如何"击败共军，大获全胜"。随团采访的大公报记者对这样的"官报抄"不感兴趣，而想进一步了解共军情况如何，老百姓又倒了什么霉。于是一方面询问共军俘虏，一方面巡视街头，找老乡了解情况，回来发消息称：

　　　　北平中外记者二十余人由华北剿总阎副处长陪同，于十日晨乘汽车赴香河战地参观。到达县府后，指挥此次作战之某师长报告战斗经过，……自俘虏口中得知，共军组织极强，约束力大，干部欲降即遭士兵枪杀；士兵欲降则遭干部枪杀。又谓：共军此次虽蒙重大损失，必不甘心，仍希望政治多配合军事，确保面的占领。……此距北平一百三十华里之香河县城，人口仅九千余人，其中两千人系外乡来此避难者。踌躇街头者均系妇孺，绝少见壮年。记者自西门巡视至东门，未能发现一家商店，仅有零星花生烟摊，描述战乱之荒凉景况。全县二十二乡镇，截至十日经国军占领者六，每月税收不及八千万元，不足县府开支。食粮同样恐慌，自卫队每日需小米两千斤，购存不易，故该队兵士几每日下乡征粮，甚少训练机会，而省粮亦不容缓缴。日前结束之香河东部战役，阵亡国军待购棺掩埋者五十人，每口木棺两千万元，五十口即十亿元。此不足五万人口之香河，全县含泪负担战乱之重债。该县长谓：人民生活之苦，史无前例。

　　这条消息见报后，华北"剿总"新闻处很不高兴，传话给大公报记者：写共军斗志贬低了国军胜利，说老百姓凑钱买棺材是何居心？要求"补正"。而记者表达自己观点的目的已经达到，没有理睬他们。"剿总"方面找不出报道失实的根据，也是无可奈何，结果不了了之。

琳琅满目的新闻版面设置

《大公报》新闻版的版面设置（以津版为例，不说副刊），一版全部用来刊登广告，把最好的位置让给了经营；二版才是要闻及社评或星期论文；三版为综合，包括国际及各地新闻、长篇通讯、读者投书等；四版为各地来稿（津版以华北、东北为主。沪版、渝版、港版则分别以华东、西南、华南为主）及分类广告，可谓丰富多彩，琳琅满目。虽然是竖排分栏，用繁体字，但今天读来，仍令人饶有兴趣。

"花边新闻"与大块文章

这里要说的"花边新闻"，既非黄色，也不八卦，而是加框或花边的短新闻。

《大公报》的要闻版，除了社评或星期论文固定刊登在左上角，偶有重要通讯排在右下角（因为竖排，右向左读，右上角为头条位置）之外，都用于刊登各种新闻，而且大部分文字简短，标题突出，读者一目了然。因为排版紧凑，一个版刊登二三十条消息很正常。这些消息大部分都是新闻专电。

新闻专电是通过无线电报传送的，费用不菲，因此要尽可能简洁明了。用几十百把字，把一件新闻事实准确地记述下来已经需要字斟句酌，八股文式的"穿靴戴帽"、官话套话，自然没有容身之处。

《大公报》上的短新闻比比皆是，甚至只有一句或几句话。文字虽短，但标题生动，又常常加框或花边刊出，以提示读者关注。以下试举几例：

1945 年 8 月 20 日，日本刚刚投降，国民党军委会副委员长冯玉祥将军到四川内江，大公报记者以抗战胜利后的国内团结问题请教，他打了个比喻说："把锅灶打破，大家吃不成。"次日，大公报即以"冯委员抵内江谈团结"为标题，加框刊登了这句仅十个字的新闻专电。

1945年12月21日，蒋介石视察北平后离开次日，《大公报》报道："蒋主席走了，一些市政方面的临时措施也完了。北平人说，电灯也好像是蒋主席带来的，今天他刚走，电灯又灭了。"

1946年11月，国共和谈困难重重，时局维艰。大公报发表邵力子、沈钧儒谈话，分别只有一句话："和平老人邵力子对目前国共谈判作比喻称：做朋友容易而恋爱困难。""沈钧儒在沪对记者谈及第三方面任务称：目前时局显已脱离轨道，我们只有把火车拉上轨道，而不应该把轨道搬过去将就出了轨的火车。"

1947年3月9日，《大公报》广东消息，标题"如此民主"，内称："此间宪兵队规定，今后凡四人以上集会，即须呈报宪兵队核准，方得举行，否则严究，其理由为根绝捣乱金融活动云。"

1947年6月11日，《大公报》沈阳专电："烽火漫天，沈阳各餐厅酒馆仍载歌载舞，杜聿明长官手令取缔，以期共赴时艰。"

1948年1月2日，《大公报》太原专电："并人怕过年，新年过了又怕春节。冬季少雪，去年惨痛的日子总算挣扎过去了，来年夏禾能否下种，第一要看局势是否好转，第二要看老天能否下场大雪。"

1948年12月19日，《大公报》台北专电："台湾成乐园，外客续涌到"，点名披露："中兴轮昨又载来大批闻人，内有组织部副部长余井塘、前湘主席王东原、前北平市长熊斌、前陕主席祝绍周、许效炎及立监委等多人。此次搭客计两千五百人，为历次最多者。接闻人的汽车成串扬长而去……"

1949年1月6日，《大公报》转载外电报道，只有一句话："中共陕北电台广播，曾评论蒋总统的和平提议，并谓中共决心作战到底。"

1949年1月12日，《大公报》北平电话："中山公园已成为大练兵场，朝夕军歌及杀声震天，花坞内一品红、黄腊梅已提前盛开，市民少饱眼福机会。"

1949年1月13日，天津解放前一天，《大公报》加框消息："张学良的大姊想飞台迎弟弟，她说，现在好像晚了。他出来已没有什么用。"

……

这样的短新闻，在《大公报》的版面上几乎每天都有，看似无关紧要，实则含义颇深，而且言简意赅，一目了然，反比大块文章更受读者欢迎。

新闻版有没有大块文章呢？当然有。譬如社评、星期论文，都是两三千字，但由于紧贴时政，言之有物，为读者乐读。如果是几千上万字的长篇通讯，则会分段设小标题，甚至分几天刊载。最难处理的是会议文件、报告，即使是重要新闻，读起来也乏味。《大公报》的处理办法是，摘取关键词句、段落，插入文中做小标题，既提示要点，又关照读者，版式也疏朗许多。国民党中宣部曾明令不准擅自修改中央社"统一发布"的稿件（包括标题），引起报界抗议，结果不了了之。新中国成立后，大公报一度继续"我行我素"，甚至发表毛泽东的文章时，都自作主张地设置了自拟的小标题，结果招致严厉批评，此后才变得循规蹈矩了。此为题外话。

精妙标题"画龙点睛"

标题是新闻的"眼睛"，好标题不仅能够准确地概括新闻，而且能够起到"画龙点睛"的作用。《大公报》的精妙新闻标题不胜枚举，以下选取摘录若干，不必注解，读者就能够看明白消息中说的是什么事情（标点为笔者所加）：

1946—02—11 陪都怪象：铁棍打散民众集会，李公朴郭沫若等数十人受伤；警宪多人在场并未制止动武

04—18 还都日紧，国大临近，南京开始热闹了；飞机每天运到两三百人，房荒车挤物价仍如野马

05—01 东北谈商，双方距离尚远，政府要先收复长春，中共要无条件停战

09—02 战争苦坏了人民，开封市民慌乱，物价大涨，陇海路被毁百里

10—02 高粱肥大豆香，东北新粮将登场；原野秋色好农人心里苦，烽火漫天中农村是歉年

11—06 县大老爷何必发威，一篇通信稿揭发贪污劣迹；皇皇布告悬赏捉拿投稿人，滇剑川县老百姓都怕牵连

12—01 天灾人祸不断，绥西哀鸿遍野；水淹田禾六万亩余水未退，乡民啼饥号寒负担未减轻

12—02 上海昨宣布戒严，摊贩请愿引起混乱，暴徒乘机破坏并开枪射击，军警出动入晚情势稍好

1947—01—10 旧年关迫近，首都工商业濒危；倒闭商号达五百余家，市参会请拨巨款救济

02—01 政府预防纸荒，报纸减缩篇幅；京沪报纸至多出三大张，各地以两大张为最高额

02—15 东北工矿远景模糊，谢树英称和平建设大有可为，内战继续一切将成泡影

04—21 东北工业困难重重，资金不足原料缺乏运输多阻，盼望政府不要坐待经济崩溃

05—23 内战摧毁了农业，东北今秋粮荒必更严重

06—13 东北厂矿停摆，炮火连天生产成泡影，战争继续工业基础损失殆尽

07—09 停战期满前夕，京各方奔走斡旋，马歇尔忙得无暇进餐

08—21 国运前途万分危险，全面内战空气愈浓

08—23 战火炽烈商谈亦频，三方迭会晤空洞无结果

08—24 参政会驻委会呼吁：停止冲突恢复商谈内战扩大人民已受不了

08—29 商谈政府改组，双方坚持各点均少让步，马帅司徒空劳往返口舌

10—11 两年损毁铁路消耗惊人；工程款可筑江南淮南两路，轨料足铺成渝铁路全线，枕木够粤汉铁路全部更新

10—15 内战中的悲剧：国共军竞向老百姓要人，一家弟兄战场上拼死活

12—01 天灾人祸不断，绥西哀鸿遍野；水淹田禾六万亩余水未退，乡民啼饥号寒负担未减

12—03 沪摊贩骚动平息，全市昨恢复常态；宪警队坦克车梭巡街头，格杀不贷布告惹人注目

12—03 和谈之门未开，冷灶尚有余温，调人与国共双方仍有接触

12—11 大钞发行物价波动，各地粮面飞升金钞尤烈

1948--02—25 灯节之夕谈电灯，举国各地都不亮

03—11 文化城中闹纸荒，平纸厂多因原料缺乏停工

05—26 穷人保护都市巨富，演成今天内乱根源

06—01 北平南迁潮，富户纷纷订机票，工业资本走香港

06—16 无处容身不如归，东北学生想还乡

06—20 通货贬值新现象：北平市场失常，商业交易多毁约；物价上涨望风扑影，零售商本钱越赚越少

06—20 好客故都为何悭客，东北青年受尽奚落；怀仁堂避风雨遭逐客令，学生知礼只好重返长廊

06—22 东北学生的控诉：一边谈抢救一边不收容，食宿成问题，谁的罪过？

07—09 本报沪馆座谈"大学毕业生的出路"；到会的都指是社会问题，政府应负较大责任；不仅大学毕业生没有出路，所有知识分子、整个社会都没有出路

07—21 四川参议会一场激辩：青年党议员请废除党化教育，各党各派一律退出学校；有人反对，拍案大嚷，几乎动武

07—22 烽火中的工业陷绝境，捐税重重下都在慢性销蚀，数字

靠不住，最后同归于尽

07—23 台湾数十吨古铜钱，运沪铸造枪炮子弹

09—03 北戴河海滨人民负担重，农民收入半数被公务员吃掉；八千五百人口供养一百八十警察和职员，政工队无所事事

09—13 蒋经国谈打虎：要组织民众力量与恶势力斗争，牺牲少数人利益谋多数人福利；不能听任上海为冒险家乐园

10—07 抢购之风弥漫故都，粮布市况萧条几陷停顿，商店提前打烊暂避其锋，当局禁止拒售外运

10—09 物价跳跃，物资隐匿，北平商店大部停业，小民惟盼一饱；平当局昨商对策，军警监视下抢购情形好转

10—20 沪上周二"无肉日"，抢购潮仍未退，寿衣奇缺

10—31 工业垂危，成本超过限价；原料用完，久大盐厂暂停工，永利制碱苦支撑

11—01 乱世办报难，沈阳八家报纸六家停刊，青岛各报拟出联合版

11—06 太原战时景色：七岁儿童也编成助战队，公教人员轮流修筑工事

11—08 武汉户口总稽查，两岁小国民也要身份证

11—09 沪市场惊涛骇浪，米价狂涨瞬息万变；抢粮之风盛行，浆糊用粉也被抢；警察出动捕人去讯问

11—10 首都也闹抢米，警察出动开枪弹压，饥民一怒放火焚房

11—16 军事管理尚无确期，资委会属各厂愈窘；工人要煤面生产量大减，无原料补充马丁炉停火

11—18 征兵急如星火，志愿兵昨天抽签，市民纷纷要求缓征召

11—18 察绥军眷两千户移住平津，津市府通令各区代办一万份大饼咸菜，市中停课两周供给食宿

11—18 银根奇紧，大户飞走；人情颓丧，粮价普跌；天津推出多数存货，市场无人问津；各业均抱挨延观望心理，酿成一泻不止

状态

11—19 平扩大民众组训，十八至四十五岁的壮丁均须参加，女店员尼姑女招待妓女由女警队分类编队训练

11—20 乱世一现象：神经病加多，沪各医院满坑满谷

11—21 北方工矿走投无路，资委会补助杯水车薪无助现实

11—21 东北散兵伤患亟待安置，南下轮船天天发生纠纷

11—21 北大经济奇窘，库存仅余千圆；修墙工钱都没有，员工薪俸只发两成

11—26 华北物资统筹运用，剿总令各机关造册呈报，库存物资禁止自行变卖

12—01 台湾恍似桃源，轮机满载来客，返程飞机只一人

12—01 金圆宣布贬值，兑者拥挤不堪，黄金已尽，存单签出，平津央行请总行急运金条银元以应急需

12—05 可怜的胶济路，只剩了三十公里；原长三百九十七公里，因燃料缺乏时开时停

12—06 总统再度召见杜月笙，嘱转告沪市民镇静渡艰危

12—24 人心向背可虑，川省行政会议疾呼收拾民心

12—28 新任三部长坚辞，梅贻琦、林可胜、梅汝璈都不干

大公报这些言简意赅、生动有趣的新闻标题，在吸引读者的同时，也扩大了报纸的影响。

署名、轮岗及其他

报纸发表文字要署作者姓名，有的版面还要署名责任编辑，以示文责。这是现在的人们所熟悉的模式。鲜为人知的是，赫赫有名的《大公报》，发表各类新闻及评论，除了长篇通讯，一概不署作者姓名（特殊情况偶有例外，但往往有名无姓，署于文末）。社评的文责，在前面已经论

及，那是代表大公报的，所以概不署名。《大公报》早期的通讯，作者只以小字号署名于文尾。而以较大字号显著排于标题之下的做法，据新记早期大公报记者汪松年说，始于范长江的西北通讯，是报社老板有意助范成名。以后才沿用成为固定模式。

《大公报》发表新闻不署名，一方面体现这些新闻为客观事实，作品是团体成果，不鼓励个人名利，另一方面表示大公报对此负责，以保护记者与新闻来源。（由于新闻专电不署名，今天重读《大公报》，即使是熟悉当年情况的大公报人，要清楚地分辨出报道出自哪一位之手，也比较困难，何况一般读者。）这一点，在当时新闻竞争与当局钳制舆论的背景下，有重要意义。后文会说到。

至于通讯署名，是因为那时记者写通讯时，往往融入一些个人感受、思考，甚至直接发表议论，主观色彩比较明显。本书前面各章节引述的许多大公报记者的报道中，就有清晰的印记。（这点请读者特别留意，后文引述的《大公报》报道，类似情况很多，鲜明地体现了大公报人的思想、感情倾向，有助于今天的人们更好地认识大公报。）或许正是因为有主观因素，大公报记者自己也不把通讯视为专业意义上的新闻，但他们当中的许多人很擅长写通讯，也往往因此而成名。大公报驻国内外的特派员，都是写通讯的高手。

特派员是大公报记者中最高一级的职务，是派驻各地的骨干记者。1947 年，大公报公布职工名单，全社 346 人，其中自总经理胡政之以下，至驻外办事处特派员等高层职员共 16 人，可见其地位。在报纸上署名加"本报特派员"，由总经理、总编辑决定，并同时加薪。张高峰回忆说，他到东北后，见报署名才知道自己"晋升"了。而这个晋升，又与他在报社不同岗位上的历练有关。

大公报有一个不成文的规则，即内外互调，轮岗培养。记者在一个地方做通讯员或外勤，跑新闻，如果表现不错，报社认为有培养前途，就会调回编辑部做编辑工作，选稿件，做标题，安排版面，一段时间后再外放各地，有的就成为特派员。有的特派员工作一段时间可能再调回报社做要闻编辑或编辑主任，也有的则成为经理部的骨干。张高峰曾在大公报渝馆做通讯员和外勤记者，后调津馆做要闻编辑，再到北平办事处做记者，派驻东北时就是特派员了。大公报人中有这样经历的很多，如北平办事处主任徐盈，做过重庆大公晚报的要闻编辑、渝馆编辑主任；同为大公报东北特派员的吕德润后来调沪版任要闻编辑、台北办事处主任；抗战胜利前夕朱启平作为特派员随美国太平洋舰队采访，回到上海做了沪版要闻编辑，高集在渝馆做过记者、编辑、采访主任，后调南京办事处副主任，再回沪馆任本市新闻版主编，……这样做的目的，是为了使骨干人员既懂得采编业务，又体会各自甘苦，成为多面手的同时，学会采编协调。特别是做过记者，知道新闻采写来之不易，当了编辑尤其尊重记者来稿，会精心安排版面，制作标题，把报纸"打扮"得赏心悦目。

大公报一项独有的制度是，对记者的稿件，除非有重大差错，编辑部一般不做修改而照登，意在尊重记者的劳动，也保护记者的积极性。据说，某次，范长江发回的一篇稿子过长，编辑不敢擅动，请示胡政之，胡看过，只说了四个字，"议论全删"，保留的还是新闻事实。这算例外，也体现了大公报的办报理念。

记者写稿子，都有自己的习惯，字体更是五花八门。例如子冈，从来都是龙飞凤舞，不熟悉的人很难一一辨认。这就需要编辑的耐心和精心。如果印出的报纸出现了差错，记者没有责任，按照大公报的规定：稿子有误，编辑负责；排印印错，唯校对是问。职责分明，出错要按字数扣薪。如果超过一定字数或者屡次出错，那就面临除名解职了。当然，大公报也有几位做了一辈子编辑的优秀人才，他们对稿子的选择、处理，颇有独到之处，许多老记者谈起他们，都很敬重，彼此不仅是同事，更是朋友。

至于采编人员出掌经营管理部门，更说明大公报是以办好报纸为中心的。经理部的领导者出身于采编，才更懂得如何为编辑部服务，为采编顺利运行提供更好的保障，并最终把采编成果推销出去，实现报纸的发行与广告收入，形成良性循环。大公报高层管理人员胡政之、曹谷冰、王文彬等，都曾是采编高手，不仅精通经营管理，而且写得妙笔文章。

自由、独立的记者、编辑

作为一张民间报纸，大公报没有党派色彩，没有官方使命，更没有商人身份，是一群志同道合的知识分子组合，以"文章报国"的情怀，"文人论政"的方式，以各界知识分子为主要读者对象，报道新闻，批评时政。这些特点，决定了在它的编辑部架构中，虽然有主任、总编辑作为各级负责人，但在实际运作中却没有什么"统一部署"，也就谈不上什么"贯彻指示"。因此，它的编辑、记者都很自由。

从"合则聘约"到"信马由缰"

大公报的新闻稿件来源，一是记者，二是通讯员，前者少而精，后者则多多益善，并且成为其选聘记者的重要来源。范长江就是从特约通讯员起步，因西北通讯而名声鹊起，正式入职大公报，成为著名记者的。

抗日战争时期，大片国土沦丧，大公报偏居陪都重庆，虽然事业发达，但自己的记者却有限，许多新闻都是来自聘约的通讯员。即使在抗战胜利后四馆并存，人强马壮的条件下，大公报的通联工作仍是重要方面，否则，那么多的版面仅靠记者支撑也是困难的，更何况通讯员提供的信息比记者更加广泛、丰富。

张高峰在大公报的成长经历就很有代表性。

他回忆说："我入大公报，没有任何人事关系，可谓'两眼一抹黑'。完全是靠投稿，先做通讯员，然后正式入馆的。大公报内部有无派别，我不知道，反正我不属于任何派别，也没有人来拉我加入某党某派。我只管给报社写新闻，从报社领工资。"事实确实如此。

1940年秋，正在乐山武汉大学读书的张高峰，读《大公报》时看到招聘西川通信员的启事，要求"投稿三次，合则聘约。"他对大公报仰慕已久，是它的忠实读者，更希望通过他认为的这张"为老百姓说话的报纸"实现自己的新闻理想，于是欣然积极应聘。他精心采写了几条地方新闻，寄出第一次投稿。事后又想，内迁川西的大学很多，应聘者必定不少，感到自己没有把握和希望，便放弃了第二次投稿。不料，忽有一天，接到重庆大公报通信课寄来的聘书："兹聘请台端为本报西川通信员"，并有两条附注，一，以稿计酬，二，双方得随时解除聘约。前一条的意思是，没有工资，不算正式记者；后一条有讲究，就是说，大公报可以随时解聘他，他也可以随时不再给大公报干，双方的权利是平等的。

成为大公报通讯员以后，张高峰积极工作，基本保持每周至少发一次稿。写什么，完全由他自己选题。譬如，当时武大所在的乐山县，沿岷江至犍为、宜宾一带，有许多因为抗战从沿海内迁的工厂，包括从天津、上海迁来的几个大厂，如著名的永利碱厂、久大盐厂、黄海研究社、中元造纸厂等。他就有意识地注意采写这些工厂的新闻。特别是中国化学工业先驱、抗战中始终坚持生产、科研，且与大公报有深厚情谊，并称"天津三宝"之一的"永久黄"的新闻，《大公报》都用大字号或加花边显著刊出。此外，《大公报》还特辟了一个栏目"西川简讯"或"乐山简讯"，每次刊登张高峰所发的三五条短消息。

由于稿子大部分都被大公报采用了，更增强了张高峰的信心，愈加努力工作。大约不到半年时间，他又向报社提出，希望发给一张官方承认的"收报人付费新闻电报凭照"，以便及时向报社发专电，加强报道的时效性。报社居然同意了，很快就寄来了凭照，发报地点列五处，宜宾、五通桥、乐山、雅安和西昌。同时还特别写信提醒说，"这是对你的破格待遇，希望努力工作。"

大公报用人不问资历，唯才是举，合则用，不合则去。张高峰是他们连面都不曾见过的青年学生，却成为大公报第一个有权发新闻专电的通讯员（大公报惯例，专电都由它的记者所发），实际上成为当时大公报唯一的"以稿计酬"的记者。大公报如此信任、厚待，促使张高峰更加认真为之工作，争取早日成为它的正式记者。

1942 年秋，张高峰从武大毕业，大公报即聘他为战地记者，赴中原采访，后来就有了那篇《豫灾实录》以及由此引发的《大公报》停刊事件。1944 年夏，张高峰报道中原大战后回到重庆，报社不仅没有因为其曾经"惹祸"责怪于他，反而在桂林大公报人马撤退重庆，报馆一时人满为患，不好安排他工作的情况下，资助他重返武大学习，继续兼顾川西报道。张高峰不辱使命，深入西康，两走岷江，写出了鲜为人知的彝族地区现状和岷江流域内迁工厂对抗战贡献的多篇报道。1945 年抗战胜利后，他先到大公报渝馆做外勤记者，再调津馆做要闻编辑，后派北平办事处，1946 年 6 月即作为特派员常驻东北。

张高峰回忆自己的这段经历时说：

从 1940 年到 1949 年，我为旧大公报工作了九年，经历了抗日战争、解放战争，曾经在四川、西康、陕西、河南、安徽、重庆、天津、北平、沈阳、长春、承德等地采访。我没有接到过报社任何领导的任何指示，……虽然报社没有人给我讲过什么"办报方针"，但我有自己做记者的原则和信条，那就是必须忠于新闻事实。撒谎的记者最终会失去读者，自己垮台。我在旧大公报工作了九年，竟没有开过一次记者会议、编辑会议，大家只是埋头工作。现在看来简直是怪事。更奇怪的是，不论在报社所在地采访，或派往外地采访，大公报从未向我发过任何指示，总编辑、副总编辑都未与我通过信。我像是断了线的风筝，采访活动可以说是信马由缰，没有人约束我，采访什么、怎样写，都由我自己决定。我从各地发出的专电或通讯，上海、重庆、天津三版几乎没有不刊出的，在文字上也几乎没有改动。例如，内战期间，我写报道提到中共军队时，按照国民党政府的"戡乱动员令"，应该称"共匪"，我却一直称"共军"，编辑部也从未更改过。因此我感到，在大公报工作没有什么强制约束，心情舒畅，可以大胆工作，很自由。同时，也可以说，如果没有报社的支持，我也会失去在报道中一再"闯祸"，与国民党当局对抗的勇气了。"

有两段对话，可以为张高峰所说的"信马由缰"做注解：一是有人曾问王芸生："大公报怎样保证记者采写出好新闻？"王芸生回答三个字："发路费。"二是王芸生临终前，有人问他："大公报怎样培养记者？"王芸生的回答还是三个字："撒手干！"随后又补充了"信任"两个字。话虽短，含义深。

"信任"的前提是识人。大公报用人不计学历、不问出身，唯才是举。握有人事大权的大公报总经理胡政之甚至说过："不怕你有九十九分短处，只要有一分长处我就能用你。"这"一分长处"就是指对大公报有用。当然，你首先必须是块"材料"。事实上，大公报许多名记者都不是新闻科班出身，有的甚至没有大学学历，都是借助大公报这个平台成才的。譬如，范长江、子冈都没有读完大学，徐盈、吕德润、张高峰虽然大学毕业，但分别学的是农业、财会、历史，朱启平先是学医，后来改行，但他们都热爱新闻工作，有追求，肯努力，且出成绩，所以大公报充分信任他们，放手让他们发挥所长，自由写作，不仅为大公报赢得了声誉，也逐步形成了各自的风格，成为著名记者。可以说，大公报为他们的成名创造了必要条件，他们也为大公报的辉煌作出了贡献。

"撒手干"就是不干预，拿成绩说话。做大公报记者，不要指望领导给你出题目，也没有编辑给你搞策划，全凭自己去跑，去发现。抓不到好新闻，写不出好稿子，甚至每天不发若干消息，一段时间没有重头报道，就很难"混"下去，不自己卷铺盖走路，也会被解雇。萧乾先生讲过一个故事：他初到大公报时编副刊，曾对胡政之说，希望有机会去跑跑新闻。某日，胡要他去法院旁听一个案子的审判，写一条消息，并告他不必声张，稿子直接给胡。萧去了，看到一位大公报同事也在场，便依嘱没打招呼。次日，他写的稿子见报了，没几天，那位同事却被辞退了。萧乾对胡政之"借刀杀人"很生气，却懂得了大公报不养"圣（剩）贤（闲）人"，没有"铁饭碗"的规则。

"发路费"的意思是提供物质保障。信任是精神鼓励，工资福利是劳动报偿。新闻是"跑"出来的，在某种意义上甚至是"钻营"出来的，没有钱怎么可能？所以，大公报记者不仅有薪酬，而且有车马费、茶水费、应酬费，差旅费自然更不在话下。只要记者抓到好新闻，大公报不吝惜成本。

有了老板的信任，有了"撒手干"、"发路费"，才有了"信马由缰"，大公报记者的独立、自由，是建立在必要的前提之下的。

数馆并存"自行其是"

做记者如此"自由散漫"，大公报各分馆也是"自行其是"。

大公报历史上，数馆并存的状况几度出现，时间长短不一，以抗日战争前期变动最为频繁，也彰显了大公报人坚持抗战，筚路蓝缕的创业历程。

新记公司开张后十年的 1936 年 4 月，大公报上海版创刊，有了第一家分馆——沪馆，与津馆并存一年多。

1937 年七七事变后，日军占领天津，大公报津馆"义不受辱"，于 8 月 5 日毅然停刊，但仅仅一个月后，在"九一八"国耻纪念日，《大公报》汉口版创刊，接续了天津版，这就是大公报历史上存在时间最短的汉馆。

同年"八一三"淞沪抗战爆发，上海大公报坚持了四个月，12 月 14 日以一篇《不投降论》的社评"暂别上海读者"。沪馆闭，港馆开，1938 年"八一三"一周年纪念日，大公报香港版创刊。10 月，武汉失守，早有准备的大公报立即关闭汉馆，开设了渝馆。这样，汉馆与沪馆、港馆并存分别只有三两个月。

1940 年，面对日军疯狂南进，考虑到香港可能不保，为留退路，大公报开始筹办较为安全的新馆，这就是 1941 年 3 月创刊的大公报桂林版。渝、港、桂三馆并存了八个多月。12 月，太平洋战争爆发，日军占领香港，《大公报》港版停刊，人马转移到桂林。大公报桂馆与渝馆并存的局面持续了三年半,时间最长。

1944年豫湘桂战役,日军大举南下,9月打进广西,桂林大公报被迫停刊,人员撤退到重庆,直到抗战胜利,大公报渝馆成为硕果仅存的一枝独秀。

1945年日本投降,大公报胜利复员,保留渝馆的同时,于同年11月、12月和1948年3月,先后恢复了津馆、沪馆和港馆,最终形成以沪馆为中心,四馆并存的格局。其中,沪、津、渝三馆并存达三年多。

大公报数馆并存局面的出现,既有战乱迫使的因素,更有发展事业的图谋,在这一点上,大公报人上上下下是有共识的。但同时,它也带来了各馆"自行其是"的问题。这中间,既体现了"同人办报"的自由主义风气,也显示了各馆负责人不同的办报理念乃至政治倾向,而且隐含着某种人事纠葛——即张季鸾与胡政之的矛盾带来的影响。当然,前者是主要的,但后者也不可无视。

1937年淞沪抗战爆发后,张季鸾与胡政之分赴汉口、香港,筹办新馆。此后,张主持汉馆、渝馆,胡主持港馆、桂馆,各有一班人马,各有办报思路,形成事实上的两个体系,"自行其是"已初现端倪。1941年张季鸾病逝,胡政之才移居重庆,全面接掌大公报。形式上统一了领导,实际上仍无法弥合某些分歧。

"自行其是"的问题,在渝、桂及沪、津、渝、港几馆并存时间最长的两个阶段,表现尤为明显。

抗战时期,渝馆、桂馆的不同,一方面是由于离"中枢"远近不同、管制不一,另一方面也因为主持者倾向各异。渝馆由张季鸾一手拔擢的王芸生掌控,偏于执中;桂馆由胡政之着力培养的徐铸成主持,略显激进。当年,子冈描写战时重庆社会底层小人物的系列通讯、张高峰报道中原大战国民党军溃败的消息"洛阳烽火"等,都是渝版不发而由桂版突出处理的。子冈的通讯更被誉为"重庆百笺"而脍炙人口。徐铸成先生回忆说:"这些通信,大概都是重庆版的'漏网之鱼',有的,甚至渝馆高层特别来信'关照',我们还是照样刊出了。"(见《挥戈驰骋的女斗士——子冈和她的作品》序，北方妇女儿童出版社 1987 年版。）

1944 年豫湘桂战役后，桂馆人马撤退到重庆，渝馆一时人满为患，人事纠葛也就显现出来了。王芸生不愿他人插手渝版业务，于是安排桂馆人员去了创办不久的重庆大公晚报，由徐铸成主持。晚报对开半张，只有两个版，前面是新闻，后面为副刊，徐铸成除了每周给日报写一两篇社评，每天审看两张晚报大样，倒是悠闲，却也苦闷。渝馆还以不同理由开除了几个桂馆重要骨干，徐铸成称之为"杀鸡儆猴"。为此，胡政之还专门找徐谈话，要他"了解寄人篱下，处处以忍让为先。"（徐铸成语）好在渝馆许多记者愿意为之写稿，晚报办得有声有色，并且不时有刺痛当局的文字。徐铸成回忆说，蒋介石电邀毛泽东到重庆的消息，就是《大公晚报》最先发出的。因此种种，王芸生曾气恼地说："大公报就像一个蓄电瓶，好不容易充满了电，却让晚报不断地漏电。"

抗战胜利后，大公报沪馆最早复刊，徐铸成"如鸟脱笼"飞去主持，虽然最初人手少，稿件缺，但他们一方面自采新闻，自撰社评，另一方面寻求大公报派驻各地记者的支持，多年后，徐铸成先生回忆说，当时"正值多事之秋，……我们的态度特别鲜明，子冈、徐盈、高集、曾敏之、张高峰等都以渝版刊不出的真相，电告上海，我们显著刊出，并配以义正词严的社评、短评。可以毫不夸张地说，当时的上海大公报是突破了一些新局面的。"（出处同"子冈作品"序）《大公报》沪版版面明显比渝版偏左，胡政之不得不提醒徐铸成注意，免得招惹是非。1946 年 4 月，王芸生飞沪，徐铸成次日即辞职去了文汇报。

事实上，大公报沪、渝、津、港四馆并存期间，管理上是一家，但版面倾向不同，王芸生所写社评虽然代表大公报基本立场，也并不必须一一转载，各馆总编辑都写各自的社评。对于稿件，各馆也有自己的选择，或用、或删、或弃，并无统一标准（这从同一记者的同一篇稿子在不同地方版面的处理上可以清晰地看出）。如果说有共同之处，那就是坚持了"文人论政"的追求和客观报道的原则。

1948 年以后，国内局势急剧演变，大公报各馆编辑部之间不同的政治倾向日益显现，各版的编辑方针也不尽一致，比较而言，津馆、渝馆相对"稳妥"，沪馆、港馆略显"激进"。但有一点，即反对内战，批评当局，反映民意，各馆是趋同的，只是程度上略有区别。在这个意义上，大公报与国民党之间的矛盾日渐扩大，彻底分道扬镳的日子已经不远了。

以上所述，除去人事纠葛的因素，都表明，大公报作为同人报纸，确实充分尊重了知识分子的自由、独立精神，如胡政之谈及与张季鸾合作多年时所说，彼此"尊重个性"。惟其如此，大公报才有了曾经的辉煌。研究和评价大公报，不能不注意到它的这一特色。

大公报人的职业精神与追求

从新闻专电到"来函照登"，从长篇通讯到短新闻、好标题，大公报人对新闻报道的精益求精、刻意编排，体现了职业报人的追求。不过，读者还可以从中清楚地看到，即使是职业报人，由于他的社会阶层属性、个人价值观念和政治态度、立场，其新闻作品也不可避免地带有主观倾向。换言之，在政治现实面前，大公报追求的"中立"、客观立场，不可能是超然或"纯粹"的。

大公报与新闻专业主义的异同

有论者说，大公报奉行新闻专业主义。这应该是研究者的结论，而非大公报人自己所说，至少在笔者认识和了解的老大公报人中，没有听到过这样的说法。

"新闻专业主义"最早出现在美国，源起政党报纸解体后，新闻界逐步建立起来的"为公共服务"的理念，即新闻人追求的目标是服务于全体人民，而不是某一利益团体。由此，新闻报道的中立性和客观性成为其主要特征。如果从这个定义考察，说大公报奉行新闻专业主义，倒也契合。

保持报纸的中立性和客观性，需要前提条件。首要的一点就是言论自由。没有言论自由，受制于某一利益集团（政党、政府或团体、个人），报纸不可能中立，报道不可能客观。因此，第二个前提条件就是报纸本身有足够的经济实力，甚至可以不完全依赖广告，也能够赢利。（新记大公报初创之时，很少有广告收入，发行也不过两三千份。因为没有影响力，连影剧院的广告都不肯在大公报刊登。胡政之不得已，派人每晚到各电影院、戏园门口抄录演出剧目，义务刊载，以招揽客户，"历时甚久，方能收费少许。长期广告，绝无仅有。"但是，由于报道真实，立论公允，报纸发行迅速扩充，一年之后已达五六千份，广告也才随之而来。）总之，报人没有政治上、经济上的后顾之忧，写报道，发言论，才可能坚守中立，保持客观，畅所欲言。

就新记大公报而言，它的"四不"（不党、不私、不卖、不盲）社训，与新闻专业主义是吻合的，特别是"不党"与"不卖"，使其在政治、经济上保持了相对独立的地位，从而在言论、报道中体现了相对的中立性和客观性。

但是，如前所述，在当时动荡的中国社会历史条件下，报纸要完全做到"中立"与"客观"几乎是不可能的。即使大公报自身有追求，客观条件与环境也迫使它不能不做相应的调整或让步，更何况，大公报人是一个群体，多种因素使其呈现多样表现。特别是在新记后期，长年的战乱和国民党对舆论的钳制，使得原本温和的自由知识分子也发生了转变，相当一部分大公报人逐渐左倾，所谓"中间偏左"就是具体表现。张季鸾去世后，胡政之重申的大公报社训，保留了"不私、不盲"，没有了"不党、不卖"，绝非偶然。不过，直到新记大公报终结，总体而言，大公报人的职业追求还是"为公众服务"，还是公正、客观、理性。

大公报有自由主义的传统作风，大公报人信奉自由主义，其最鲜明的特征就是文人论政，文章报国，本人民的立场，是其所是，非其所非。"不求权，不求财，并且不求名。""以锋利之笔写忠厚之文，以钝拙之笔写尖锐之文。"（张季鸾语）"我们的最高目的，是要使报纸有政治意识而不参加实际政治，要当事业做而不单是大家混饭吃就算了事。……文人报国有心而回天无计，于是寄希望于白纸黑字的报纸，把内心的蕴藏去告诉人家。其用心，实在有'还其谊不谋其利，明其道不计其功'的苦况。"（胡政之语）论政而不从政，公开批评而不介入权力之争，保持知识分子"批评政府的民间独立地位"。这一点，大公报人基本做到了。

从情怀、志趣看敬业

自由知识分子崇尚个性，讲情怀，重志趣，大公报人亦不例外。而且，由于职业关系，他们的个人情怀、志趣又大多与公众有关。

譬如，强烈的爱国情怀，几乎是大公报人所共有的，特别是在抗日战争时期，表现尤为突出。张季鸾、胡政之都是留日学生，知日派，但他们也是坚决的抗日派。1937年卢沟桥事变，日寇占领平津，天津大公报义不受辱，断然停刊。张季鸾赴武汉创办汉口版，胡政之去上海准备关闭沪馆。两人分手时，胡政之说："我们多年来预料中国对日一定要抗战，而抗战一定要牺牲毁灭；但是抗战之后一定能复兴。我们的报是与国家休戚相共的。汉口开馆，就是预备复兴，而上海报必然是毁灭的。愿我兄领导复兴事业，而我在上海办毁灭的事。"这番话可谓大义凛然，掷地有声。此后大公报沪馆、汉馆、港馆、桂馆相继毁于战火，几度播迁，但大公报鼓吹抗日的声音从来没有中断过，大公报人宣传抗日的热情从来没有削减过，直至抗战胜利。大公报是爱国的，这一点得到过周恩来的充分肯定。

再如，鲜明的大众情怀，是多数大公报人所具备的，这在《大公报》多年的报道与言论中有充分体现。惟其如此，它才产生了广泛的社会影响，受到广大读者的青睐。当然，抗战胜利后，在中国两种命运决战的日子里，大公报人这种"超然"的"大众情怀"常常表现为"分不清是非"，

"政治上糊涂"，特别为国共双方所不满，更成为其日后被批判的重要因素。但即便如此，大公报人体察民情，反映民意，为民请命的出发点不能说没有进步意义，更不能说是"反动"的。

从职业角度出发，大公报人理所当然追求写好的新闻、编好的报纸，因而，他们的个人志趣往往有共同点，譬如广交朋友，譬如各有专长。

张季鸾的朋友多，尽人皆知，而且影响了大公报的后来者。大公报许多著名记者都有广泛的朋友圈，上至达官显贵，下至贩夫走卒，左、中、右不论，上、中、下"兼容"，都能够聊得来，谈得拢，而且可以保持多年友谊。通过这种广泛的"人脉"，他们不仅能够从各个层面、不同角度了解社会，洞悉时局、体察民情，而且能够迅速获得有新闻价值的信息，及时报道给读者。张高峰曾经回忆说："那个年代，人们关注局势发展，获得信息的主要途径就是报纸。因此，要争取读者，就要抢新闻、抓独家。大公报是当时社会影响最大的民营报纸，做它的记者，必须学会建立一个尽可能严密、周全的个人'关系网'，帮自己'兜'住各种信息，无论轻重大小。没有这个网或网不严密，就可能漏报重大新闻。……抗战以来，我先后在中原、川西、重庆、平津和东北采访，每到一地，必先'拉网'。是战区，侧重军事机关；在地方，联络政府首脑；不仅与高层交往，以获得权威信息，而且与其中下级（如助手、秘书）、社会各界各业人士、乃至同乡、同学、同业交朋友，广设人脉，网布四方，以保证抓到最新、最快的消息。来自中下层，特别是底层的信息，虽然并不'权威'，但却更真实，往往可以补充、修正'权威发布'的不足与错误。"从后来笔者所见大公报人私人通信中，这样的"朋友圈"、"关系网"，在几十年后仍在发挥着积极作用。这也正是许多老大公报人晚年多从事文史资料征集与研究工作的重要条件。

至于专长，可以随便例举若干大公报人：张季鸾堪称典范的时政评论、王芸生撰写言论之外对日本问题的研究、徐盈精辟的经济分析、子冈脍炙人口的社会新闻，吕德润、张高峰引人入胜的战地报道、朱启平、曾敏之可以作为教材传世的通讯佳作……这些个人专长的汇集，成就了大公报的辉煌，是大公报得以闻名的重要因素。

记者、编辑的个人情怀、志趣体现在工作中，就是兢兢业业，恪尽职守。在这点上，创办者之一的张季鸾为大公报人树立了一个榜样。

众所周知，报纸都是夜间排版、印刷，清晨上市。张季鸾身体羸弱，却经常通宵达旦地工作。一般情况下，他晚饭后即到编辑部，先看准备见报的新闻稿，而后讨论或构思当日社评的选题。他有深夜会客的"癖好"，与访客海阔天空地聊新闻、谈时局，获得信息的同时，考虑日后的报道。客人走后，报纸大样也已经排好了，如果当天由他写社评，张季鸾在浏览了大样要闻之后，可以边构思边写作，排字房的工友站在旁边等候，张写好几百字，工友即拿去付排；续稿写完，前稿也排好了。张季鸾自校自改，各分段落，一气呵成。遇有重大新闻发生，深夜或凌晨获得最新消息，如果需要临时抽换社评，即使报纸大样已经排好，也要另行撰稿，张季鸾照写不误。1940年以后，张季鸾身体每况愈下，执笔为文已显困难，仍抱病主持工作，口授言论题目，重要社评还亲自撰写。胡政之说他："生活兴趣极为广泛，无论任何场合，皆能参加深入，然而中有所主，却又决不轻易动摇。生活看起来似乎很随便，而实际负责认真，决没有文人一般毛病。在编辑时往往题目一字修改，绕室彷徨到半小时，重要社评无论他写的或我写的，都要反复检讨，一字不苟。重要新闻如排错一字，他可以顿足慨叹，终日不欢。这种精神实在应该为后来同人取法。"

张季鸾认真负责地办报，确实影响了后人。前述徐盈打电话口述新闻即是一例。大公报每天发稿量很大，驻各地记者几乎每天都必须写几条新闻供版面使用，遇有重大新闻，一天写几千字也是常事，想偷懒是不可能的，除非你准备自己"卷铺盖"。如此大的工作量，还不能草率发稿，敷衍了事。笔者所见，大公报诸前辈晚年为文，虽然早已远离新闻，但对稿子的精益求精依然"斤斤计较"，时间、人物、地点、背景，事情的来龙去脉，即使某个细节不弄清楚，也不会轻易放过。由此可见，他们年轻时养成的这种习惯和作风，保持了几十年。

话说"中间偏左"

大公报是民间独立的、知识分子组成的同人媒体，向以"客观、公正"为宗旨，但在中国社会面临重大历史转折之时，也不可避免地发生某种改变。面对执政与在野的国共之争，大公报与当时的一些知识分子一样，曾一度鼓吹所谓"第三条道路"，以"有别于"国共两党及其舆论机关。作为它的记者及其报道，也大体因循此道——尽管大公报从不曾对编辑、记者下达过"指示"、"要求"之类。

新闻报道以真实为第一生命，真实的重要前提是客观。但是，记者对新闻价值的判断、素材的选择、乃至文字的表达，却又不能不受主观意识（包括政治倾向）的支配，由此产生报道立场问题。总体而言，抗战胜利以后，大公报人对国共之争与内战问题的认识，一如对中国社会其他问题的认识一样，不能不受到当时的社会历史条件、自己所受教育以及新闻理念、职业追求的影响，其政治立场在某种程度上是趋同的，即所谓"中间偏左"立场。

余生也晚，深入接触到的大公报人有限，更不能妄自揣测他人心理，这里引述一段先父张高峰在"文革"中的"检讨"，看他如何剖析自己在内战时期的政治立场与态度：

> 战争一开始，我就认为那是国民党依靠美国搞起来的内战，而美军又在中国横行霸道。出于民族自尊心和爱国思想，我非常反对内战，反对美蒋。可是，因为我是资产阶级的新闻记者，也就同时具有资产阶级的反动政治观点，所以，我又把内战看成是在朝的国民党与在野的共产党之间的"党争"，似乎都是为了一党私利，这个认识不仅荒谬而且反动。在我看来，内战的主要责任在国民党，但共产党也不是没有一点责任。因此，要反对内战，首先应该反对国民党，同时也要向共产党做必要的呼吁。我以为，这样才是一个记者的"公正"态度。其实，这是最不公正的反动态度，因为它混淆

了是非，对国民党和共产党不加根本区别，从而对国民党发动内战的非正义性和共产党进行解放战争的正义性也就不能加以区别了，而是含混、笼统地把这场战争看成了不义的内战。

毛主席教导说："中国共产党是坚决反对内战的，就我们自己的愿望来说，我们连一天也不愿意打。"可是，"如果蒋介石一定要中国人民接受内战，为了自卫，为了解放区人民的生命、财产、权利和幸福，我们就只好拿起武器来和他们作战。这个内战是他们强迫我们打的。"毛主席的教导清清楚楚地指出了国民党是内战的罪魁祸首，共产党是被迫作战的，没有任何责任问题。我对内战的看法，完全违背了毛主席的教导。我虽然也反对内战，却在反对国民党的同时，还要向共产党做"必要的呼吁"，实际上就是把共产党也作为内战责任的一方了，客观上解脱了内战罪魁祸首国民党的罪行。

解放战争期间，我的政治态度，先是幻想走"第三条道路"，做一个"不偏不倚"的新闻记者。后来随着形势的发展，眼见国民党搞得一塌糊涂，日益不得人心，终有垮台之日；而共产党越战越强，声势越来越大，很可能战胜国民党，因此我的政治态度转变为"中间偏左"，即对国民党不抱任何幻想，对共产党则"靠而不紧"。具体表现是，一方面揭露国民党统治的腐败、罪恶，另一方面与共产党朋友保持着友谊，能帮助的地方就帮助，不能帮助也绝不出卖朋友；写报道时，凡涉及中共军队一律称"共军"，而绝不按照国民党的要求称之为"共匪"（当时我认为，共产党是一个政党，代表人民掌握着一部分政权，称之为"匪"是对它的污蔑。何况我还有共产党朋友，称朋友为"匪"，于情于理都讲不通），等等。但同时，我也没有主动要求为共产党朋友做些什么。我的这种态度，正如毛主席教导的那样，认为"国民党是不好的，共产党也不见得好，看一看再说。"（见《毛选》四卷 1489 页）实际上还是抱着"第三条道路"不放，想做无党派的记者，这是一种政治投机，也是掩盖了自己"实右"的本质。

　　我对国民党的统治不满，特别是日本投降以后，我像许多知识分子一样，把希望寄托在共产党身上，因此我也愿意靠拢共产党。但我毕竟是资产阶级知识分子，具有以"我"为核心的资产阶级世界观，我只能与共产党人交朋友，却不能参加共产党去搞革命，仍始终愿意做一个无党派的"不左不右""清高、超然"的新闻记者，所以我对党采取了机会主义的态度。1946 年初，范长江以中共高级干部的身份秘密到北平见我，向我了解国民党的有关情况，我也只是如实做了回答，而没有主动提出为党多搜集一些情报。这都是我对党"靠而不紧"的表现。直到平津解放前夕，尽管我参加了一些中共地下党的活动，但仍抱着这种态度。可见资产阶级反动立场的顽固性。

　　不可否认，张高峰的这番"检讨"，有当时政治压力的因素，更有自我贬低的成分，但其中的逻辑思维清晰，基本符合实际。如果说，这番"检讨"是以后来的思想认识以前的事物，难免时空落差，那么，请看 1946 年 6 月内战爆发之初，张高峰在大公报公开发表的报道中是怎样表述的：

　　　　东北的局面是谈谈打打，打打谈谈，弄得老百姓头昏眼冒花，他们认不清是谁先打谁，只以为今天的内战是争地盘。至于政权是什么，他们不懂。"我们夹在中间了！"老百姓常这样说。

　　　　从去年国军入关就在打，断断续续打到今天。究竟打死了多少人，无从统计。我只知道政府又在东北招募新兵六万人，共产党也在征兵，但数目不详。被敌人压榨了十四年的东北人该多需要安定，不幸今天又要去当内战的炮灰。他们对祖国多悲哀，对胜利多失望！"怎么还打内战呢？"老年人、年轻人都在发这样的疑问。这有谁能解答呢？

与张高峰同在东北的吕德润，1946年4月、10月，内战全面爆发前后，在他的两篇报道中写下的内心独白，似乎更能说明他的心态：

> 我不知应祈祷谁来解决这个问题，今夜的沈阳又停了电，街上一片漆黑，桌上一条颤抖的烛光，外面是戒严了，连狗吠声也听不到，在黑暗里人们常常想起鬼来，于是我祈祷那些在内战死掉的冤魂，今夜应该分批出动，给那些有力量作践你们的政治家军事家们托梦去，告诉他们，你们是人！你们死的委屈，你们现在还没闭上眼！求他们开恩饶恕了你们未死的父老兄弟姊妹们！"

> 现在我们国家看起真富得像不在乎钱似的：枪炮尽管放。我们国家看起来又最穷：用在建设方面斤斤计较，很怕浪费。现在是全国大打了，每天双方动员至少有一百万吧，连吃穿住、放的枪炮在内，每天花多少钱？而且那些人民受内战影响损失的，和用了全身之力结果一个枪子便完了一生的有多少？假如把这些财力物力都用在建设上，这是人人都会叫好的事。……当然，政治家们军事家们也许说，我们打完了再建设，将来也许更好。好吧，不过在寒冷的日子，人民挨冻是会诅咒战争的。

即使是引述报道对象的话，吕德润也流露出记者对新闻素材的主观选择：

> 东北人和我讲过："十四年中也没有看到什么党，我们等了你们十四年，你们来了，你们逼着我们打仗！"一个东北人说："日本人统治的时代对一般老老实实的人民不过是让他们流汗，而慢慢的死！难道胜利后的中国非逼着人民上刀山吗？日本人在的时候，没打！难道日本走了，自己打吗？"在沈阳，有人喝醉了后大哭起来。有一个是一位中年人，他说流浪在关内的孩子，十四年了，连他母亲的

坟还没有看到。我们这些当父亲的，又要流浪逃亡了。我们连祖坟也要丢了！这位还作了打油诗，诗中更是满腔悲愤，其中有一段是："等了十四年，一场空喜欢，我们流血泪，别人争江山……"

如果说，张高峰、吕德润作为无党派的记者，对内战的认识还比较"糊涂"，那么，作为中共秘密党员的徐盈，又是怎样想的？1946 年 4 月，徐盈随军调小组到东北采访，他写道：

> 站在沈阳街头，坐在美军给我们的吉普车上在各处走，看一看在这次战争中翻身的苏联和没落的日本，想一想在夹缝中的中国人，要怎样来求今后的自处？是战争，还是和平？……以东北的资源、人力，建起一个征服世界兵工厂的黩武者之梦是幻灭了。制造兵器的机关如今怎样来转化为和平服务呢？……每个到东北来的人应有一个起码的认识，祖国不应成为日本的统治方式的接管者。十四年奴隶生活的解放者，要来接种民主，不要来接种战争。

总之，反对内战、同情百姓，大公报记者的立场和心理显而易见。这与他们的新闻理念与职业追求并不矛盾，也没有影响他们报道的客观性与真实性。

"新闻检查"与记者抗检

大公报不时批评、讽刺当局，国民党当然不高兴。不独大公报，对各家报纸几乎"无孔不入"的消息来源和近乎"肆无忌惮"的报道，国民党都很恼火，它的"制裁"办法就是利用新闻检查制度钳制舆论。而各报和记者们则千方百计设法"抗检"。

"飞机洋狗"那段公案

国民党当局的新闻检查制度由来已久。抗日战争期间，鉴于军情机密，事关国家命运，报界表现了充分的理解与配合，彼此冲突不多。

不过，就大公报而言，除了1943年2月因发表通讯《豫灾实录》与社评《看重庆，念中原》被当局处罚停刊三天外，此前还与国民党之间发生了由于"抗检"引发的一段新闻公案，即1941年12月王芸生以"飞机洋狗事件"为论据之一写的社评《拥护修明政治案》，送审时检查机关通不过，下令"删扣"，但大公报"抗检"照发。结果引发了当时的学潮，后来还作为王芸生抨击国民党腐败的例证。

然而，所谓"飞机洋狗事件"是一条假新闻，王芸生以此为依据所写的社评自然在一定程度上也就站不住脚了。

事情的原委是这样的：

1941年12月太平洋战争爆发后，香港危急。当时，许多民国要员、工商及文化界名人都在香港，为避免这些人成为日军俘虏，重庆方面加派航班，抢运他们到内地来，名单中就包括大公报社长胡政之。

12月10日，从香港起飞的最后一架航班到达重庆机场，接机者没有见到胡政之和其他要人，却发现大批箱笼、几条洋狗和老妈子走下飞机来，被孔祥熙的二小姐孔令伟接走了。次日，重庆《新民报》刊出记者浦熙修所写的现场报道，标题是"伫候天外飞机来，喝牛奶的洋狗又增多七八头"，一时舆论大哗。

大公报未能抓住这条新闻，王芸生却因胡政之身处险境而着急、气愤。恰好，12月20日国民党五届九中全会通过了《增进行政效能，厉行法治制度以修明政治案》，王芸生便借题发挥，于22日发表社评《拥护修明政治案》，其中写道：

> ……最要紧的一点，就是肃官箴，儆官邪。譬如最近太平洋战事爆发，逃难的飞机竟装来了箱笼、老妈与洋狗，而多少应该内渡

的人尚危悬海外。善于持盈保泰者，本应该敛锋谦退，现竟这样不识大体。又如某部长在重庆已有几处住宅，最近竟用六十五万元公款买了一所公馆。……现在九中全会既有修明政治之决议，我们舆论界若再忍默不言，那是溺职；新闻管理当局若不准我们发表，更是违背中央励精图治之旨。

社评提到的两个例子，明眼人一看便知，前者是指时任行政院副院长孔祥熙家属，后者是指时任外交部长郭泰祺。社评见报，蒋介石立即把郭撤职了，对孔则没有采取行动。而昆明《朝报》转载大公报社评时，又将标题改为《从修明政治说到飞机运狗》，进一步突出了丑闻，由此引发西南联大的"倒孔"运动，学生们上街游行，喊出了"打倒国贼孔祥熙！""孔贼不除，誓不罢休"等口号。内迁贵州遵义的浙江大学学生继起响应，要求撤去孔祥熙职务，没收其财产。

国难当头，飞机没有抢运名人、要员，却运来洋狗，的确令人气愤。大公报社评发表的当天，蒋介石即严令交通部彻查真相，并向大公报询问消息来源，要求穷究虚实。29 日，国民政府交通部部长张嘉璈致函大公报：

> 贵报社评《拥护修明政治案》文内，涉及此次香港来渝逃难飞机装载箱笼、老妈、洋狗，致多少应内渡之人尚危悬海外等语，当以此事为社会视听所系，经饬中国航空公司彻查具报，据称……是日香港与九龙间交通断绝，电话亦因轰炸不通，其未来公司接洽之乘客，无法通知。在起飞前，时已拂晓，因敌机来侦之故，不能再待，惟飞机尚有余位，故本公司留港人员因此亦有搭机回渝，并将在站之中央银行公物尽量装载填空，随即起飞，决无私人携带大量箱笼、老妈之事，亦无到站不能搭机之乘客。至美机师两人，因有空位，顺便将洋狗四只，计三十公斤，携带到渝，确有其事等情。查所称各节，确属实在情形，贵报社所述殊与事实不符，除美籍机

师携带洋狗，殊属不合，已由本部严予申儆外，相应函请查照，即予更正，以正观听，是所至盼。

张嘉璈的信说明了事实真相，指出了报道虚假，而大公报则"来函照登"，未作任何说明与更正。依照以往"惯例"，读者看到大公报"来函照登"，自然认为这是国民党文过饰非的官样文章，因此假新闻继续流传，引起更多的不满，昆明的"倒孔"运动中甚至出现了"打倒国民党"的口号。蒋介石不愿事态扩大，派陈布雷找到王芸生，要他再写一篇社评，劝阻学生闹事。

1942 年 1 月 22 日，《大公报》发表社评《青年与政治》，其中写道：

（本报）立言之意，全本爱国热忱，阐明修明政治的必要，偶凭所闻，列举一二事例，并非立论之中心，且关于飞机载狗之事，已经交通部张部长来函声述，据确切查明系外籍机师所为，已严予申儆，箱笼等件是中央银行的公物。本报既于上月三十日揭载于报，而此函又为中央政府主管官吏的负责文件，则社会自能明察真相之所在。

社评既承认了此前立论是"偶凭所闻"，却又说"社会自能明察真相之所在"，显然是模棱两可的手法，这与后来披露的大公报给当局复函中所说"事属子虚，自认疏失"（见蒋介石 1942 年 1 月 12 日致龙云电）不同，后者明确认错，但未公开。因此，社评发表后，有读者来信，质问大公报何以出尔反尔，前后两歧?! 王芸生竟无以回复。有人说，因为王芸生是"违心地"写了后一篇社评，所以无法应答。现在看，他应该是明白"事属子虚，自认疏失"，才默不作声的。

2004 年，有大陆学者在美国胡佛档案馆藏开放的宋子文档案中，发现了一封宋庆龄 1942 年 1 月 12 日写给宋子文的信，（见《百年潮》2004年第 12 期）进一步证明了"飞机洋狗事件"的子虚乌有。信中说：

大公报发表了一篇言语中伤的社论来欢迎我们，指责我们带了大批行李和七只喂牛奶的洋狗，以及一批仆从。事实是当时飞机上共有二十三人，你可以想象每个人能带几件行李。这篇社论虽然用词巧妙，没有点名，但指的就是我们。我想对社论作出回应，但别人劝我应保持尊严和沉默。与此同时，谣言传得很广，也很快。蔼龄姐说，指控她的事很多，但现在她已不在乎去澄清这些谣言了。

宋庆龄的这封信，还可以从一个侧面印证王芸生之子王芝琛讲过的一个场景：20 世纪八十年代，在纽约一次纪念外交家顾维钧的会议上，定居美国的王芸生小女儿王芝瑜应邀出席，"一位打扮入时的老妪突然高喊：'王芸生是共产党！请出去！'随后得知，此老妪就是当年'飞机洋狗事件'的主角——孔二小姐。"可见当年大公报的"语言中伤"，让孔氏几十年耿耿于怀。

"飞机洋狗事件"过去了七十多年，相关史料已经证明其子虚乌有，那么，由此引发的那段新闻公案也应该有个实事求是的结论了。但是，多数有关大公报评价的著述，仍在沿袭过去的说法，作为"赞誉"大公报和王芸生的一个例证。无视这段公案的来龙去脉和事实真相，不是实事求是的态度。

国民党钳制舆论的记录

抗战胜利后，国民党的新闻检查虽然表面上没有正式恢复"制度"，但在实际上却随着战局的发展几经演变，并且越来越严。

1945 年 9 月 12 日，国民党中宣部部长吴国桢宣布，自 10 月 1 日起废止战时新闻检查制度，但同时希望新闻界"以国家民族利益为前提，善意向政府提供有建设性之建议；对社会负导师之责任；珍重自身之立场，采谨慎从事之态度"云云。当时，国共和谈空气正浓，舆论控制一度宽松许多。

1946 年 6 月，国共内战全面爆发，有关战局的报道常常引发各报与当局的龃龉，纠纷不断，但国民党当局至少在表面上并没有恢复新闻检查制度。直到 1947 年 5 月 18 日，南京国防部还通令全国各部队"严禁摧残言论机关，如遇报章所载传闻失实或言论记事其有涉及军誉之处，可权衡轻重，报由主管机关请予更正，或诉诸法律直接裁决。"

然而，时隔五天（5 月 23 日），国民党淞沪警备司令部就以"连续登载妨害军事之消息及意图颠覆政府，破坏公共秩序之言论与新闻"为罪名，查封了上海文汇报、联合晚报和新民晚报。6 月 1 日，大公报更是连遭厄运。天津当局公开宣布实行新闻检查，并对大公报特别给予苛遇：

> 一，名曰新闻检查，社评也得送检；既经检删之后，字句破碎，稍加修整，不变原意，便受到警告。二，纯用中央社稿，并须照用中央社标题，如另写标题，便不答应。三，各地关于捕学生的电讯一律不准登。四，本报渝粤记者九人被捕，不准刊登。一面捕人，一面封嘴。五，并无检查标准，检查人的红笔就是命令。

6 月 5 日，上海、重庆两地《大公报》发表王芸生所撰社评《逮捕记者与新闻检查》称：

> 从六月一日天未亮的时候起，本报连续遭遇了三件不幸：重庆本报八位记者曾敏之等被捕；本报驻广州特派员陈凡被捕；天津自六月一日起至九日止实行新闻检查，本报津版特受苛遇，凡属专电特稿，大半检扣。这固然是大公报的不幸，其实更是国家的不幸。……显然是与保障自由尊重舆论背道而驰。
>
> 政府应付学潮如此张皇严峻，使人心大感不安；而又仇视新闻记者，更令人大感不解。现今在政府区域内已无中共与民盟的报纸，而独立立场的民间报的自由天地也日趋狭窄。……记者还怎么干？报又怎么办？且莫说大公报有四十多年的历史，同人皆束身自爱之

士，抗战时曾为国家效过微劳，尔今就连职业的自由及身体的安全都叵测不保。景象如此，本报固然不幸，又岂国家之光？

检查新闻，原是抗战时期的非常办法。为了抗战的关系，人民牺牲了新闻自由，是迫不得已的。虽然如此，新闻检查制度的弊害已遗毒不浅。这制度，使政府与人民都受了蒙蔽，掩饰罪恶，包庇顽邪，使报纸丧失了信用，而一切撒谎欺惘的责任都由执行新闻检查的政府一肩承担了。至于违反民主，剥夺自由，那更不待言。……今竟为学生罢课，宣布戒严，天津且更变本加厉，又行新闻检查，扼杀新闻自由，给国家大开倒车。我们一再思考，无论如何，不能发现复活这已死的恶劣制度的必要。

舆论的呼吁，迫使国民党当局不得不有所收敛。6 月 11 日，北平行辕电令所属各机关："查政府对于新闻自由及保障新闻从业人员早有明令规定在案，希即按照规定，对于新闻自由及新闻从业人员依法妥予保障。"天津当局随即宣布停止新闻检查。

同年 10 月 30 日，国民党政府行政院新闻局长董显光再次重申，"政府绝无恢复新闻检查之意，国防部已分电各行辕绥署，对新闻电讯不必检查。"但不到两个月，就在国民党政府宣布"行宪"的第二天，东北恢复新闻检查的事实，再次打了他们自己的耳光。

1948 年大局逆转后，国民党对舆论的控制、干涉愈发肆无忌惮，直至封馆、停刊。《大公报》则连续报道同行命运：

4 月 8 日，上海《国讯周刊》"因近来所刊文字多对政府不利，并为共方宣传，故依法予以制裁（停刊）。另世界知识和时与文两周刊，前者经常攻击友邦美国，挑拨国际感情；后者对政府肆意攻击，故都予以警告，不得再有违法言论。"

7 月 8 日，南京《新民报》被永久停刊。"据内政部消息：该报屡次刊登为匪宣传文字，散布谣言，煽惑人心，近更变本加厉，谎报事实，污蔑国军，妨害戡乱军事，违反出版法之规定。"

8月24日，北平《益世报》"因刊登稿件熏染纱布上涨，有违财经紧急处理办法，经市府勒令停刊一日，以资警告。"

8月31日，记者节前一天，华北剿总文教委会主委秦丰川招待在平记者称："对一个消息，希望大家有一致的立场，变为一个整体。'七五事件'发生后，社会对学生运动异常敏感，故对每一消息要研究不刺激学生，亦不刺激社会。在同一尺度下，大家仍可自由刊布新闻。但此尺度宽狭如何，值得大家研究。"

10月11日，蒋介石在南京讲话中，针对币制改革造成的混乱，警告媒体："……平津报纸天天登载京沪各地如何发生抢购风潮，人民心理如何恐慌，社会秩序几乎不能维持……加以过分的渲染。上海的报纸又说平津一带抢购风潮如何严重……我盼望新闻界人士特别注意，切不可报道刺激人心的新闻，应该在国家民族的前提下，负起领导舆论的责任，共谋社会的安定和进步。"

10月12日，上海当局"奉蒋总统代电"，勒令《大众夜报》永久停刊；正言报社评"立论殊足影响公共秩序，实已触犯出版法……依法暂行禁止该报出售散布。"记者询问市府发言人，"暂行禁止出售"究是几天？答曰："不知道。"

11月2日，北平《新路周刊》因"言论不当"接到严重警告。

12月2日，天津当局通知各报及各通讯社，自即日起实行"自动的"新闻检查。并对刊登新闻规定如下原则："一，天津警备区以内之消息，均由警备部政工处发布。其他谣传或'据某地来人谈'之消息，则请联络后，可以发布者再行刊登。二，警备区以外之消息，由华北剿总发布，各报须根据中央社发表，不得与之相违背。三，关于军事撤守、转进等消息，在中央社或华北剿总未发表之前不得发表。因一地之撤守必有其理由，或为军事上之计划，应以中央社为标准。四，社论方面，不得有侮蔑元首、于军事不利或违反国策之言论，如最近之和谣即是。总之，凡足以影响军心之消息，务请大家注意。对以上各原则如有违反情形，当予劝告、警告、短期停刊及永久停刊之处分。"

12月8日，昆明警备部息："查本市观察日报屡次登载诋毁政府、为匪张目之荒谬言论，违背戡乱时期危害国家紧急治罪条例及出版法之规定，勒令停刊一周，以示薄惩。"

12月13日，天津警备部奉华北剿总电称，"天津真善美报内幕新闻栏载'沈阳撤退惨况记详'一文，披露匪方布告八项，不仅动摇民心，且涉为匪张目之嫌，令即查照具复。"警备部依据戒严法之规定，令该报停刊三日，"并严禁再有此类谣诼之刊登。"

12月17日，京沪禁止《观察》及《新路》两刊物继续发行，《中建》杂志北平版接当局通知，即日停刊。

12月24日，上海《观察》杂志被查封，命令称："查观察周刊，言论态度一贯反对政府，同情共匪，曾经本部予以警告处分在案。乃查该刊竟变本加厉，继续攻击政府，讥评国事，为匪宣传，扰乱人心，实已违反动员戡乱政策，应按照总动员法及出版法之规定，予以永久停刊处分。饬缴原领登记证送部注销。"

12月26日，北平开始新闻检查，华北剿总特派政工处参谋、警备部主任秘书即日起在中央社开始办公，统一发布新闻。

1949年1月6日，天津《新星报》因"记载失实"被停刊。当局称："查该报屡为不正确之记载，登载动摇人心之言论，如'人民上了政府的当'，'谁应负政治责任'等篇，歪曲事实，攻击政府，而为匪张目；恶意批评，侮辱元首，虽经再三善意劝告，置若罔闻。……值兹大敌逼境，战士浴血之际，似此淆乱人心，或竟动摇士气，则全市涂炭何堪设想，岂仅影响大局而已。本部不得亦不应再事姑息，故予以暂行停刊之处分。"

面对颓败的局势，国民党钳制舆论日甚一日，由以上《大公报》的记录可见一斑。

大公报记者如何"抗检"

国民党利用新闻检查钳制舆论，报纸要坚持客观、真实报道的职业追求，矛盾与冲突是必然的。对于当局的强制扣发、删改，报纸抗检的办法之一就是"开天窗"，版面上一块醒目的空白，甚至加框，就是对当局一种无声的抗议，读者一看也心知肚明。

报纸是整体，可以"开天窗"，那么，作为个体的记者如何抗检呢？张高峰讲过他当年派驻东北时的经历。

因为反对内战，因为经常批评政府，张高峰对于新闻检查早有防备。为了避免当局抓住报道中的某一点找麻烦，事后处理也棘手，他利用《大公报》新闻专电不署名的条件，未雨绸缪，事先与沪馆总编辑王芸生、津馆总编辑张琴南商定，凡是他发的东北专电，不要以发报地为准，而以电头后"××消息"为准，刊出时改为"××专电"。如"本报沈阳专电，长春消息"，刊出时就去掉沈阳，改为"本报长春专电"。这样声东击西，有利于躲避新闻检查。王芸生、张琴南同意这个办法，并告知了编辑部照办。于是，上海、天津《大公报》频频刊出除沈阳、长春之外的永吉（吉林）、抚顺、锦州等各地专电，详细报道东北时局变化。当局弄不清大公报有多少消息来源，即使找麻烦，张高峰也可以借口推脱、搪塞"不知道"、"我始终在沈阳，没有去别的地方，不知谁发的专电。"

这个办法不仅有效，而且"救命"。

1946年11月某日，东北军调小组中共首席代表李初梨以朋友的身份告诉张高峰，国民党新六军（军长廖耀湘）二十二师师长李涛被俘了。张高峰知道，二十二师全部美式装备，是国民党军王牌。其师长被俘，非同小可。便追问，消息可靠吗？李说，来自林彪总部。张高峰信以为真，立即向津、沪两馆发了"沈阳专电，长春消息"。不料，第二天从杜聿明处证实，李初梨的消息有误，被俘的是五十二军二十五师师长李正谊，而非李涛。按照当时的戒严令"造谣生事者枪决"，张高峰意识到惹了麻烦，匆匆通知李初梨后，当天就搭乘平沈快车回了北平，以借口"不在现场"躲避追查。

这条消息天津《大公报》未用，但上海《大公报》加黑框刊出"长春专电：李涛被俘。"（幸亏不是"沈阳"！）李的夫人见报后找到蒋介石哭闹要人，蒋电斥杜聿明"为何不报"，廖耀湘也很恼火，要追查谣言。事情闹大了，张高峰只得躲在北平。一个多月后，解放军渡过松花江发动攻势，国民党忙于应战，无暇顾及此事了，才算风平浪静。

张高峰出了一次报道差错，如果专电署名，又没有变更发报地，可能就丢了性命。不过，两年后，1948 年冬，李涛在辽沈战役中还是被俘了。

东北战场吃紧，蒋介石几次亲临沈阳督战。蒋的行踪是国人关注热点，蒋到沈阳，往往说明战局不利，因此当局会通知电报局检扣记者的相关电文，封锁消息。张高峰的应对办法是，以蒋的专机"美龄号"代称发专电，编辑部接报则明了蒋的行踪，改"美龄号"为"蒋主席"，照样刊出。

1947 年 12 月 26 日，国民党东北行辕新闻处"遵照上峰电令，对新闻负责严格控制。"当天召集外埠各报驻沈记者开会，宣布即日起开始新闻检查，并以戒严法为约束。记者们知道时局恶化，无法抗检，当天，各报即停发新闻专电。

当此东北战争愈打愈紧，新闻电报愈发愈多，报道东北局势进入艰苦阶段之际，停发新闻就是记者失职，等于没有了工作。因此，外埠记者联谊会致函行辕，请求协助购买军用机票，准备撤离。函由新闻处转呈，参谋长董英斌批回四个字"不应离沈"，新闻处遂有条件地允许各报恢复新闻专电，但必须经过"检查"。

恢复新闻检查，意味着当局派人坐镇电报局，逐字逐句检扣，以前换电头的办法行不通了。张高峰有了一次搭乘傅作义专机发专电的经历。

1948 年 1 月 10 日，蒋介石、傅作义先后飞抵沈阳，举行东北、华北军事会商。各报记者发出相关新闻专电。当晚，东北行辕新闻处负责人打电话给张高峰说："有关蒋主席及傅总司令的电报奉令检扣"，并说，中央社的电报也不准发。张问："南京各报记者能不发蒋主席飞沈阳的电报吗?"对方说："我不清楚南京如何办，只管沈阳不准发。"张说："如果明天国内各报都有主席离京北飞的消息，却无主席到沈的报道，飞到哪儿去了也不知道，岂不闹笑话? 大公报也会说我漏报新闻。"对方说："我是奉命检扣，你不要抗检。"张答："悉听尊便。"

你扣你的，我发我的。第二天，张高峰找到傅作义，佯称有急事，希望搭乘他的专机回北平。张与傅熟悉，傅的女儿傅冬也是大公报记者，这点面子还是给的。张高峰回到北平，还是发了蒋介石到沈阳的消息。事后其他驻沈记者质问新闻处，既然扣发我们的电报，为什么大公报记者可以抗检？新闻处知道张高峰走了傅作义的"后门"，却也不便声张，只好以"张高峰没有在沈阳"含混应对过去。后来，那位负责人见到张高峰，阴阳怪气地说："你很有办法啊。"

1948 年 2 月，张高峰在通讯《严寒东北》中，专题写到新闻检查：

> 检查阻碍了记者的工作，伤害了新闻本身。一月十九日中宣部东北办事处招待记者，大家提出许多意见，取消检查仍无希望。一月底，检查工作由行辕新闻处移交防守司令部办理，不久就是东北成立剿匪总部，行辕缩编改组，范兵团登陆，每件都是比较有分量的新闻，沈阳各报全有刊载。因为行辕缩编为三组的新闻说行辕范围太小，触怒某人，各报曾受到责备，负责新闻检查的科长朱定南被扣押。如此一来，在电报局检查新闻的科员更胆小了，每见一条新闻，是扣是发，不敢做主。二月一日，新闻处的陈副处长亲自检扣电报，当日范汉杰抵沈、剿匪总部正式成立、以及物价波动、游资入关等新闻几乎全部被扣。二日起外埠各报记者再停发电报，只可向环境低头，纷纷离开沈阳。现在奉馆令留在沈阳的外埠记者只有三位，极盛时代曾近三十位。四日以后，东北民报连开天窗，为东北新闻史上首次记录。六日陈诚回京，沈阳各报都未能刊登。如今东北尚是严寒时候，许多新闻记者已不愿等待春暖了。

东北环境恶化，正常的采访报道已经没有保障，大公报调张高峰回到北平。

*   *   *   *   *

　　独特的采编运作方式和一批优秀的职业报人，成就了新记大公报的辉煌，也给今天的新闻人留下了一些值得借鉴的宝贵经验。尽管今天办报纸的环境、条件、要求与当年大公报时代已不可同日而语，但作为新闻从业者，仍可以从前人的经验中汲取有益的"营养"。大公报人的职业精神与追求，譬如忠于事实，譬如敬业乐群，譬如家国情怀，譬如体恤民情、譬如不畏权贵……在任何时代，都应该是新闻人所需要具备的基本素养。

四、转折年代大公报旧闻录

——重温几段被淡漠的历史

抗日战争胜利以后，到新中国成立之前，是中国现代历史上的重大转折年代，发生了许多重要事件。此时的大公报，沪、津、渝、港四馆并存，正处于鼎盛高峰，它培养的一批职业报人，通过亲历亲见记录下的新闻，今天看已成历史。在史料意义上，这些记录更接近历史的原貌。旧闻重温，会使今天的读者有穿越时空，走进历史的感觉。

汉奸们的嘴脸和下场

从 1931 年"九一八"事变到 1945 年"八一五"投降，日本侵华十四年，中国出了不少汉奸，他们出卖国家、民族，认贼作父，作恶多端。抗战胜利后，人民强烈要求惩治这些民族败类。各地接收之后，当局陆续逮捕了一批汉奸，但对他们的审理与判决却拖拖拉拉，直到国民党政府垮台，也没有完结。

审汉奸事关民族大义，也是老百姓开心的事，大公报记者当然十分关注，并且记录了他们的丑恶嘴脸与可耻下场。

群奸百态丑恶毕现

北平是曾经的伪华北政委会所在，臭名昭著的大汉奸"三王"（王揖唐、王克敏、王荫泰）和大名鼎鼎的女间谍川岛芳子等都居住在这里。1945年12月5日，平津两地当局同时采取行动，秘密抓捕汉奸。8日，消息才公开见报：

前晚深夜，天津市民在睡乡中，不知八年来为虎作伥毒害彼等之汉奸业已就逮。至昨日上午消息逐渐传布，乃成全市街谈巷议之资料，人心为之大快。本市各宪警等有关机关奉上峰命令，于前日午夜秘密出动，按图索骥，至昨晨六时，所有天津地区榜上有名之重要汉奸大致均已落网，为数共约百人之谱。闻齐燮元（伪治安总署督办），温世珍（伪天津市长）等多人俱已被捕。当进行搜捕时，为防止走漏消息，全市电话停止通话。事后各汉奸住宅均暂时封闭。

北平对著名汉奸的拘捕，与天津的"按图索骥"不同，搞的是一网打尽，颇有戏剧性。《大公报》用的标题是："座上客变为阶下囚，北平逮捕大汉奸的一幕"：

捉汉奸宴系在兵马司一号汪时璟宅举行。五日下午请帖送出，五时许各汉奸即陆续到达，宾主欢谈，泰丰楼厨师所作盛馔尤丰致。八时许武装部队到达，诸奸集中于一室，唱名而出，王荫泰为首，战慄至不能成声。王克敏王揖唐未到，留病院监视。汪时璟等五人留宅候讯。诸奸有鸦片烟瘾者均长跪，请发给鸦片。汉奸财产查封过程中，发生了不少趣剧，有的被抄出大批囤积物资，有的被发现毒品，样样皆备，而姬妾成群尚藏外室者亦不少。四扇屏门上的"喜欢福禄"或"富贵蕃衍"依然是描金涂朱的那几个字，但今天却已一家哭代替了一路哭。

昨晨各报销畅，到处均系打汉奸呼声，市民相顾笑曰"中国究竟是中国"，其意系指出汉奸绝非同胞，早已不应受中国政府之优待，惟迟至今天才办，不无遗憾。记者在平调查，大小汉奸尚能丑表功之仅有理由，即系反共产党。卒能以完整之华北八大城市交给国民政府，不无微劳，故功罪各半，希图免死。素喜挟外患以自重之王荫泰，对此尤为强调。前北平市长许修直近读本报，始知共党已为中国第二大政党。高级汉奸之头脑由此可见一斑。北方人民对此辈认为必须严惩之理由，即此辈并非家无余粮必须卖身投靠者，反系世宦公卿富人家以出卖国家利益换取一己之私者。若王克敏为了北洋保商银行的债务，便长期下水摸鱼。王揖唐满口圣人名教，但多年聚敛，据闻仅房折即有一大抽屉。王荫泰为敌圈地，造"新北京"，也是为了本人的荣华富贵。文元模静居观象台，却成为教育界第一的大财主，开聚义银行的伪北大校长钱稻孙和开大成房产公司的伪师大校长黎世蘅，都比不上他。许修直以法律界前辈，乃知法犯法。汪时环等亦为虎作伥，得意忘形。历史对此辈必有定评。世人对于汉奸在胜利中之最大表演而念念不忘者，即所有物价波动，莫不皆有大小汉奸参加，而逢迎新贵，使之堕落，亦无不有份。盖一切财富的集中于此数百人之手，千百万人血汗提取少数人欢笑已多年。人民拥护政府此一大英断，希望速将汉奸处罪。

王荫泰被捕前，大公报记者子冈曾登门采访，报道中有这样的记录：

王荫泰说："蒋主席说不问职守，但问行为，所以国民党来我是否有罪还难说，共产党来便没有我的命了。"他述说自己反共的"光荣"历史……他更大一"功"是保持华北政权移交中央，而没交给中央以外的人。他要保有华北的八大城市，以便完璧归赵。……汉奸们的丑表功都不过如是吧。他们分明是为了保存并增加既得利益而认贼作父，却要找出许多理由来搪塞，尤能利用政治矛盾来作挡箭牌，想将功折罪。我们人民不要信他们这套表白，是功是罪，历史自会证明。

1946 年 4 月 22 日，北平军事机关将首批 32 名大汉奸移交法院。张高峰到场采访，他在通讯《从方孔看群奸》中描述了群奸的丑态：

三十人犯下车后在院内鹄立，多携皮大衣或小提包。诸奸于阳光下初被法院监狱人员及记者等注视时，尚多低头露羞愧之意，后即谈笑如常，且多向法警探询狱中待遇。迨获悉所食系窝头咸菜，并可由家中送食物时，皆大乐；彼等对狱中厕所问题亦加探询，法警告以每屋皆有便器，又大乐。此辈巨奸极谙势利人情，与法官谈话皆带笑逢迎，且有拍法警肩头之小动作，活现出当日如何诌媚敌人。彼等循次由法官唤入询问，惟王揖唐病已至每隔四小时必须注射强心针，六十八岁，卧于树荫下，头蒙毛巾被大汗淋漓，双颧瘦削。崔首席唤讯再三，直无声息，由法警按手印了事。董康虽已八十，神智尚清，但随时须大小便。一问履历，便自前清进士说起。当众由一女仆在院中以玻璃杯接一次小便，然后收回监房。

诸奸每人住一监房。每间小牢门前白卡片底下有一个像邮筒样的长口。牢里规定参观的人不能与犯人谈话，我只好从方孔看群奸了。

每间牢里有一个木板床，一张长方桌，一把破椅子或是方凳，一个有人高的窗户。床上铺着自己带来的被褥，床的周围放着桔子、饼干、鱼肝油，无限的补品维持他们有限的生命。

管逆翼贤，在床上不动，胸前放着一本线装书，他是闭着眼醒着呢。果然他睁开了眼，望见一个人从方孔看他，马上又闭上眼。……张逆仁蠡是张之洞的孙子，当伪汉口市长，伪天津市长，现在做了池逆宗墨的邻居。王逆养怡这不知家仇国难的辽宁人，还拿着一本日本书在看。林逆文龙是过去天天讲演拍日本人马屁的伪情报局长，望着窗外一声不响的出神。欺骗的对象没有了，只好永远闭着嘴。许逆修直躺在床上又站起，站起来又躺下，住在这里实在不习惯。

王揖唐与董康两个老贼，因为年高病重，监狱特许他们住在医务所的两间病牢内，牢房的大小还不如他们家中的厕所。王逆在睡觉，头对着门，只能看到他那灰白头发。床前放着一个破的像花瓣一样的绿痰桶。董逆坐在一把靠墙的椅子上，闭着两眼喃喃的背诵些什么……

北平情况如此，其他地方呢？以下节选 1946 年《大公报》部分报道：

3 月 11 日南京专电：陈璧君近经法院许可，送出便函一封："……决不请律师，如判死刑，亦不上诉，以表吾人非畏死及一切为和平运动而作，其他毁谤均不辩而自明。但愿个人受死刑后，诸和运同志及因和运而累及之人们得早日释放。否则国家牺牲过大，政府不尝注意其个人，亦当念其家属，……本人死是死得起，但牢是坐不起，诸病按时而发，无一日不与病魔相斗，医药之费更不容说，而且又劳嗣女如此辛勤，故可死而不可久囚。……"

（笔者注：陈璧君为大汉奸汪精卫夫人，所谓"和平运动"是为汪伪卖国行为粉饰。陈璧君于 1952 年死于上海监狱。）

5 月 5 日太原专电：晋巨奸首批伪省长冯司直等四十七名解送法

院。……民众群集拘押处所之外，冯逆等甫出大门，众大鼓掌。冯等分登备妥之大汽车五辆，押警将重犯分别套以铁手铐，各犯俯首。各犯眷属麇集门前观望，面现忧色。尤以六十余岁老奸冯司直之二十余岁姨太太，足着白鞋，含泪远立目送，老夫少妇尚有依恋惜别之情。解赴法院途中观者极众。

8月1日、3日太原专电：晋人关注之三伪省长公审案，一日晨首审王骧。甫破晓，旁听民众齐集高院门前，陆续挤入院内。开审时庭内已无隙地，由院内直至街头，聚集达万人之众。……王逆年迈，精神似已失常，于全部审讯之三小时中，多所狡辩，时以剧中念白之声调高声答问，其间共大哭三次，老泪横流，手抖汗流……三日公审伪省长冯司直。冯逆系一书生，开审时面容惨白，惟态度镇静，不似王逆骧之滔滔声辩。但于辩论时，冯逆引经据典，掩饰罪行，乞从轻处刑，愿以不死之身继续教育工作……

（笔者注：最终，冯司直被判处死刑，王骧判处无期徒刑。）

11月15日南京专电：周逆佛海判决死刑后，记者问周逆："判处死刑有什么感觉？"周答："这是国法。不过秤太倾了一点。难道我的功不要了吗？"问："你还上诉吗？"答："然。但我周佛海的命运不在今天，在戴故局长死的那天已经注定了。我的行动只有戴故局长最清楚。他如在，当可为我挑起担子。如今也只好死了。"最后在记者的拍纸本上写"十年以后真知我"（此为梁任公诗句）。

11月25日沈阳专电：东北光复逾一载，迄今未闻治汉奸。东北行辕政委会兹令各机关不得任用曾在关内参加伪组织简任及荐任主管以上人员，已录用者即予停职。过去由关内出关摇身一变者固属不少，而东北收复后迄未闻处治汉奸，故就地翻身变像者尤多，不知将如何处理。

对文化汉奸周作人的公审，《大公报》曾连续报道。周作人说，教育部长朱家骅曾发表谈话称，华北教育并未奴化。"难道我也可算汉奸乎？"他辩解，自己"非但没有通敌，反而有被日本目为敌人之处"，根据是日本人曾指责他写的《中国的思想问题》。其实那篇文章"不过隐约的说到旧道德，不赞成损人利己而已。"此外，又说曾受前北大校长蒋梦麟委托，参与了保管北大校产，掩护过地下工作之类，有一些"小功劳"。……耍的仍是"丑表功"那套伎俩。

1947 年 6 月 20 日，《大公报》以"抗战八年多少苦痛，受惩汉奸仅万余名"为题报道：司法行政部兹公布各省法院处理汉奸案件，截至本年四月底止，就人数言，全国检察方面经办汉奸案件起诉者 22742 人，不起诉者 1334 人。审判方面科刑者 10816 人，判决无罪者 3880 人。科刑之中，判处死刑者 272 人，无期徒刑者 731 人，其余判处有期徒刑年限不等。

川岛芳子的另一面

汉奸川岛芳子的大名，几乎无人不知；而对她的经历，却是人人欲晓，而真正知道的却少之又少，直至今日，川岛芳子似乎仍然是一个未解的谜。

1947 年 11 月，大公报记者子冈到北平监狱采访了她，面对面交谈，回来写了通讯《初晤川岛芳子》，引起读者极大兴趣。这篇通讯更多的是从一个女性记者的角度，写了一个有血有肉的川岛芳子。这是子冈的风格，也多少反映了大公报记者的"自由主义"。她自己或许也意识到了这一点，因此开篇第一句话就是："这是一篇最难写的通讯。"但它又是有关川岛芳子的报道中少有的另一面，值得一读。节录如下：

> ……国际间谍是一个多么神秘的名词，而面对着的总是个有血有肉有感情的人。我所知道关于她的事，不比传闻多一丝一毫，她究竟是汉奸是间谍是战犯——或竟是一个佻傥慧黠的女性，无从判

断。自从她被捕二年以来，这应该是一个新闻记者访问的对象，可是自己始终难在心理天秤上决定对她的砝码。对她公审群众起哄的情形，或竟基于一种不健康的心理，法庭应该是庄严肃静，使供词不忽略一点，可是那种花园审判法，树上房上棚架上全是人，除了让一部好奇的人民看一幕活剧外，对案子的审判和人民法律常识的增加，全无好处。

把金璧辉案当黄色新闻，应是无谓的，我深恐由于新闻记者有意无意的"起哄"笔触，而影响了案子的正确决定，所以像城隍庙看耍把戏似的"观审"，我没有写。可是在她宣判死刑以后，我想去发掘一下这声名赫赫的"间谍"的人性。

"离奇怪诞"的思想 在第一监狱女监会见她之前，我对她是有过一面之缘的，那是在十月八日初审未果的候审室门前，她在被提回监狱时简直是跳跃着出来的，短发白面，大眼浓眉，穿着南京某人送给她的白毛衣，底下是西服裤，摩登公子哥打扮，见了人群中与她熟稔的某小姐赶忙握手，一脸欢笑，便又跳跃着上了卡车。给人的印象是活泼老练，容或有几分造作，若与她的年龄及司令大名来相比较。在上车的刹那间，她丢下一封"离奇怪诞"的信，内容如下：

励先生台鉴：……我们在监之人，顶高兴的一件事是来人来信，我常常看见难友家或朋友来信，想到自己一封信也没有来过，很难过的。真想不到厌（会）有人给我来信。我收到你的信，……比法官少判几年都高兴，你知道吗？有多么安慰我，我真高兴。一个好人民应该为祖国努力牺牲一切。我也是中国人民，想当初决心为国家牺牲一切，我没少打日本，可是想不到同胞胜利了倒误解我当汉奸。被捕以来，每次报纸所登的，我没有一次不使我伤心的。……日本在我们中国的时候，出（除）了内地以外的同胞们，谁敢打日本，可是我打了不少的日本，我总是教给青年们不要忘却祖国，把日本打出起（去）。北平的小学生们中学生们，不少听见我这些话的，因为我的良心知道我不是汉奸，……现在的中国太可怜了，我虽然现在是个犯人，可是我没有一天不忧虑的一件事，我老怕咱们中国老百姓为衣食上的问题，能够把思想都失舍了，"吃都吃不上呢，还爱哪一门国呢？"这句话是我常常听见过的，真可怕的心慌。咱们没饭吃，全是在乎咱们自己，咱们同胞全一致努力，建设国家，国家马上会强起来的。……最后再求你一件事，希望多多研究工业，咱们中国是农工业国家，努力吧！再见！

过去她也发表过一点抒情式的文字，想她的小猴小狗，像一个孩子，又像一个老处女的古怪情怀，有某些对于国家大事的忧虑，又好像是一个有正义感的爱国者，她注意到大多数老百姓正严重地患衣食之匮乏。

初晤刹那　吴峙沅典狱长告诉我，金璧辉在狱中状况是：她很守规矩的，没什么人来看她，除了新闻记者，不过大多数她懒得见。她没钱，吃着囚粮，没有像许多巨奸那样包饭或每日由家属送饭。

他把我领到女监的大门内，劈面正站着要和另一难友抬一大桶水的金璧辉，不过今天衣饰没有那么摩登，颈上塞着白围巾，穿了和尚领的灰布棉衣裤，十分臃肿。又加上没穿皮鞋，好像矮了半头。不过乌发光鉴，眉目如画中人。她见了典狱长赶忙鞠躬，又亮着黑瞳傻站着。一只小巧丰润的手又要去提桶子，那难友说："你别提了，会客去吧。"

典狱长走了，女监看守头目的办公室借给金璧辉和我，头目时而在时而不在地由我们自由谈话。外面是北风怒号，风沙漫天，炉火似燃非燃，窗外射进有它不暖无它阴森的日光。金璧辉硬要我坐在办公桌后的椅子上，她自己在桌前椅上落座，倒好像是我顶庭长吴盛涵的角儿了。

她是一个容易和人熟的人，几分钟后便和我对答如流了。有时双手插在裤腰旁，有时站起走向烟囱烤手。

一切都是上当！　从三十四年十月炮局子陆军监狱说起。

"在那边我一共过了五十八回堂！从一开头就把我当侦探看待，要我自白，天知道叫我怎么捏造。可是他们再三哄我逼我，说只要我承认一点点就放，否则抓了没罪又放怎么说？有一次审问的人说'主席注意着你这案子，如果我回南京说川岛芳子很坦白，肯悔过了，对你会轻办的。'他们问许多汉奸口供时，也逼他们说出金壁辉的事来，说出来减他们自己的罪，譬如管翼贤就把平日所见报章杂志关于我的渲染文章指认出来。以往我的口供都是为了想自由所以上了当。我挨过一次耳光。……我怎么会是汉奸呢？如果我向着日本，日本投降以前我早坐飞机走了，抓回来也可以先舒服几天。中国胜利我多么高兴，我是日本国籍中国血统，我也到马路上欢迎过国军，我也喊过蒋主席万岁。满心以为中国将成为民主国家，要成强国了。"

我比勇士还爱国　"我爱国不比一个拿枪打仗的勇士弱，（你不觉得这话好笑么？她问我）日本人都知道我厉害，我和日本军人吵，打死过日本宪兵。我打过电话给王克敏那些汉奸，叫他们不要组织伪政府。……我和他们说，如果说我当汉奸间谍，那么让受过我害的人告我作证据呀，倒是站出来！结果没人告我。

"……三岁我爹死在日本，我妈在爹灵前自杀了，同住的川岛浪速没儿没女，抱我过去，我的义母义父疼坏了我，宠的我不得了。去年义母为我入狱想病想疯而死了。我在九岁时就被称为少帅司令，好骑马打枪游泳，报纸上总刊登我的新闻。我是在报纸登我的名字之下长大的！……日本贵族都请家庭教师，我的绘画被教师称赞为有天才，去美术学校画过，可是在我十六岁回中国以前，曾经被几个学校开除，因为我太顽皮太淘气。

"……吴庭长以为我不结婚，会游泳、骑马、打枪，全是罪，其实吴盛涵是老憨，没见识，哪个摩登公子小姐不玩这些！唉，把我气坏了！在花园审我是吴盛涵要出风头。我的外国语文么，凑合会几种，在日本曾有法国家庭教师教我法文，英文也会一点，我的中文却有点含糊捲舌头。"

去参观她的监房时，从小窗中望见她和另一难友的床铺，屋中还没有钱升火。墙壁上挂了几张影印的彩画，一张她画的山水墨画尚未完工，已经挂了起来，她说没钱买纸。她对于丁律师回答美国生活杂志记者何以金璧辉判罪，而他回答因为她太英雄主义这一点上，表示十分感谢。

我叫中国人打死也光荣 "中国法律真落伍了，这可不是因为判了我死罪我才这么说，这不是恨，您得明白这一点。我爱中国，我叫中国人打死，也无愧于光荣！"（这句中国话有点似通非通。）

她谈够了自己，却指指在添煤的面有菜色的难友说："我的事不成新闻了，您应该访访她们，一个个多可怜哪，多可怜的人都有。"她随后跳蹦着领我去看工厂，多少犯罪的女人坐在地上纺羊毛，灰衣服和她们发灰的脸一样透着没有生命。川岛芳子一面说，"这叫民主国家，这叫民主国家的法律，只有我们中国，……"看神情那些作奸犯科或贩吸烟毒的无知女人都对她极好，她们平日戏呼她为傻哥哥（格格）。逢人赞美时，她一努嘴，笑得犹有几分妩媚。她见了女看守就鞠躬如小学生，以致女看守都说她"好天真烂漫的一个姑娘。"她说"我想做工，可是她们不许我作，因为我是未决犯。"

忧国忧民的金璧辉 说起她的某些见解超人，如指出担心人民为了经济压迫将不择思想等，她点点头承认这正是她的所思，"虽然足不出狱门，可是据我听难友们家属来探监时传来的各家愁苦，我觉得这是一个大问题。"她一本正经地说。……最后她有礼貌地请科长允许给我签字，由字迹的清秀有致上，也可以知道这傻哥哥一点也不傻。

"汉奸审汉奸"的结局

华北头号汉奸王揖唐，从拘捕到处死，历时近三年，个中曲折，很有讽刺意味。《大公报》对其审判、执行过程，做了详细报道。

王揖唐，清末最后一科进士，早年曾留学日本学习军事。民国初年，袁世凯图谋恢复帝制，王曾极力劝进，是袁的宠臣。袁死后，王又以安徽同乡关系投靠段祺瑞，成为安福系头子之一，官至国会议长。1922年直皖战争中段祺瑞垮台，王逃往日本避居。1937年北平沦陷，王揖唐第一个叛国投敌，与王克敏等组织伪临时政府，出任赈济部部长。1938年汪精卫叛国，王出任汪伪政府考试院院长。次年回北平任伪华北政务委员会委员长、伪新民会会长，成为伪华北政权最高首脑，头号汉奸。因为他常年留着白长胡须，人称"王大胡子"。

王揖唐就任伪职后，又两次到日本，参拜靖国神社，进谒裕仁天皇，甘为奴才，卖国求荣。他在华北高喊"中日提携，建设大东亚新秩序"，竭尽全力为主子开展新民运动，实行强化治安，屠杀爱国志士和无辜百姓；推行奴化教育，戕害国人、青年；发动献铜献铁，招募华工，支援圣战……可谓罪恶累累。

日本投降前夕，伪华北政局风雨飘摇，王揖唐见势不妙，谋划脱身。张高峰当年采访时曾经听清朝末代皇叔载涛讲过这样一个故事：

某日，王揖唐突然来访，载涛莫名其妙。因为，日本占领北平后，王揖唐叛国投敌，"风光无限"，载涛却保持气节，闭门不出，两人走的根本不是一条路。

王揖唐进门后，先是一番客套，接着便迫不及待地说："涛贝勒，您是政界、军界名流，有主政、主军的经验和才干。我老了，干不了，想请您出山来帮帮我。"载涛一听，心想：现在日本人的日子越来越不好过，你想玩金蝉脱壳，拉我去当垫背的，我才不干那种傻事呢！因此，他双手一抱，向王作了个揖，打趣却又认真地说："老兄，你饶了我吧！我可没有福气坐你那小汽车，还是骑我的自行车自在。"王揖唐落个没趣，悻悻然离去。

1945年8月日本投降。12月，北平当局即以"通敌叛国"罪名逮捕了王揖唐。次年5月，河北省高等法院起诉王于高院刑庭，列举王揖唐通谋敌国罪状十二项："倡演敌伪提携，建设东亚新秩序，完成所谓'圣战'；高唱新民运动，抑制民众爱国思想，消灭民族意识；五次强化治安运动，消灭我地下工作人员，惨杀无数良民；利用职权，资敌助战……，罪无可赦。

王揖唐入狱后就称病不起，每次开庭都是法警用担架把他从监房抬到，他照例一言不发，装死耍赖。待法官宣布退庭，法警再把他抬回监房。当时到庭采访的子冈这样描述王揖唐的丑态：

> 这个七十老狐，满身血腥的刽子手，仰卧在藤睡椅上，肤色正常，发须苍白，双目紧闭，头向左倾，在被审讯的二小时半时间内，他没有动一动，没有哼一声，在棉被覆盖之下，一群苍蝇在环绕着他那赤足飞舞，这行尸走肉竟毫无反应。据悉，王逆揖唐在调查庭时，在发言中最多之两句为："我是地下工作者"、"蒋委员长知道我。"公开审理时，则即此亦不敢言，可见公开胜于秘密。……何承焯庭长称："给你一最后机会，此时不说以后即永远没有机会。"王逆至此始才徐声称："未听明白，没话可说。"……这腐尸宛如物化，到终了也没有动一动，响一声，他也许知道同逆中陈公博、褚民谊雄辩滔滔也不免一死吧。

1947 年 9 月 7 日，河北省高等法院判处王揖唐死刑，由刑一庭庭长何承焯宣读，王揖唐依然一言不发。不料，一个月后，王委托律师突然举行记者招待会并散发声明，承认附逆降敌、有罪于国的同时，声称审他的法官何承焯曾在伪司法总署任职，也是一个汉奸，"以小汉奸高踞堂上审大汉奸，将何以杜悠悠之口？"消息传出，社会轰动，连国民党《中央日报》也罕见地发表社论称之为"怪事"。这篇题为《肃奸史上的污点》的社论称："……以奸审奸，当然是眉眼传情，汉奸理论说来加倍中听。法官与罪犯在心底起了共鸣，焉有一个个不判成无罪开释的呢？司法行政当局铸成如此大笑话，第一证明了司法行政的腐败，第二说明了河北高等法院审判不合理。我们除了要求司法当局引咎以谢国人，并且要求重审其他被开释的汉奸们。为了求政府的清明，维持法律的尊严，要求重惩何逆承焯，以及荐举和任用他的负责人。我们愤怒，我们惊诧。纪纲呀！纪纲！中国需要你！"

无奈，南京司法部只得撤销何承焯职务，另委派吴盛涵为庭长，重新审理王揖唐汉奸案。法院根据事实，依法判处其死刑后，王揖唐又两次申请复判。复判仍是死刑。

1948 年 9 月 7 日，拖了一年后，南京执行王揖唐死刑的命令终于寄到北平河北高等法院。8 日，判决书副本送达王揖唐。10 日，法院通知监狱，执行王揖唐死刑。这个敢卖国却怕死的老贼，在连呼"请蒋总统开恩"声中，结束了他可耻的一生。次日，《大公报》刊登记者张高峰所发现场报道称：

> 巨奸王逆揖唐十日上午十时一刻在第一监狱后院执行死刑。枪从后脑穿过，十分钟后气绝。
>
> 王揖唐不服河北高等法院重审复判死刑，向最高法院上诉，最高法院仍判死刑。判决书七日寄到北平，副本由第一监狱吴典狱长峙沅于八日上午送给王逆，王亲笔签字，证明收到，但他仍存免死的心理，八日上午吴典狱长再去看他，他哀求说："你救救我，请找刘煌律师替我抗告辩论。"
>
> 十日上午七时，河北高等法院通知监狱："王揖唐今天执行死刑。"高院检察官原屏篱、书记官周精业率领法警十几人，九点多钟乘汽车赶到第一监狱。女监的后院就是刑场，摆了一张小桌，铺上白布，桌上放着一本六法全书，一只朱笔，连同王逆犯罪的卷证。周书记官拿过一张便条写上："请提王揖唐执行死刑"，法警接过这张便条，王揖唐的老命就落在紫帽镶黄制服的法警手里。病监的大门启锁，再打开王揖唐的小监。法警说："检察官来了，验一验你的病况。"王从床上坐起，老老实实的上了担架，九点五十五分抬出病

监，记者照相，守门的法警说："我们躲开，别跟他照在一齐。"

十时整抬到刑场，担架平放在检察官的小桌面前的土地上，检察官问："王揖唐你多大岁数？""七十一岁。"他居然说话了。担架是凹进去的，他不能看见自己已经身置刑场，更没有看见周围执枪的法警。"你家住那里？"答："没有家。""最高法院判你死刑，你有遗嘱吗？我们替你送到家里去。"王逆这时才知道要枪毙，说话有些哆嗦结巴了，"我要上诉，我已经不……不……不明白了，说……说……说不上来，想……不起"。他睁开眼睛，呆望着高空的蓝天，阳光照在他的脸上，脸色苍白。"你还有说的没有？""请……请大总统开恩"，检察官说："现在不行啦！"又问："你的财产怎么处置？"王答："现在都完了！"检察官再问："还有说的没有？""就是一句话，请……请总统开恩。"周书记官站起宣读最后一次的口供，让王逆画押，法警扶助他的左手盖了一个指纹。

十点十分，法警把王逆的担架往检察官的桌前抬出五丈多远，十点十五分王揖唐由法警扶着从担架上坐起，脸朝西墙，背对着检察官，法警何兆福拿起一支光绪十几年造的大枪，瞄准王揖唐的后脑，王自己稳坐不动。连开四枪不响，第五枪砰然一声，子弹从后脑打进穿出，王逆斜身伏倒担架之外，两手紧紧的抓着他那件黑色的夹袄，鼻孔发出呼呼的鼾声，法警奉令再补一枪，又是连发四五枪不响。子弹老了，枪也旧了，换一支枪。第二枪仍从后脑打进，前额炸开，十时二十五分钟绝气。十一点钟王逆的侄子赶到刑场收尸掩埋。

王逆揖唐执行死刑后，记者曾视巡他住过两年的病监，墙上挂着一张观音画像，他活着的时候，还常祈祷。床下一堆凌乱的水果皮，床边放着几本书，有词选、英语发音学、英语常用四千字表。日本人的时代过去了，王揖唐也知道现在是美国的"天下一家"，他还想在英语方面下功夫。

警觉日本"将来的可怕"

　　大公报是爱国的，抗日战争如此，抗战胜利后，大公报人依然在警惕日本军国主义死灰复燃。

　　日本战败投降后，有数以百万的在华日本人等待遣返，他们的生存状态在大公报记者的笔下留下了记录。今天翻检这些文字，笔者常常为大公报记者的敏锐观察所叹服，特别是他们对战败的日本人东山再起的警觉，更具前瞻性。

战败之初的日俘日侨

　　曹世瑛是抗战胜利后第一批回到天津的大公报记者之一。1945 年 12 月初，他到塘沽目击日本战俘与侨民回国的情形，在报道中写道：

　　……日本平民是由日本轮船运送回国，军人则由美军坦克登陆舰运送。大约五六天可抵日本。这些日本人都是满面风霜，精神颓丧，因为他们都是从各地撤退到天津，把所有的东西都丢了。等到可以望得见海时，他们的脸上都泛起了光辉，露出了笑容，因为他们晓得在海之彼岸便是他们的家乡了。

　　这些日军日侨穿的真够暖和，皮衣皮帽，和我们的国军比较起来，真是有过之无不及，从质上来说，比记者穿的还要好些。……日本人列队之后，鱼贯上船，在美军指挥之下钻进坦克舱里去。由于语言不通，有时需要美军把他拖到应该站立的地方。这时他们表情却不大好看，或者说毫无表情。……记者目送登陆舰远去，想到内田银之助（日军驻天津司令官——笔者注）在十月初对记者所说，他想回去读书，重新做学生。其实，凡是日本人都应该回去做一番沉痛的反省。

12月12日，朱启平南京专电："京区国军的感慨，所得给养竟不如日俘"：

> 这是不能相信的事实，胜利的国军待遇竟不如投降的日俘。京区日军配发给养如旧。日军仓库里大批丰美军粮牛肉罐头还由日俘受用，而国军每天只盐水煮青菜，军米三分之二是杂质。日伤兵仍住整洁的中央医院，我们的伤兵在街上流浪。一位士兵愤愤的说："日军不要发了霉的面粉给我们吃，日军马匹不吃的东西给我们人吃，真不知究竟谁胜利了。"街上散走的日军依然肥胖，我们的战士却和寒风一样萧瑟。失去了人心后，该注意莫失军心。

徐盈、子冈在1945年冬的北平街头看到的情形是这样的：

> ……全副武装的日本兵已稀见，日本男女换穿了中国服装，大摇大摆坐包车的现象却一天比一天多起来，令人刺目。这现象市当局已决定加以取缔，希望他们在可能情形下仍穿和服，以免鱼目混珠。但有些八年来惯作日本装的中国女人仍然到处可见。……平市优待日人之又一例，特准日人专用之东西城康宝配给菜市场恢复，以增加其战败第一新年之幸福。我饥寒中之苦痛百姓，观此得意洋洋之日侨重携大鱼大肉及酒果，一如统治我人之时代，不免凄然失色。当局厚待日人，独不知厚待其自己的百姓乎？是诚为胜利声中的北平之一大悲剧，增加了人心上的痛苦。

吕德润在战争结束后即到了东北，他在当年12月的报道中说：

日本赫赫一时的关东军，与苏军一接手没几天便垮下来，现在这些俘虏们，有劳动能力的，苏方已征调苏联国内作工去了，一部妇孺及没劳动能力的留在这里，移交给中国处治。……日本人在这里作了十四年的太上皇，作威作福够了，今年他们是在劫难逃。长春据说还有十多万日本人，老弱妇女多，到现在冻死的也上万了。不过原来是大富翁的，现在还过的相当舒服，大鱼大肉还有钱买，普通的人便吃冷风了。日本人在这里开了舞厅及妓院，并公开招考妓女，广告上说："无论有无经验，均可应考。"

1946年2月27日，《大公报》发表天津读者来信：

天津物价越涨越凶，人民生活叫苦连天，国军也在吃无油无盐的伙食。反观日俘日侨锦衣玉食的生活，实在是太舒服了。让屠杀我们八年的日本俘虏吃得红光满面，一肥二胖；你又可以看见抗战八年出死入生的国军营养不足，（每日副食一百元）在四郊冷得发抖守护天津。这两幅画面一对照，令人太痛心了！

天津市民提着口袋几乎买不到米，其实天津市白米多得很，（日本人）留着的满仓满谷堆积如山的白米，煤炭、咸鱼、冻肉……为什么不拿出来让老百姓吃？

蒋主席在日本投降后固然说过"要爱敌人"，但我们对日人过分宽大，宽大得使他们不承认战败，宽大得爱敌人不爱自己。……

4月，徐盈随军调小组到东北，他的报道中有这样的描述：

……日本小孩子穿着大兵皮鞋，女人穿着木屐，声音很重地敲打着正在破坏中的马路，像在记录仇恨似的，令人心头发悸。……兵工厂空了，但火药还埋藏在那里。日本人有些不甘心地在说：'过二十年我们还会回来的。'日本人自然是第三次世界大战的最大希望者，他们还想翻身。"

奉天居留民会仍为一有组织之庞大有力机构，每月经费四五百万元，皆由侨民负担。日本侨民组织严密，其小组负责人亦不讳言有军火会埋藏于地下，待机而动。至于日俘方面，阶级划分仍严，徒手士兵对无刀之官长仍随时敬礼。但使其尊严扫地者，即不论遇到国军或盟军，皆须举手注目，以示崇敬。

徐盈那次的报道重点本在军调活动，他能够注意到日本人的举止言谈，应该说那必定给他留下了深刻印象。

同样是4月，张高峰在北平拘押日本战犯的牢房里看到的是：

一百六十八名想做中国主人的日本人，押在中国的牢里。……这里将决定他们的命运。庭长张丁阳说："我们不用刑讯，法律怎样规定，我们就怎样办。"这句话叫专用坐电椅，灌凉水等酷刑对付中国人的战犯听到，该做如何感想。

这一群杀害我们同胞的罪犯，从西式的洋房钻进了牢狱里。记者去参观时，他们在草褥大木炕上叩头，那当年率领一师团兵力到处杀人放火的——八师团长内田银之助也鞠起躬来。威风呢？随战争而来，也随着战争而去。……每个战犯都向参观的人陪着暂时的笑脸。这笑脸是可怕的，掩盖不住他们狰狞的面貌。他们有的正在看书，有的在下棋，多数在低头沉思，大家默默无言。每个战犯的面孔上难免带着一种惭愧的表情，今天他们总该有点人性了。

在第一战犯室内，拘押着——八师团长内田银之助与敌华北情报机关主持人茂川秀和。他们是战犯中的重犯。内田刚用手巾洗完脸，约有四五十岁，他向记者行个礼后，面孔上有苦涩的表情。"茂川秀和是那个？"记者想看看这位屠杀中国人的刽子手。他回答"我是茂川。"他似乎愿有人跟他谈话，但是谁又愿意听他那套假话，……走到第四战犯室，有一个满脸长胡子的战犯喊了一声"行礼"，战犯一齐作叩头状，样子可恨又可怜。那个喊"行礼"的人，就是当年发号施令统制华北煤炭的门头沟煤矿总裁，曾奸淫无数中国女人的白岛，如今他又在发号施令叫日本人向中国人行礼，这是多么滑稽的对照。……白岛还向人说，他统制煤的时候，煤价便宜，他离开了煤价就贵起来。日本人的无耻狡猾，白岛就是一位代表人物。

同年 6 月，张高峰派驻沈阳，7 月，他发回的首篇通讯《崩落中的沈阳》，就用许多篇幅记述了滞留在那里的日本人。他特别说了这样一段话："讲到日本人，我个人常感到将来的可怕。"为什么呢？他从另一个角度看待日本人的"屈服"：

过去凶恶如虎的日本人，现在驯服得犹如绵羊。如此能伸能屈，仅仅是因为他们战败了而不得不如此吗？我总是隐隐地感到，那笑脸的背后暗含着他们将来还要崛起的力量。日本人是个坚苦卓绝的民族，过去以这股劲立国，今天仍以这股劲向同盟国家投降。我们在南京、上海、天津、北平以及东北所看到的日本军民，全体一丝不紊，一声不响地低下头去，你说是因为已经投降不得不如此吗？我说这正是可以注意的地方。

以下我向读者报告几个关于日本人的故事。

在沈阳，我看到过一个中国讨饭的小孩子向一个日本酒馆要钱。这个已经投降了的酒馆实在穷得要命，老板没有钱给他。那孩子不容分说，上去就是两拳，那个日本人不但不还手，还连说好话。过去凶极一时的日本人，今天在一个不讲理的中国小孩子面前也投降受辱了。

在沈阳，凡是各官员所举办的舞会或联谊会，总是有日本人来做侍役或登台去表演。他（她）们永远陪着笑容给来宾倒茶划洋火，登台的卖尽力气去表演。过去每个日本人都凶得像只老虎，今天驯服得真不如一只绵羊。能伸能屈的程度如此，你说是因为已经投降了不得不如此吗？我说这是日本将来要起来的力量。

日本下女是投降后一群生活无着的孩子们。这些人并不是我们所想象的那样卑贱，除了少数放纵的以外，多数还是有她们的身份。甚至她们的文化程度超过中国的客人。每个下女都可以给你从明治维新讲起，每个下女都能与你笔谈。'

日本女人在沈阳常成为人们谈话的中心。有一次在中苏联谊社中餐部吃饭，有一位姓村井的日本下女，我们谈起来，她不否认她私生活的不检点，但是她说："今天中国人看来，我是一个无耻的女人，等我把三个孩子带回日本以后，我就是伟大的母亲。"她的丈夫被拉到西伯利亚去了，现在她抚养着三个儿子。而且她开玩笑说："第三次世界大战的时候，我的儿子是日本的好壮丁。"我说："你还希望有战争吗？我已经怕了。"她又笑着答："我希望有！"这该不是纯粹的玩笑吧！

这个日本女人的话当然不是玩笑，而是他们渗透到骨子里的军国主义"理想"的流露。

张高峰还注意到另一个细节：

南满站的春日町，几十年来是日本侨民的商业区，……要回国的日本人就在这里拍卖他们破烂的东西，……虽然全是旧货摊，但每件东西的精巧，说明日本的进步。再看看书摊，不关痛痒的著作甚少，关于农工业的书籍最多，尤其是工具书多，如字典、辞典、多种手册，这也说明日本如何注重农工业的并驾齐驱。

日本问题的严重还在于他们并不从内心真的承认自己的失败，他们仍然看不起中国人。张高峰写道：

在沈阳跟日本人谈天，一提到中国之战胜，他们开口先说美国，虽然我也极力向他们争执胜利的原因，但是内心总免不了惭愧。……今天在东北各地的日本人已经普遍的与中国人接触了。这应该是我们认识日本也是教育日本人认识中国的好机会。可惜，许多人竟利用这机会解放了"一切"，仍没有改变了日本人对中国的旧观。

日本人"乐观"中国内战

日本人投降了，失去了往日的"威风"。然而，仅仅几个月之后的1946年1月，吕德润的报道就透露了这样一个信息：一个喝醉了的日本人说，他曾接到过华北日本特务组织的命令，要求在华的日本人分别加入国军和共军，他们说："中国不内战，日本永远翻不了身。"日本人的这个阴险策略和他们对中国内战寄予的"希望"，再清楚不过地表明了内战对于国家前途和民族命运的危害。吕德润不禁感叹："日本人败了还留下一手，我们胜了却少了合作的两手。"

1946年8月，中国内战已经全面爆发，东北日侨生活也发生了变化，最明显的就是日本人走出了投降之初的忧郁，变得乐观起来。《大公报》报道说：

> 内战烽火漫天，多少同胞当了炮灰，日本人却在东北欢天喜地。沈阳日侨厚生会举行慰劳留用日本人员大会，到两千余人，盛极一时，内以"何日君再来"一曲最博掌声。在此之日人，去岁尚多悲哀，但仍信二十年后可恢复。今日彼等皆一片乐观，有日人公开表示，只要五年日本便可复活了。

> 最初日本技术人员自动表示愿予留用，刻均希望早日返国，彼等时常吐露"再建日本"等语。依目前之现象与彼等之心情观察，东北利用日人生产之可能性已趋消灭。惟若干被"接收"之日本少女已在遣返日侨名单中失踪，闻沈阳一地"失踪"日本少女已达千

人。……更有当初关内飞来接收人员"雇用"之日女,已有将生产者,以致家庭纠纷时闻。继"接收夫人"之后,东北又出现了"合作夫人"。

现在各地日侨已经开始遣送了,去年一些不愿回国的,现在都吵着要回去了。他们不再泄气。他们乐观起来。看看今日的国际,听听国内的炮火,我们像明白了一些。但是日本人比我们明白的更快,他们现在争着要回去了。去年日本人说,日本复兴要二十年,现在他们说,只要五年就够了。

近来每天都由葫芦岛营口送出一万人左右,除了美国的输送船,也有"××丸"字样的日本轮船。日本水手站在甲板上俯视着担任纠察的中国哨兵。登船的日本人微笑的说着:"快快的回来的有"。三三两两的美军开着吉普车在海滨兜风,每辆车里都有一个带着军帽的日籍女郎陪在身边,不时的从中国军官身边经过,一阵轻蔑的笑语,常从妖冶的红唇中发出。有时候和她们说话,她们都连睬也不睬,昂然自得的态度,使日本人恢复了帝国主义的骄矜。

日本人如此张狂,许多中国人却由于内战炮火的困扰而变得近乎麻木了。1946年9月3日,抗战胜利一周年纪念日,《大公报》发表沈阳读者来信:

……回忆去年此日,一切气象似乎都变冷淡很多。去年今日听到日本天皇广播投降消息,刚刚只有两天,东北各大城市维持治安的权利还在敌伪军警的手里,而全城家家户户就自动地插遍了清天白日满地红的国旗来。欢欣和热烈的情绪不用说,妙在这许多面国旗十四年来藏在什么地方,一日之间居然挂得这样齐全。今天一周年了,懒洋洋地挂上这面国旗,怕还先要警察局家喻户晓呢。一个日本侨俘悄悄地说:"你们今年的祝日比去年寂寞得多了。"这是一个讥讽吧！却不能不认它是事实。老百姓的心理，节日还是要过的。你看一方面烽火漫天，一方面却闹哄哄的忙着过节，国家与民众成了对立，自然那么便不相关了。

1946年"九一八"16周年纪念日，《大公报》报道：

> 沈阳专电：今日"九一八"，是东北同胞雪尽耻辱的日子，街头上没有人家挂国旗，也没有标语，只是比往年少了日本兵。这日子被人们忘记了。……去年"九一八"人民半喜半忧，期待十四年，从日本铁蹄下翻了一个身，又落在内战陷阱里。松花江名曲至今仍是一片流浪逃亡同胞的写照……广大地区在萧杀秋风里荒芜遍地。
>
> 北平电话：今日"九一八"无纪念仪式。胜利既已引不起兴趣，而沉痛故事亦少凄凉之回忆。今日麻痹者半系当年激昂人，秋光依旧，人面全非，……今日时局之严重，甚于当日之"九一八"。……腐化贪污，于今为烈。

更为严重的是，由于美国政府出于战后遏制苏联的需要，转而扶持日本，原定拆卸日本工业设备用于战争赔偿的计划被搁置，战后日本工业并没有得到有效的打击，甚至依然强于我国。抗战胜利一周年时，《大公报》报道说：

> 我们以战胜国看战败国日本的工业，实难对胜败二字不表示怀疑。
>
> 盟国拆卸日本机械赔偿的办法规定，日本可保留水力电五百万千瓦，火力电二百一十万千瓦，钢铁年产三百五十万吨，酸三百五十万吨，苛性苏打八万五千二百吨，纯碱六十三万吨，工具机器两万七千台，钢珠轴承两千二百万日元，轻金属一万五千吨，商船十五万吨。反观今日中国，全国电力不足百万千瓦，钢铁若和

平立即实现，一年后计划产二十万吨，酸约四万吨，苛性苏打不足一万吨，纯碱不足四万吨，工具只约二百台，钢珠轴承根本谈不到，轻金属目前亦无，造船亦在计划中。仅从数字来看，我们也可醒悟了。

拆卸日本剩余机械，盟国分配尚未决定，包括拆卸日本何厂及拆卸之机器何者分与何国，中国能分得之比例亦未定。前闻日本竟要求盟国把中国全部纺织厂搬入日本，以为日本生产，赔偿盟国战费，幸而未准。然此种口气在今日闻之，仍如置身十五年前之火药库。即使将日本机器运至中国，此批运费及装置费，以目前的物价计，一吨即须百万元，在"军事第一"之今天，怕这事也没人着急了。

认识日侨日俘生活，还可以从当年《大公报》发表的分别来自锦州、抚顺的两篇报道中看出他们"将来的可怕"：

今日的锦州依然存在着日本人的天下。成万的战败日本国民从东北各地向这里集中，等待遣送返国。……形式上是受行辕管理，实质上许多事务仍然操纵在日本人手里。穿着大马靴的日本统制阶级，依然在一般日本人前表现着英雄的姿态。一声令下，那些日侨和妇孺鞠着九十度的躬，半天不敢抬起头来。他们的生活还是保持着完整的秩序，善后连络处的职员们没有一时不在聚精会神的负起他们的责任。派出所设有总务、调度、工务、运输、奉仕、医务等数科，另有病院、防疫队、担架队等卫生设施。为了便利有钱的日本人，集中营中设有各式各样的贩卖店。闲暇时，他们谈笑自若地游息在草地上，享受着秋阳的沐浴。教员依然对孩子们进行教育，而我们的人民反而在烽火中度着忧患恐怖的日子。

抚顺日人去矣。他们侨居东北大多都有十多年甚至二十几年之久，对东北蕴藏的遍地黄金莫不欣羡赞叹，对中国人的善良性格及宽厚也倍加推崇。但对于十几年来中国老百姓所受的屈辱压榨，他们却避而不谈。他们说："我们愿意跟中国交朋友，绝不会再打仗，但是怕大鼻子（指苏联人）会来麻烦吧？"说话的人还故意以沉重的语调表示诚心，但是仍掩不住内中的狡诈与幸灾乐祸。

与其说他们是战败被遣送，毋宁说是衣锦荣归。他们穿着簇新的衣服，带着不能更多的衣物，彼此彬彬有礼的招呼着。他们竭力压抑住内心的苦痛悲伤，故意装得那么自然随便，日本人的倔强性格便是如此。

日本人是天性服从的，虽然人很多，但井井有条。在预定的时间汇集后，立时便在车皮上写下某中队某小队的字样。他们先把车皮打扫好，放妥当行李，便先叫孩子妇女上车，然后男子们才给自己安排地方。那种从容不迫的神情，令人叹服。……当局派警察护送。那些老中国通不惟必恭必敬地唯唯受命，并且早预备好了成箱的啤酒、罐头、点心，备警察途中痛饮大嚼。汽笛响了，车开动了，车上的人都用力地挥动着他们的手、帽子、手帕，以无限感慨的声调，频频地嚷着他们最后的"撒要那拉"！

对于日本人的不忏悔、不反省，当年《大公报》报道的东北日侨俘管理处处长李修业对即将遣返的日籍人员的训话，在今天读来，也仍然掷地有声：

当你们临去之时，应该明白，日本发动侵略战争，非但只是日本军阀掀起的，也是大多数日本人民盲动拥护军阀政策所造成的结果。我们深信，每一个日本人在此十四年中，没有没欺侮过中国人的，没有没打过中国人、骂过中国人的。南京大屠杀，千万的中国人民被你们用机枪扫射惨死。今天，如果中国人民对你们施以报复，你们在中国的几百万日侨一个也回不去！但是，我们仍然让你们安全的回国去，这乃是我们中国的宽大政策，把过去的仇恨摒弃。现在使我们非常难过的是，你们日本人至今还未能觉悟，甚至还怀念过去那种侵略的暴行。十四年来，你们的享受，你们的衣食，都是取之于中国人民的血汗，东北人民在你们的压迫下吃一粒大米、一个鸡蛋就是"经济犯"，愤懑你们的兽性便是"国事犯"，试想这十四年来，东北人民是怎样活过来的?! 希望日本人此后要彻底认识中华民族是伟大的，中国人民是善良的，洗清军阀的侵略思想，改变盲目的行动，在你们自己的领土上建设你们的国家，如再憧憬侵略，只有把日本民族引进毁灭。

"日本投降是临时休战"

对于日本"将来的可怕"，1945年赴日本采访的大公报特派员朱启平写的长篇通讯《日本投降是临时休战》，尤其令人振聋发聩。七十年后重读，仍不失为认识日本军国主义的一篇活教材。限于篇幅，节录如下：

……细想这十二天来的经验，深感日本目前的投降是临时休战，盟国对日必须严厉公正，以永绝战祸，中国对日尤须慎防万一。我不是在危言耸听，这结论是根据许多事实归纳出来，逐渐形成的。

横须贺军港投降 ……美军当局向敌人提出投降之前所必需履行的条件，其中包括：除少数守卫部队外，其余军民撤离军港区；各种设施不得破坏；潜艇须拆散，堆积岸上；军舰须准备移交；仓库须封闭等等。我们事先预料敌人必须履行这些条件的，却没料到履行得这样彻底。负责执行的美高级将领再三提到，日方对于投降事宜一再表示合作精神。关于美方提出询问各点，答复极为翔实可靠。

日本当局为什么这样忠实地履行投降条件呢？

冷，恨 我从横须贺军港乘卡车赴横须贺、横滨，想看看日本人民情形。……车过街市，两边门户紧闭，街上只有三五个行人，见我们车近急忙躲开。有的忍不住停步惊视，却又似乎不敢正视，看两眼，低头又走。窗户里却不时露出惊疑不定的脸来……车抵横滨，除却靠海一带零零落落有些较坚固的高楼大厦还立着外，其余已是一片瓦砾。车子常常疾驶五分钟看不见一座完整的房子。同车的美记者都感到破坏之烈，我这中国人却有点麻木。我记得重庆几次被日机猛炸以后的情形，更记得那许多战区中的城市被日军烧得一干二净的惨状。……

我们搭火车返横须贺。日本的铁道交通现在还由日人管理，美方并未接收。车站上除了我们以外都是日人。站上本来是拥挤喧哗的，但是等到我们走上候车站，大家渐渐都不动了，不交谈了，要是火车不动，汽笛不响，站上便是一片死寂。我们立在一处候车，不久发现我们被包围在日人圈内，四周都站着日人，一个个木然不动，向我们怒目注视。这四五尺之地像是两军对峙的中间阵地。满眼的仇恨呀！我们候车有半小时，这样被注视了半小时，我终生不会忘了这半小时。

东京街市被毁的程度和横滨的差不多，工厂区更其荡然无存。被炸的屋基上有的立着木牌，大书"皇军万岁"。大街上行人无几，电车还行驶，汽车如孤魂。居民背着包，拿着袋，排队买各种日用必需品。最有名的大街银座，建筑物大都成了灰烬，灰烬中偶然有几座高楼还在。残存的店铺大部分关门，有的虽开着门但货架上空无一物。皇宫附近马路上的摊贩，因沾美机不炸皇宫的光，大都完整。皇宫本身未见有何破坏。……至于人民对我们的反应，一样的充满了阴冷和仇恨。

战败国的人民对战胜者的冷和恨，不能说是出乎意料的事情。但是何冷之极，何恨之深！

"本土决战"空气　一位日本领航员告诉我，这场大战从日本方面而论，果然是由军阀领导发动，但是人民大体上也一心一意拥护战争，没有反对。因此战争的责任不能单由军阀负担，日本人民也不能辞其咎。他又说，日本人民知道战争的发动对他们不利，但是还相信可以获得最后胜利的。这次投降对人民是意外。他的话在我思考中久久盘旋。

以后我在各处走，渐渐感到他的话是实在的。我发现这战败国家充满了"本土决战"的空气。日本沿海遍筑防御工事。东京湾上要塞共有巨炮一百六十二尊，这些大炮是可以和美国战斗舰上的大炮对抗的。……我在各处看见无数军人，大概是刚退伍的。他们那副敌忾神气，说来几乎是不能令人相信的。某次我乘火车，旁边是个年轻军官，我请他抽烟，他万分不得已地接过烟，点上火，抽两口，便狠狠地把烟丢出窗外。一时之间竟使我糊涂了，究竟谁是战胜者？他还是我？这类军人我后来到处遇到，表现的神情或有不同，基本的态度总是一般的。

战败国而充满决战空气，何其反常？军民对投降的反应如此，而政府充分表现"合作精神"，为什么？侵略成性的日本统治阶级何以在投降时倒反而走在军民的前面？

庙堂式的议会　九月四日日本临时议会举行开幕式，这是日本签字投降后第一次议会集议，……我和一群同业从贵族院大门入内。许多管事的急急忙忙在前领路，接存我们的衣帽，并且发给我们一张英文的"参观须知"，其中有"参观者得受警卫或警官之搜查"，"凡携带武器者或神志不清者不得入内"。天哪，这是战败国的议会还是战胜国的大本营？我们是战胜国的记者，还是战败国的签字代表？和我们同去的一位将领，代表大家断然拒绝遵守这些可气可笑的条件。我们照旧入内旁听。

议会会场前面正中是个小讲台，后面深幕重缦中是座高台，放着皇座。……一人从政府官员席次上出来，先向空空的皇座深深鞠躬，然后步上讲台执稿诵读，读毕下台，又向皇座深深鞠躬后归座。一议员发言，也是先后如此鞠躬。我注意四周，看见任何人出入议场时也是如此鞠躬。会议没见有任何询问质辩。台上读稿，底下静听，议员有时全体起立，如此而已。我觉得是进了一所庙堂，听见方丈台上念经，众僧台下打坐。那皇座当是三世如来佛像。议会气氛，不知何在。

这次议会全体议员一致通过的第一件决议就是向阵亡将士致敬！

向阵亡将士致敬，表示什么？

秘密警察　当我在各地旅行时，有时带一位帝大学生小林正明作翻译员，是外务省临时雇用专门帮忙我们的。他善良忠厚，几次旅行后，彼此很熟。有一次我冷不防问他："你每次过来陪我们走，向外务省书写报告吗？"他显然是楞了，向我惊视了约两三秒钟，急忙说："不……"又过四五秒钟，说，"不写报告！"我笑着答应，继续闲步，偷眼看他，脸上一阵红一阵白，眼神不定，良久方止。这老实人想瞒人，做工稍差，结果是欲盖弥彰。

又一次我和一位美国同业乘火车旅行，忽然有一个身体壮硕衣着相当整洁的日人，要求和我们同座谈话。我们请他坐下，却感到无话说。他可话多呢，用他千疮百孔的英语和我们谈。他先表示自己前进思想，然后问我的美国朋友："你可是共产党？"回答是个"不"字，可是他不失望，接着大骂日本帝国主义军国主义，居然还提到济南惨案，向中国大表同情。我先夸奖他的记性好，没有忘记"帝国主义"、"军国主义"等等大名词，然后问他："你的思想如此前进，怎能现在这样自由自在旅行？战争刚结束，日本政府还没有释放政治犯呀！难道你没有被捕过吗？"他眨眨三角眼，慌忙文不对题地说："我曾被捕许多次！许多次！"他问我们的姓名，报名。为成全他回去报功，我们都十分清楚地告了给他，但是他对我以后不再亲善了，转而和美记者谈话，直到旅程结束。

这类的例子很多，这些"热心"的朋友到处都有。有时候他们露面和我们谈话，十分天真地打听我们姓名，报名，乘何舰来的，舰上情形怎样，一起来了多少军队，登陆美军的数目等等。有时候他们挨在我们身边，他们表面上是一句英语也不懂的，可是他们脸上的表情和我们的谈话内容合拍得出奇。

对最无所谓的记者如此，对其他能放松吗？战败国敢向战胜国施行秘密警察工作，是何居心？

战败原因　无论是日本政府或人民，在检讨这场战争时，没有一个非议这侵略战本身的。他们的检讨只集中在何以战败一点。换句话说，这仗是应当打的，如果打胜了，便万事如意，皆大欢喜。不对之处，就是在打败了。

何以打败了？他们认为战败的原因是：一，原子炸弹。美人在科学研究上较日人进步，发明这可怕的原子炸弹，使日人无从抵抗。好像一个人突然中了魔术，失去力量。他们因此大声疾呼提倡科学，加紧研究。二，苏联参战。不论以往苏"满"边境发生多少事件，日本忽然认起苏联是好友来。因此他们认为苏联的参战等于忘情负义，乘人之危，使他们亚洲大陆上军事形势整个改观，无法再打。

他们不承认原子炸弹和苏联参战只使战争提早结束，不承认今天的失败是多年侵略错误的结果，不承认根本打不下去，而冠冕堂皇地硬说他们的投降是由于避免人类间大屠杀，硬说纳粹投降后日本仍可最后胜利，日本的武士道精神永远可以战胜美国的优势武器，大和民族还是比世界上其他民族更优秀。目前的失败投降是一时挫折，将来尽有翻身之日！

释疑　上文中虽有许多可疑矛盾之点，但从日人立场是极易得到解释的。

……日本的近代史整个是部侵略史，日本的统治阶级是以侵略起家的。日本的人民被六七十年侵略的成功陶醉了，被长期军国教育麻醉了，认为侵略是理所当然。……以往的历史都是不错的，现在这场战争是这历史发展的自然结果，怎么有错呢？六七十年大和子孙处处成功，时时成功，足证民族优秀之至。今日一朝的挫折，怎能使民族灭亡呢？

长久侵略没错，今日之战没错，大和子孙又是世界上最优秀的民族，那么战争怎会失利呢？当然是由于意料不到的因素：原子炸弹和苏联参战，当然是由于天皇的悲天悯人，避免人类的大流血。日本并没有注定失败，美军武器的优越可用日军无比的作战精神克服。乞降不过是表示日方对和平的爱好而已。

日本的政府和许多人民便这样自欺欺人地认识和解释这场战争！

但是日本的统治阶级是聪明的，知道如果继续顽抗，必至全国粉碎；立即投降，当可保存若干元气，以图再起。这统治阶级又知道要保持统治权，一定要证明自己对盟军有可取之点，可用之处。怎么办？十分忠实地履行投降条件，帮助盟军完成占领任务，以取得盟军最高当局的信任，不干涉他们继续掌握政权。

日本政府一向是对人民宣传盟军的横暴凶狠的，一向是不以战争失败的真相报告人民的。日本人民以为日军一直在打胜仗，或虽打败仗而盟军损失更重。日本陆军迄未遭致到打击，以往侵略的胜利使他们坐井观天，自命非凡。现在一旦忽然失败投降了，是原子炸弹和苏联参战促成的。这情况，怎能一口吞下，吞下了，怎能心服？怎不恨美军入骨，冷恨之极，决战空气，合乎逻辑之至！

日本人民、政府既然都认为战争本身是不错的，那在战争中牺牲的军人自然是民族的英雄烈士。议会是人民的代表，人民的代表向民族的英雄烈士致敬，难道不合理吗？

目前的失败投降不过是一时的挫折，哪个国家民族的历史中没挫折呢？跌倒了是可以爬起来的呀！"知己知彼，百战百胜"，秘密警察的工作为的是"知彼"。

日本统治阶级和许多人民便是如此打算，如此意识！这些认识，解释，打算和意识，加上一起等于什么？目前日本的投降是临时休战，忍气吞声，伺机再战！

天皇伪装了内阁　……日本的统治阶级正利用美国因天皇特别看待一点，伪装其内阁，维持并巩固其统治权，以进行其秘密反抗盟国的工作。请看日阁的组成份子，除却首相，哪一个不是以前曾入阁和军阀沆瀣一气的？哪一个不是统治阶级的旧有人物？……这内阁做了些什么？解散七百万军人，秩序井然，人人安全，士气昂扬，组织犹在。换句话说，七百万人脱下军服变成了便衣队，散布各国。武器并没有全部交出，只是随意移交一部分。许多武器收藏着，可随时使用。有关军事的档案不是烧毁了，便经秘密收藏，没有一份落入美军手中。使美军无从知道日本真正的军事情形。这样的内阁，是真的在实施投降条件，真的和盟国合作，痛改前非，重新做人吗？

自我警惕 现在日本对中国的态度，真是可恶又可笑。虽然经过了八年多的大战，日本对我们故态依然。日本完全不理会中国为何抗战，不识我们抗战的精神，还是鲸吞蚕食的一套旧观念。中国对日本人依然是地理名称，譬如说，他们报上称我们为重庆记者，而不称为中国记者。对我们收复东北认为是"并吞满蒙"。同盟社的北平通讯把这故都写成对"皇军"之去如何恋恋不舍。名人著文大谈中日友爱，说"支那事变"是日本和蒋主席之间一点小误会。字里行间，好像大多数中国人是欢迎日军的侵略占领似的。他们还轻视中国，认为中国荏弱分裂。他们这态度，显然引到一个结论：万一他们再起，第一个当是找中国寻衅复仇。

我们应当怎样呢？民主团结以求国内和平，全民奋发建设工业国家！唯有这样，我们才不但根本不怕日本的复仇，而且可真正负起看管日本的责任，以分美国之劳，而为东亚和平的砥柱！我们须知道：美国虽可看住日本，我们不可过分依靠。人贵自助，国贵自立。我们不可忽视了！中国虽胜犹弱，而弱国永远遭人欺凌。中国虽然最后胜利了，成了四强之一，但是千万骄傲不得，松懈不得！

日本投降了，可是日本政府及大部日人都认为这是临时休战，忍辱负重，以图再起。……二十世纪已非"揭竿而起"的时代。工业的发达，科学的精进，使任何人今后不敢妄启战端。日本无论怎样秘密准备，不能卷土重来，万一可能，也只自取灭亡，势将万劫不复。……日本人民，醒觉吧！拿出大勇气，大决心，我们准备和你们握手！认投降为临时休战，决非你们之福！

大公报记者对日本可能东山再起的警觉，固然有他们亲历八年抗战的血泪印记，但更多的还是他们的理性观察与思考。他们写出来，发表在报纸上，是希望提醒国人警惕。可惜，内战如火如荼，很少有人关注日本军国主义复活的问题了。

1948：反美扶日运动

战后的世界格局，形成分别以美苏为首的两大阵营，为了遏制苏联，美国调整了对日本的政策。1948 年 5 月，美国公布"特赖伯计划"，减少日本战争赔偿，扶持日本经济复苏。消息传出，不仅直接伤害了浴血八年的中国人民的感情，而且危及到中华民族的长远利益，深知日本军国主义侵略本性的中国人迅速作出反应，发出一片反对之声。

率先行动的是青年学子。5 月 4 日，上海一万五千多名学生集会，宣布成立"反对美国扶植日本，挽救民族危机联合会"，22 日，又发起十万人反美扶日签名运动。设在北平的华北学生自治联合会立即响应，决定迅速在平津掀起反美扶日运动。30 日，北平各校学生联合举行示威大会，天津各校也派代表参加。

同日，美国驻沪总领事卡宝德声称，中国学生的教育费用"皆出于美国农民血汗所得及纳税人慷慨贡献"，显然侮指中国学生拿着美国人的钱反美，是忘恩负义。6 月 4 日，美驻华大使司徒雷登发表声明，一方面为美国扶日政策辩解，称"保证日本侵略基础已摧毁，复兴其经济对华绝无威胁"，另一方面指责反扶日运动是"被利用"，"有阴谋"，甚至威胁，若运动继续，"可能致不幸之结果"。

卡宝德与司徒雷登的话非但没有平息事态，反而激怒了更多的中国人。6月5日，上海学生举行反美扶日大游行，当局事先派出警宪封锁交大、复旦等校大门，随后对集结于外滩的学生大肆逮捕，多名学生被打伤。

在北平，首先行动的就是司徒雷登曾任校长的燕京大学。7日，燕大学生代表联席会决定：联合各校举行总罢课；向司徒大使说明燕大师生意见；燕大师生工友全体签字，请司徒大使返校。9日，《大公报》披露燕大人致司徒信：

> ……美国扶日政策，对于中国人民、美国人民以及世界和远东的安全都有不利，是我们所不能赞同的。先生几十年来教育中国青年，了解是非真伪，勇敢地负起时代的任务，燕京"因真理，得自由，以服务"的校训，不但是我们学习的准绳，而且现在成为我们行动的指针。……考虑到先生目前所处地位的困难，我们热诚地希望你回来继续从事你工作了一生的教育事业，这对燕京，对中国，对你自己，将是更有价值。

同日，有北大、清华、师院在内的华北各院校宣布总罢课两天，举行大游行，把反扶日的声音喊到街头去。大公报记者跟踪采访、报道：

> 北平各大学学生为反扶日，九日起总罢课两天，并分别出发游行，在街头张贴标语，高呼"反对美国扶植日本"及"打倒美帝国主义"等口号。各校学生中途受阻，不能会合。北池子附近曾有警察鸣枪六响，阻止学生前进。但城外燕大、清华学生千余人终于冲过西直门，并在西四牌楼与铁院、师院同学会合。北大、朝阳、中法三校学生游行大队七百余人则被阻于东华门大街约四小时。被围学生到午后仍环立街头，歌声不断。警察欲分批驱散，未得结果。烈日当空，午后二时，南池子附近警察开枪，并以皮鞭、石子向学生攻击，学生有负伤者。北大、朝阳、中法三校学生拟冲出警察重

围，警察遂二次鸣枪，并以皮带砖头掷打男女学生，负伤倒地者均被学生救护队抬往北大。街头民众远避墙隅。此时清华、燕大、师院、铁院学生突破包围，赶到东华门大街，游行大队遂增至四千余人，警察则将枪支收藏于附近胡同内。学生也结队唱歌，返回北大。

在北大民主广场，学生召开反扶日示威大会。楼邦彦教授出席讲演说，"政治学说从没有说人民不能公然反对政府的。在民主国家里，政府代表人民，人民当然可以反对政府，而且可以公然反对政府。不过，如果政府不是代表人民时，那你们就要小心了。"费青教授说："当我们看到真理的时候，至少我们要有讲出来的自由。这是最起码的权利。"全体学生举行宣誓，坚决反对扶植日本，要奋斗到底。入夜后沙滩北大仍有军警守卫。又，反扶日游行时东交民巷戒严，美总领馆大门紧闭，由军警把守，禁止通行。记者打电话给美国克乐伯总领事，他说，不知道东交民巷内军警增加，听说学生们流了血，他十分惊讶。如果学生派出代表，他可以接见。对于反扶日的意见，他说电话中不便说。

现场采访大公报记者张高峰，后来还讲述了游行当天发生的几个细节。

游行队伍被阻，学生喊着"警察学生是一家"，靠近了刺刀连成的封锁线。警察们情急，接连对空鸣枪，一个女同学用嘶哑的声音悲愤地喊道："我们游行是为了反对美国扶植日本，并没有扰乱治安。八年抗战，我们受过日本鬼子的残杀、奸淫，不知流了多少的血才把他们赶走。现在，在美国的扶植下，日本鬼子又要复活了，又要来打中国。我们游行是要唤醒同胞，你们为什么要开枪呀？"警察们很受感动，一位警长说："我们也怕日本鬼子复活，对你们的游行也很同情。但上峰的命令不能不执行。真是没办法，请你们原谅。"

双方僵持很久，同学们呼喊着要向前冲，军警也密密排着，严阵以待。僵持中，朝阳大学同学在街头临时组织了一个百余人的儿童队，都是十二三岁的贫苦孩子，他们因为受过日本人的虐待，也喊着"打倒日本帝国主义!""反对美国扶植日本!"的口号，唱着"团结就是力量"的歌，向封锁线冲去。同学们报以热烈掌声，跟着他们唱歌，呼口号。警察们起初很惊讶，及至孩子们靠近封锁线时，才用闪亮的刺刀吓唬他们。孩子嚷着"为什么不许我们爱国"撤退了。

9日大游行后，《大公报》以"北洋学生的抗议，退还美方的馈赠"、"鸡蛋难堵正义的嘴，燕大学生坚决反对扶日"、"清华教职员不买美援配粉，申张中国人的尊严气节"、"北大今起拒收美国救济物品"为题，连续报道平津学生抵制美援的热潮。

11日，天津北洋大学全校三分之二以上同学签名，"为了对反美扶日运动采取比罢课更有效的行动"，决定从12日起停止分配美国救济团赠送作学生营养补助的鸡蛋。签名书还要求，"联合平津各校一致拒绝美国任何非善意的救济。"

18日，燕大学生发表拒绝接受美国营养救济品宣言："中国学生为了反对美国扶植日本，抢救中华民族的惨重危机而展开爱国运动，得到全国同胞的同情和支持，却受到了美国政府的污辱诋毁，更想以救济物资塞住我们的嘴。我们不反对美国人民对中国一切友谊的援助，但对美国政府用作手段的救济却决不愿意接受。我们这样做只是表示并代表全中国人的坚决意志，反美扶日到底。"

20日，清华大学教职员发表声明："为表示中国人民的尊严和气节，我们断然拒绝美国具有收买灵魂性质的一切施舍物资，无论是购买的或给予的。"

21日，北大学生自治会征集签名后决定，自22日起拒绝接受美国救济品，解散校内专为办理此项救济工作而设之学生福利救济委员会。华北学生反扶日联合会抗议书称："今日中国学生已经有无数次考验，水龙、木棍、砖石的滋味都饱尝过，无论遭遇任何严重迫害，我们总是不为暴力所屈。"

23 日，司徒雷登到北平，在燕京大学度过他 72 岁生日，大公报记者赶去采访，他对学生问题不做任何表示。25 日，司徒雷登回南京前夕，大公报记者再次趋访，他依然王顾左右而言他。其秘书傅泾波还随时提醒他注意，不要说话太随便，尤其是面对记者。因为，司徒雷登已经接到燕京校友的一封信说，他这么做下去，损害了他在中国文化教育界中的地位与名誉。又说"这非出自你的内心，希望你赶快辞职。"司徒雷登左右为难，确实不知道说什么好。

1948 年"反美扶日"运动的发生，不是偶然的。当时《大公报》发表的社评《如何处理日本？——与美国人谈对日政策》，表达了它的看法：

中国人说美国政府扶植日本，美国政府不承认，以为决不会叫它再起来。

美国处在大西洋彼岸，立国至今一百余年，享尽了国家安全的幸运。直到珍珠港事变，才叫日本偷偷的并且狠狠的打了一重拳。到底美国得天甚厚，经过三年半的挣扎，反攻获胜，成为世界最大强国。……以现在原子弹的进步情形论，美国当然决不会恐怖日本再来一个珍珠港。所以美国政府说不叫日本再起来。

中国人老老小小，自出娘胎，就本能上认定日本是一个侵略的邻居。"东洋人"这三个字在中国人心理上已经是不可磨灭的憎恶名词。他们纵使不尽知道美国对日政策究竟怎么样，但战败投降的日本，明明还好好的完整着。"日本货"这个可憎的东西，它在战前是侵略的前锋，又要渗到中国市场来了。……在中国人以至在远东各国看来，这些就是日本以前在远东横行，在中国侵略的本钱。

中国人反对美国扶植日本，是中国老百姓常识中及本能上的要求，所以原则上很简单明了。战后的日本，应当使其不能再想中国的念头。……假使日本比中国富强，则纵使短期内不出兵打中国，而政治上经济上的侵略又来了，最后还是要打。所以很简单明瞭，我们要求战后容许日本保留的工业水准与生活程度，不能比中国高，甚至不能比其他远东最易受侵略的盟国高。至少在五年以内要做到如此。经过这五年时间，和约签订，日本政治制度确实改观，走上真正民主的大道，可以希望并相信其不致再有侵略野心时，这个标准可以逐步放松。……照美国现在的做法，扶植日本，而忽视中国以及远东各国的安全，在远东各国经战乱破坏尚不能恢复到战前水准的时候，而要叫日本恢复到一九三〇——三四的水准，甚至更要好些，明明是要在远东造成一个比美国贫弱而比其他盟国富强的日本。美国放心这样作，远东各国不放心，中国尤其不放心。

受了日本人七十年侵略的中国人，要求惩制日本，不使它比中国更富强来侵略中国，这是不是最常识最合理的要求？司徒大使所说叫日本永不再起，是应当从中国的标准说，从远东各国的标准说，而不当单从美国的标准说的。

"反美扶日"运动的发生，还引出了另外的结果，它一方面加剧了美国政府对国民党统治前景的担忧，甚至不再对其抱有希望。另一方面，国民党政府在对日态度上悖逆民意、屈从美国的政策，也招致社会各阶层的指责，包括部分上层精英的不满，使得其统治基础发生严重动摇。更重要的是，美国扶植日本的政策，一定程度上改变了中国知识分子对美国的认识，其中许多人逐步放弃对美国的幻想与期望，有的更在政治、思想上开始倾向共产党。

大公报"反苏"的是是非非

抗战胜利后，比遭返日俘日侨更为国人关注的，是驻东北的苏军问题。

1949年后，在"一边倒"的外交氛围下和"中苏友好"的岁月里，凡是关于苏联的报道、评价都必须是正面的，此前对苏联、苏军的"负面"宣传则都是"反苏"乃至"反动"的。由于大公报在这方面"问题不少"，因此又多了一顶"反苏"的帽子，当年写有关报道的大公报记者也犯下了"污蔑苏军"的"罪行"。

大公报对苏联态度的演变

说大公报"反苏"，最早可以追溯到抗日战争期间。

1941 年 4 月 13 日，苏日签订《中立条约》，其中规定，"倘缔约国之一方成为一个或数个第三国敌对行动之对象时，则缔约国之他方在冲突期间即应始终遵守中立。"条约更附有两国政府声明，彼此"保证尊重'满洲国'和'蒙古人民共和国'的领土完整和不可侵犯"，公然以中国领土相互承诺，私相授受。这是苏联对日本侵华行径的默许和纵容，也是对正在艰苦抗战的中国人民的侮辱和背叛。此前，中国人民对于苏联支持中国抗日是极表感谢的，突遭如此变故，不能不有所反应，该条约签字的第二天，中国政府外交部即发表声明，重申中国东北及外蒙古主权不容第三国妨害。大公报也发表社评，对苏联政府背信弃义提出了批评。由此埋下了"反苏"的祸根。

抗战胜利之初，大公报对苏联的态度有过一个大的转变，从最初欢迎苏军对日作战、支持《中苏友好同盟条约》、期望东北问题圆满解决，到1946 年 2 月《雅尔塔协议》公布，转而抨击苏联，指责其对华抱有野心，并对一度席卷全国各大城市的学生爱国反苏游行、示威活动做了报道。

《中苏友好同盟条约》签订于日本投降的前一天，即 1945 年 8 月 14 日，两周后正式公布。《大公报》刊出时做了详尽的标题：

> 中苏友好同盟条约公布防日军事同盟卅年
> 苏联声明：一切援助给予国民政府重申尊重中国在东三省之完全主权及领土行政完整新疆问题无干涉中国内政之意图

中国声明：外蒙如依法公民投票证实其独立愿望承认其独立中苏共营中东路南满路卅年大连为自由港卅年旅顺为共用海军基地卅年我派员在东三省设行政机构苏军最多三个月撤尽

这个标题涵盖了盟约的主要内容。说是"友好"，并不平等。盟约条款的谈判过程十分艰难，双方讨价还价，交换条件，谈了两个月之久。斯大林需要苏联在远东的利益最大化，坚持要求外蒙古独立以及它在中国东北的"权益"，并且态度强硬；而蒋介石需要苏联的帮助，不仅想尽快打败日本，而且要遏制中共，所以不得不作出妥协，允许外蒙古独立，并同意在东北与苏联"合作"。但同时，他又要求苏联政府承诺"不援助中共"。所以才有了"苏联声明一切援助给予国民政府"的表述。显然，这个"友好盟约"几乎是一种交易。而且，即使是交易，苏联方面也出尔反尔，并没有完全兑现它的承诺，特别是在中国东北问题上，留下了并不光彩的记录。容当后述。

然而，盟约公布之初，人们并不了解这些内幕，举国上下一片赞誉之声。颇能说明这点的一个场景，就是同年9月1日中苏文化协会为庆祝盟约成功举行的鸡尾酒会上，国共双方高层及社会各界名流共聚一堂，"欢庆外交胜利"。《大公报》的报道说："八年抗战胜利了，三十年中苏盟谊奠定了，接着毛泽东先生一行来渝，国家统一就要完成，和平建设可望开始。因为军事、外交、政治一连串的胜利，每个人的欢欣愉快，好像心头去掉一块大石头。……"盛大的场面，欢欣的情景，与会者大多被中苏表面上的"友好"蒙蔽着。

事实上，早在1945年2月，美、英、苏三国首脑会议商讨对日作战问题时，斯大林提出的苏联对日作战的条件之一，就是"外蒙古的现状须予维持"。这个"现状"，就是指1924年11月26日外蒙古宣布废除君主立宪制，成立"蒙古人民共和国"，并从此脱离中国政府控制的局面。斯大林的要求得到了罗斯福和丘吉尔的同意，三方并就一系列涉及中国领土、主权的问题，签订了一个秘密协定，史称《雅尔塔协定》。

日本投降时的"蒙古人民共和国"，并没有得到中国政府的承认。为了履行《中苏友好盟约》，给承认蒙古独立找个台阶，国民党政府搞了个"公民投票"。1945 年 10 月 20 日，外蒙古各地 18 岁以上的男女计约 48 万选民，以记名方式举行"公民投票"。据外蒙古当局称，"98% 的选民一致赞成独立。此为外蒙人民重向世界表示独立愿望之行动"，实际上是在政府人员监督之下，要求投票者以公开、记名方式表示赞成独立与否。如此"公投"，无异强权控制民意。

1946 年 1 月 5 日，国民政府公开宣布正式承认外蒙古独立。

2 月 11 日，雅尔塔会议一周年，华盛顿、伦敦、莫斯科同时公布了罗斯福、丘吉尔、斯大林当初签订的秘密协定，内容为：三方同意苏联对日宣战的交换条件是：一，外蒙古独立；二，南库页岛归还苏联；三，辟大连为国际港，苏联保有优越权利，旅顺由苏联租用为海军基地；四，中东铁路南满铁路中苏共营，苏联保有优越权利；五，千岛群岛割与苏联。这其中，第一、三、四项，都直接涉及中国的领土主权，却根本未征得中国政府的同意。显然，美英苏三巨头视中国为他们可以随意支配与处分的对象了。尤其令中国人不可接受的是，这个秘密协定中还写道："苏联应恢复以前俄罗斯帝国之权利。"这样，连十月革命后苏联政府关于"废弃帝俄与中国缔结的一切不平等条约"的声明都作废了。

这个排除中国参加，却又决定中国命运的协定一经公开，国际舆论大哗，国民党政府亦声明，不受雅尔塔秘密协定的约束。2 月 13 日、18 日、22 日，大公报连续发表社评，批评《雅尔塔协定》，并特别指出东北问题的严重。

由于苏军迟迟不肯履行撤退承诺，国民党接收东北困难重重，双方的商谈也陷入僵局；加之刚刚发生了负责接收抚顺煤矿的工程师张莘夫等人被不明身份者杀害的惨案，又盛传苏联对中国东北在经济上的要求不断加码、外蒙古独立引发新疆骚动，以及中共在东北已组成近 30 万人的民主联军并成立了地方自治政府，要求国民政府予以承认，且限制国军开进东北的数量，……内政外交多重因素与雅尔塔秘密协定的公布交织在一起，引发了中国民众对苏联的不满与愤怒。

2月22日，中央大学、重庆大学、南开中学等重庆14所院校师生两万余人，举行了爱国反苏联合大游行，要求政府公布中苏最近交涉经过、不再作中苏盟约以外之任何让步；致书斯大林，请遵守中苏友好盟约，务必尽快撤军；发表告全世界人士书、告全国同胞书、致苏联抗议书、慰问东北同胞书、质中国共产党书等。游行师生沿途高唱《义勇军进行曲》、《牺牲已到最后关头》等歌曲，呼喊"拯救东北同胞"、"铁血保卫东北"、"苏军必须立即退出东北"、"新疆是中华民国之新疆"、"中共应该爱护祖国"等口号。路旁围观者纷纷报以掌声，并随呼口号，且有燃放鞭炮者。学生们的行动激起陪都百万市民共鸣，并由此引发上海、南昌、南京、杭州、济南、太原等各大城市学生罢课、示威、游行，连北平军调部都受到了请愿群众的冲击。

那些天，大公报详尽报道了游行的消息、动态，并且刊登了若干含有反苏、反共内容的文告。24日，又发表了傅斯年、储安平等二十位社会知名人士联名的《我们对于雅尔塔秘密协定的抗议》，进一步表达了对苏联的不满与愤怒。

22日的重庆学生大游行中，有针对中共的指责。重大学生数人曾至中共代表团办事处请见周恩来不遇。游行大队经过民主路新华日报营业部时，有数百人集于门口，数十人冲入叫骂，并将楼下门市部及二三四各层楼全部捣毁，殴打了营业主任杨黎原等四人。事后，重庆卫戍总司令王瓒绪、警察局长唐毅到场视察。中共代表团派齐燕铭向治安当局提出，局势至此，中共对今后在该报所发生之事件不负任何责任。这些也写入了《大公报》的报道。

当晚，周恩来出面招待中外记者称：事情极为明显，纯系特工人员、反动分子阴谋，深为遗憾。他表示几点看法说：一、爱国与排外必须分开。中国应与国际合作，不要把爱国行动引至排外。并举例说，马歇尔将军参加三人小组会议，军事小组也有美国友人参加，从形式上看这是干涉中国内政。但我认为，此有助于中国和平民主。二、学生游行表示爱国热忱，本人极感佩。但对特工行动及有组织的特务，决不看成学生行动。三、制造阴谋者，为一部分人不满意政协会议结果，有意制造一件或一些事变，毁坏政府信用。但这种企图只会把问题弄得为更困难。类此事件，若舆论界不予制裁，今后将仍会发生遗憾。政府对此事先未予防范，要求政府负责惩办祸首，赔偿损失。（引自重庆《大公报》报道）

　　1946 年 2 月的这场短暂的爱国反苏运动，自有其社会历史背景。客观地说，也没有造成什么严重后果，后来，随着历史的演变，已经很少再被人们提及。不过，几个月后，倒是《新华日报》旧事重提，矛头却是指向《大公报》的："2 月里国民党法西斯集团策动反苏反人民的反动游行……大公报首先在社论上大肆反苏，做法西斯进行最残暴最无耻的特务暴行之先锋。"这是中共方面给大公报冠以"反苏"恶名的开端。

苏军在东北干了什么

　　1946 年的中苏关系，焦点在东北。国共在东北的较量，从接收开始，而接收东北首先遇到的就是苏军问题。说大公报"反苏"，更多的是反映在东北问题上。正如"反美扶日运动"中大公报社评所说："（苏联）在我们东北的一些作为，如拆机器、不还旅大等，我们一直是反对的。"

　　苏联红军从 1945 年 8 月进入东北作战，到 1946 年 3 月开始撤军，在中国驻扎了半年多。苏军对于中国人民取得抗日战争的最后胜利所起的作用是历史性的；苏军为此牺牲的将士功绩也是不可磨灭的。但同时，苏军在中国土地上的某些劣行，特别是对中国东北工业的破坏，也是不容回避和抹杀的历史事实。

　　那么，关于苏军在东北干了些什么，大公报又是怎样报道的呢？

　　吕德润是最早到东北的，掌握有第一手信息。1946 年 10 月 21 日，大公报发表吕德润通讯，从"东北工矿像一串珍珠项链，彼此配合又连在一起"写起：

粒粒珍珠是用战争的线连起来的，……日本投降后，这个珍珠项链从日本军阀的身上拿下来了，战争的线也断了。但是珍珠仍是珍珠，正是我们拿到自己身上，用和平的线上再连在一起的时候。然而苏军进来，内战起来，一拆一段，珍珠满地而被踏碎。

到东北来，一般人看看工厂，便会马上看出一个惨象。事实上也真叫惨。尤其在沈阳及其附近，机器搬的光光的……东北工厂的残破，大部是苏军拆卸而致，可是苏军究竟拆走了多少东西？到现在没有一个正确的计算。同时因为打仗，有些地方看不到，连较近的估计都不能定。不过，在政府区的几个工业区看看，几乎是很少完整的。……苏军的拆卸是有计划的，军火工业几乎都完了。沈阳的兵工厂、军火厂、造坦克的机器厂、飞机厂、抚顺的轻金属厂（飞机用铝）、鞍山的钢铁厂，拆的都很彻底，而拆卸的时间是去年九月，才一出兵便动了手。苏军拆卸走的，可算得出的主要的是电力。据报告，胜利前东北的电力是一百七十多万千瓦，现在较精密的计算，苏军拆走了一半多。

苏军凭什么拆卸中国的机器设备？早在 1945 年 10 月，国民党东北行营主任熊式辉、经济委员会主任张嘉璈和外交部特派员蒋经国到长春，首次与苏军司令马林诺夫斯基见面时，就提出了接收东北工业问题，但苏方却以那是他们的"战利品"为由拒绝了。1946 年春，蒋经国去莫斯科，再谈东北工业接收问题，苏联最高当局依然坚持"战利品"之说，就在这扯皮的期间，苏方拆走了他们所需要的中国东北的大批工业设备。

当机器设备拆得差不多了，苏方又提出了"经济合作"问题，贪婪地企图从东北攫取更大的利益。吕德润报道：

据内幕的消息是苏方要合作七十多个厂，又继续谈下去，苏方要三十多个厂，这里数目字大小并没多大关系，因为像鞍山、阜新、本溪那样的厂几个便够受了。……谈判里在看法上有两点距离：第一，苏方觉得出兵解放了东北，东北是日本人的兵工厂，中国应该承认他们的权利；我们认为东北被日本压榨了十四年，虽有日本的"功劳"，但主要的是我们的。第二，两国的经济制度不同，苏联是社会主义，以政府出面合作，这和过去我们政府与外国某厂，某公司合作的方法不同，这使一些人有点"不习惯"。于是长春谈判便无形中止。但是南京方面还继续交换着意见。……据关系方面的人讲，合作是可以的，不过先拆机器，又要把破破烂烂的还合作，实在讲不下去。"

现在苏军的拆卸机器，据说是记在同盟国要求轴心国赔偿的账上了。苏联拆走的，我们可以自日本赔偿中多得一点。……可是一时仗义直言的同盟国们，现在又让我们在日本方面拿了什么呢？我们没有见到从外国来的机器。在东北现在看到的只是香烟、巧克力糖、皮鞋油、玻璃胶带。日本已在我们的领海捕鱼了，我们在日本要拆的机器还得等着分配。

好房子是谁都想住的，可是房客甲把房子拆了，房客乙也不会修的，加上房东又要分家，又要争地皮的时候。现在的现实指示出：东北的军事工业一时不用谈利用，连恢复也是难的了。为和平建设想吧，我们又拉哪位朋友？军事工业一丢，国际上几乎对东北的工业没了兴趣了，剩下给我们的只是零散的珍珠，待我们自己穿连贯了。

1946 年 4 月，徐盈随军调小组到沈阳，他对苏军的有关记录只是观感：

沈阳从日本手中留下了一大片大和式的租界，与二十七万驯顺如羔羊的日人。苏联人接收去不少的战利品，沈阳从此失掉拥有东亚第二兵工厂资格。留下的是"奉天驿"车站前的一座红军纪念牌，上面顶着一个老虎坦克；远东银行及大和旅馆门上，有两大张史达林彩色绘像，六家秋林洋行开工的工厂顶上插着红旗。中国人接收以后，天天晚上在枪声中戒严，老百姓以满心希望寄托于新来的光复者，但地方的秩序，一时很难恢复，有形的垃圾和无形的垃圾正在逐日增多。……凭吊那拆得空洞洞的北大营之后，在那水泥钢骨的大建筑物看一看，四周已少有人迹。最北端烟囱林立，那就是十四年来新建立的"九一八兵工厂"。……在这个大兵工厂内绕一周，所看到的的确已经破烂不堪，整个火药库变为了垃圾堆。没有一个汽车有轮子，没有一个动力机不被拆毁，特别是从旧兵工厂及美德等国订购的良好机器，已全部失踪，有一小部分已然用木板装好箱，正安置在一架起重机下等候起运。巨大的厂房有的整个炸毁，有的鼓风机倒在一边。苏联人是以战利品来处理这些工具的。主管人现正要派人清点遗留的废料，就算是想要恢复，也并不是一个短时间的事。

1946 年 6 月，张高峰到东北时，苏军已经撤走，他写道：

苏联军队一度进驻沈阳市，给中国人和日本人留下了不可磨灭的印象。自飞机场到城里凡是公共建筑或是工厂，满目疮痍，破坏到不能再破坏的程度。沈阳的街头随处可以看到被拆毁的汽车。我坐在三轮上慢慢地凭吊铁西区无数的工厂，窗户与门都没有了。骑三轮的山东老乡比我还愤慨，指着工厂骂大街："奶奶的，日本人在这的时候，这些象树林子的烟囱全冒烟，连家雀都得熏黑，现在破坏得一个也不冒烟了！"鲍莱调查团到东北来过，他们也是慨叹而归，沈阳原有的工业非三年两载所能恢复的。

鲍莱是时任美国总统杜鲁门的日本赔偿事务顾问，他到中国的任务，是调查日本在东北的财产，为战后赔偿作准备。

日本人在东北经营 14 年，投下逾百亿美元的资金从事工业建设，形成了一个完整的工业体系。其中，发电能力 180 万千瓦、年产钢铁 200 万吨、煤炭 2500 万吨，其他如水泥、纺织、石油、化工、车辆、乃至飞机、坦克、军火等工业，都有当时世界上最先进的技术设备和足够的生产能力。东北工业体系的建成，从资源到人力，都是中国人的血汗。抗日战争期间，作为日本全面侵华的基地，东北经济有建设而无破坏。战争结束时，日军在东北也没有做实质性抵抗。因此，战后东北整个轻重工业体系都比较完整，其总量占了当时全国的半壁江山。可以说，谁掌握了东北，谁就掌握了中国，无怪国共双方都全力夺取东北。

然而，鲍莱调查团到东北后发现，苏军对日本人留下的大批工厂、设备进行了有组织、有计划的拆卸，然后统统装运回国；对不能搬走的设备，则加以破坏、砸毁，使其瘫痪。被苏军洗劫后的东北工业，已是满目疮痍，一片荒凉，赔偿从何谈起？1946 年 6 月 17 日，《大公报》刊出沈阳专电：

> 鲍莱十六日招待记者谓，此来除研究赔偿问题外，尤注意日本在华资产调查。此项资产应属于中国，美国国策即系如此。……调查团赴各地先后调查五十三个工厂，对各厂机器之被人搬走，除表示惋惜，希望我国早日设法复工外，并极注意其搬运机器、破坏工厂之经济与政治作用，认为此种拆卸工程决非普通人所能做到。……鲍莱在各地视察时，对工矿被破坏与机器被运走颇为感叹。鲍氏离沈前公开演说谓：一国经济即使有盟国同情与工业之援助，亦不能在内战中复兴。又谓，各国在考虑中国整个赔偿要求时不是完全没有自私的念头。美国人民渴望一个繁荣的亚洲。鲍氏此语极值吾人玩味。

大公报记者的报道，也被美国芝加哥日报记者、合众社记者所证实：

> 沈阳各工厂内部之机器及贮藏之物资几全被搬走，地板楼顶亦

不见，只余空架，有的由苏军守卫，禁止参观。据称，工厂机器物资被移去后，乃纵火焚烧。据任俄语译员之日人称：自去年九月二十五日至十月六日，鞍山之工厂有百分之七八十已被迁一空，系在苏联专家及工程师七八十人监督下，由日俘三四千人工作。百分之六十的钢铁运往旅顺及大连，有轮船三十艘候运。百分之四十则运往韩国各港口，均转运至海参威。在沈阳则有日俘十五万人供苏军驱使。日人商店全部停闭，故失业者极众，而苏方并不供给食粮。某街曾见有死尸十具，正被狗啃食，究为日人或华人则无从辨别。

苏联旗飘摇于沈阳曾为日人占有之数十家工厂及数百最佳住宅之上，此乃对中国人之警告，即此项财产已为苏联所有。苏军于上周撤退，然苏人经白俄之助，已于此二百余万人口之工业大城市中获有极大经济控制权。着黑色制服之中国警察，立于四十一家大工厂前负守卫之责，俾防止任何足以引起国际纠纷之意外事件。董文琦市长与苏领事馆官员对此事有所商谈。中国方面之意见，苏以"占领币"自行购取此项财物，系违反战争结束时之中苏默契。最近取得苏公民籍之白俄，俱为工厂建筑物及房屋之经理或名义上业主，彼辈乃最近自哈尔滨及大连抵此者。

1946年底，鲍莱调查报告出炉，内称："拥有东北工业百分之八十以上的南满，实际上未经任何抵抗且无任何损失而为苏俄所占领……苏俄人员于到达东北工业区时，即开始对粮食及其他储存品做有系统的掠夺，并对工业机械做选择性的拆迁……苏俄人员还将大部分动力机器、发电与转电设备、电机、实验厂、试验室与医院搬走，对于机械工具，他们只择取最新式和最好的，而将旧式工具留下……"中央社的消息来源说，苏联运走的资产，占东北电力设备的百分之六十五和钢铁工业设备的百分之八十，而抚顺、本溪、阜新、北票的煤矿则"都被劫掠"。总之，苏联依靠军事占领，在中国东北攫取了谈判桌上没有得到的利益。

大公报报道，1946 年冬，东北工业协会等民间组织组成调查团，对东北经济情况进行了更详细的调查，其报告书指出："自俄军摧毁后之工厂残迹观之，不难证实彼等之行为系出自预谋。彼取其所欲引为己用者而毁其余，以防为他人所用。拆迁工作均在苏俄技术军官监督之下，命令日本技师执行之。装箱所需木材均系就地征用，拆去之物分海陆运往苏俄。"该调查统计，东北确切的直接损失总共为 12.36 亿美元，加上未能调查及难以证实的部分，苏联给中国造成的损失当在 20 亿美元以上。这与此后苏联声称"从满洲运走的设备价值不到一亿美元"相比较，差距实在太大了。即使按鲍莱调查团的报告估计，这个数字也达 8.58 亿美元，而恢复和重建东北工业的费用则需要 20 亿美元。

除了拆卸设备，毁坏工业，苏军中某些人在东北的抢掠、奸淫等恶行，也常为百姓所诟病。张高峰初到沈阳时，发现一些日侨妇女的头发刚刚长到耳边，觉得很奇怪。后来才知道，她们都剃过光头，为的就是躲避苏军的骚扰、侵害。在东北，无论日本人、中国人，一提到苏军，都有滔滔不绝的故事，不是光天化日之下抢东西，就是明目张胆地追女人。"老毛子太骚性了！"是东北人常常挂在嘴边的评价。

某些苏军的劣行，迫使苏军高层也不得不用重典来整饬了。吕德润的报道可见问题严重之一斑：

> 苏军部分人的军风纪的问题，在东北是一个悲哀的因子。我愿意用'部分'二字，因为我在长春、沈阳、哈尔滨都看到苏军高级军官来竭力整饬的情形。在长春，苏军司令卡尔洛夫亲自出去调查，更时时把那些越轨的人抓起来。在沈阳，高夫堂将军也是如此。据哈尔滨当地人民讲，当地的军事最高机关天天有把越轨的人执行死刑的。

"红军票"与大连接收

所谓"红军票",是指苏军在我国东北期间发行的、具有货币性质的战时票。当时,根据两国政府协定,苏军出兵东北,所需军费由苏联红军司令部在东北地区发行战时票解决,战后由中国政府负责收回,送回苏联销毁。

"红军票"有一元、五元、十元和一百元四种面值。钞票正面中央部分为面值额,上方用繁体中文印有"苏联红军司令部"字样,下方印有"为一切支付必使用"字样;背面印有"赝造支票以战时法处罚"的警告语。据苏方后来通报,1945年10月至1946年3月间,苏军共发行"红军票"97.25亿元。

抗战胜利后,伪满币还充斥东北市场,而"红军票"在没有任何物质基础的条件下强行挤入流通,苏军走到哪里,就在哪里凭此票"一切支付必使用"。东北市场上流通券、伪满币、日本军用票、银元与"红军票"同时流通,不可避免地导致钞票贬值,物价飞涨。"红军票"实际上是以中国人民的劳动价值和东北的丰富资源作为准备金,无代价地为150万苏军提供了给养,承担了军费,并且借此掠夺了大量中国物资。

国民党接收东北初期,"红军票"依然被允许与东北流通券按一比一的比值使用,有法定支付地位。按照约定,嗣后由中国政府收回,损失向日本索赔。1946年3月起,苏军开始撤离东北,事后仅告知"红军票"发行总额,却没有移交印钞版,亦未告知所印钞票号段和各种面额的发行数量。中国政府既无法确认已经在市场上流通的"红军票"究竟有多少,也不敢保证没有新的"红军票"出笼。况且,中国连日本的战争赔款都没有拿到,又拿什么弥补"红军票"大量发行造成的损失?在这种情况下,国民党政府怕苏军利用钞版肆意增发或移交给中共,进一步冲击东北金融市场,遂决定,除十元以下小额票外,自1946年8月1日起停止使用并收回"红军票"。

国民党政府的这一决定,令东北人民措手不及。大公报报道,沈阳的许多小商店宣布停业，更多的市民则因市场混乱、物价上涨而叫苦连天。长春市政府布告，要求所有物价须恢复"红军票"登记前的价格，结果却是没有一样物价不涨，实施不到一个月，物价平均上涨一倍。东北籍参议员王寒生慨叹："政府施策令东北人伤心，收兑'红军票'等于让人民捧着金碗讨饭吃，等于制其死命。"

国统区停用"红军票"，解放区亦紧急应对。考虑到"红军票"数量甚大，国统区停用后，如涌入解放区挤购，必然引起解放区物价猛涨，危害民生，因此，在国民党施政次日，中共东北行政委员会即紧急命令东北解放区各地"暂时停用红军票，听候处理"。此举同样令当地百姓心惊肉跳。

1946 年 8 月 20 日，《大公报》以"东北虽无枪声，经济战达高潮；停用百元红军票中央失措，最吃亏仍是东北老百姓"为题，报道称：

> 东北之经济战刻已进入高潮，经济战中双方之武器为红军票。自经委会八月一日宣布政府区域内百元红军票停止使用后，沈阳、长春等政府区域内之各大都市，金融市场曾一度紊乱，后增订若干补充办法，市场始渐趋安定。然中共区则受打击颇大。因据苏方通知，红军票发行额为九十七亿余，此数至少有百分之六十以上在中共区内，已使中共成"仓促应战"之状。目前中共亦宣布红军百元票停止使用，将施行物物交换，并表示将向政府提出抗议。宣布此办法之初期，政府区各报纸均表示反对，然而最吃亏的仍是东北老百姓，民间所受之损失不减于历次之武器战争。现东北之钞票，政府区流通者为伪满票及中央银行流通券，中共区流通者为伪满票及东北银行流通券，四千多万不分党派的老百姓，只有靠伪满票联系了。

国共双方展开"金融战"、"封锁战"，加之苏军曾经的劫掠，造成东北生产不足，供应奇缺，通货膨胀，物价飞涨，经济愈发恶化。由于许多小贩拒收，小额"红军票"也已失信。1947年5月，国民党政府中央银行宣布收兑十元、五元的"红军票"。这样，除苏军占领的大连、旅顺外，"红军票"基本退出了流通。

一国军队在他国领土上，以本军司令部的名义，发行没有任何依托做准备金的钞票，而且数额巨大，流通经年，这在世界金融史上也是空前绝后的。苏军发行"红军票"，不仅作为其筹措战争经费的手段，而且成为其掠夺中国资源与财富的工具，更在中国内战和东北局势演变中起到了一言难尽的特殊作用。

"红军票"在苏军占领的旅大地区一直流通到1949年12月，东北人民政府用东北银行发行的东北币，以30∶1的比例，收兑了所有的"红军票"，才终结了其历史。

由此说到大连接收问题。

根据1945年美英苏《雅尔塔协议》和《中苏友好同盟条约》，苏军进入东北以后，就占领了大连、旅顺，作为它的重要军事基地。日本投降之后，大连问题列入了国民党政府"全面接收东北"的计划。只因事关对苏外交，加之内战困扰，接收进展迟缓。大公报记者几次前往采访，也都因种种困阻而折返。

1947年1月，大公报记者曾到辽东半岛采访，到盖县熊岳为止。继续南下就是苏军占领的旅大地区了，那里未经特别允许，不能随意出入。当时，外界人们所得到的大连近况，十有八九都是道听途说来的。《大公报》报道称：

　　……大连目前是一个孤立的城市，没有人敢来往经商，市内食粮最感恐慌，时常有人自杀。去年十月以后，日本人也有跑到忠灵塔前去自杀的，因为他们迟迟不能回国，经济毫无来源。近来，中国人又有一种恐怖心理，常传说国军要接收大连，又传说共军过了石河驿，大连又要有一次战祸。但是大连的人民仍希望早点回到祖国怀抱。……大连地方政治环境的复杂，难免人心不安，对事情都有戒心，一般人民说话都非常谨慎，因为他们始终不知道为什么大连今年还这样特殊，恐怕得罪一方。

大连究竟有多少苏军，其说不一。闻近来多开往旅顺，因为旅顺是一个军港，停有军舰，与驻北韩的苏军来往调动极便利，随时可增可减。据到过旅顺的人说，苏军在旅顺机场停有许多飞机，大连上空也可以随时看到飞机过境，架数多少则无从知道。当今世界各国瞩目中国，平津美军未撤，苏军仍占据着旅顺大连，我们只知道美苏在注意中国问题，他们更注意东北这块地方在战略上的意义。苏军何日能撤退旅大，正与美军何日撤出中国同样是一个谜。

此时，美、英政府也呼吁苏联尽快向中国政府归还大连，重新开放旅顺为自由港。《大公报》载，美国国务院向中苏两国提出照会，称："一，在对为数甚少之美军继续驻华大肆批评之际，提醒注意更多之苏军未得中国政府之同意仍驻中国国土之事实。二，美国并未放弃其门户开放政策。三，美国对苏联未能履行其与中国成立之条约表示关切。"英国则"关心大连港问题，盼其能迅速归还中国并早日开放，盖英国亦愿发展与中国东北之贸易也。"

2月底，南京政府外交部长王世杰到沈阳，原定与苏军驻旅顺某司令会面，但对方临时托故爽约，所以让王白跑了一趟。显然，苏军没有交还旅大的诚意。

进入3月，有关接收大连的消息不绝于耳，沈阳、南京高官往来频繁，准备工作紧锣密鼓，并且已经具体到先派军事联络小组赴旅大，与苏军商洽国军进驻时的技术问题。《大公报》报道：

大连来人谈，接收旅大之消息盛传，人民窃喜窃忧，不敢公开谈论。市内物资已大部搬空，许多火车头已被装船运走。市内粮商大量抛售，粮价大跌，为年来所罕见。又，大连一带共军连日由水路增加，发现之番号约六七种，人数约为八万，装备尚佳。此一地区纵然接收，则以后之控制保卫，当局必费考虑。闻政府对接收旅大之军事准备业已完成，将陆海并进，并可望得到苏方之协助。

4月初，局面突变，旅顺、大连、金州各界代表开会，成立了三地最高行政机构关东公署，推举了主席、副主席，并设办事机构。大连有了"民选政府"，接收越发扑朔迷离。大公报记者再次赴辽东采访，报道称：

> 记者周前在旅顺边缘徘徊旬日，深觉目前酝酿接收旅大消息或因事实困难而暂告搁浅。记者一行曾设法以书面转致苏军旅顺司令，要求赴旅大，苏方虽未拒绝，但复称不负安全责任。而沿途无交通工具，故折返。据新自大连来人讲：旅顺军区内除苏军外，有武装部队，为地方新设之关东公署之警察，……苏方因事实上已有地方政权存在，可能作警察或自卫部队解释。

5月，苏方终于同意了国民党政府派员赴旅大视察。代表团12人由东北行辕副参谋长董彦平率领，4日抵旅顺，8日到大连，原拟分组全面视察，结果12日即行折返，计划未能实现。国民党接收大连工作，就此搁置，再无实质性进展。

大连接收问题一波三折，始终悬而未决。大连主权名为中国，实为苏联的军事管制区；旅顺海军基地名为中苏共用，实为苏联独占，是中国人无法问津的"特区"。多年以后，原中共大连地下组织负责人提供的相关史料才披露了一些当年内幕：为了阻挠国民党接收，特别是应对视察团的到来，当时尚未公开活动的中共旅大地委，配合苏军当局采取了一系列相应措施，例如，抓紧成立地方自治政府关东公署，造成既有政权事实；成立关东公安总局，由中共部队按国民政府制式警服装备；限期完成货币登记及盖印工作，使视察团所携大量"红军票"全部变成废纸，视察团人员连日用品都无法购买，等等。对于视察团提出的视察计划，苏军和中共则"在有组织、有计划、有理有节的限制、拖延下，使其大部分落空。"

国共内战期间，大连地区实际上成为依托苏联的中共根据地。直到1955年，即苏军占领旅大十年之后，他们才完全撤离。

东北内战结束67年了，关于苏军在中国东北的"负面"信息，如同二战时期苏联的某些"劣行"一样，也不再是讨论禁区，应该有一个符合历史真实、实事求是的评价了。这里，不妨用当年《大公报》报道中引述美国著名记者斯诺战时苏联游记中的一段话作为结语：

"苏联政府与人民都认为，他们没有责任为了我们（盟国）的利益而帮助我们打日本。在对轴心之战中，他们认为自己已经担负过多的责任……假若苏联参战，那一定为了自己的目的。……有一件事可以论定：苏联不能容忍在'满洲'出现一个反苏政府。"

《大公报》上看"国大"

抗战胜利后，尽快召开国民大会，共商和平建国大计，就提上了国共和谈的议程。在1946年初召开的政治协商会议上，包括国共在内的各方代表也讨论了这个问题，但未达成一致，后因分歧太大，特别是内战爆发而搁置了。

1946年11月，蒋介石不顾内战炮火正炽，中共与民盟拒绝参加，舆论亦不看好的现实，单方面召开国民党一党独裁的"国民大会"，制定了"宪法"。1948年4月，又召开第二次会议，选举了"总统"、"副总统"。这就是国民党所谓的"制宪国大"与"行宪国大"，中共则称之为"伪国大"。

召开国民大会是国家大事，大公报当然关注，并做过翔实报道。今日重读，不仅可以一览当年"盛况"，而且有助于了解大公报的态度与立场。特别是大公报记者采写的现场见闻，字里行间，"国大"果然开得"充分民主"、"畅所欲言"，以致纷纷攘攘、乱乱哄哄，犹如一场闹剧。今天的读者可能会感到奇怪，如此颇具讽刺的报道，国民党居然"容忍"它公开见报，传播于众?!

"制宪国大"种种

"制宪国大"于1946年11月15日开幕。当天，《大公报》发表社评，对国大提出两点希望："一，国大开幕，应该不是和平告终，破裂完成；二，关于宪法的内容，政府曾经迭次声明决以政协的宪章原则为蓝本，现在还应设法由政协小组审议，一切不失政协原意的精神。"后来事情的发展证明，这两点都被大公报言中了；不幸的是，都走向了反面。

16日，中共代表团发表声明，宣布和谈停顿，周恩来等将返回延安。《大公报》以"责备政府破坏政协决议，召开国大阻塞和谈之门"为题，发表了周恩来的书面谈话：

> 国民党政府一手包办的国民大会，是违背政协决议与全国民意而由一党政府单独召开的，中国共产党坚决反对。

> 依照政协决议及其程序与精神，必须政协决议次第付诸实施之后，在改组的政府领导之下始能召开。政协各项决议是各党派协议的临时大宪章，是一个整体而不可分割的。十个月来政协决议不但未曾丝毫付诸实施，而且被国民党当局破坏无遗。……这一党国大还要通过一个所谓"宪法"，把独裁合法化，把内战合法化，把分裂合法化，把出卖国家与人民利益合法化。照这样做下去，中国人民一定要陷入苦痛的深渊。我们中国共产党人坚决不承认这个国大。

> 和谈之门已为国民党政府当局一手关闭了，一党国大中将要说的一切把戏，乃至改组政府，我们决无光顾必要。参加了这一国大，承认了这些把戏，就必然推翻了政协决议，破坏了政协以来和平民主团结统一的轨道，中间的道路是没有的。进攻解放区的血战方殷，美国政府援蒋内战的政策依然未变，假和平假民主绝对骗不了人。我们中国共产党愿同中国人民及一切真正为民主而努力的党派为真

和平真民主奋斗到底。

大公报社评和周恩来谈话，都提到了政协宪草。这个版本是经周恩来和国民党代表王世杰推荐，由民社党的张君劢主持起草的，保留了三民主义的基本思想，如"民有民治民享之民主共和国，以及内阁制之民主宪政"等精神。后经多方多次协商，中共仍持保留意见。原定达成一致后再提交审议。此后国共军事冲突扩大，宪草审议未能继续。在"制宪国大"上，国民党以立法院名义，把它作为宪法草案提交大会审议，人们不能不给予关注。

"国大代表"的绝大多数都是国民党人，提交宪草前就竭力维护国民党一党独裁。11月20日，大公报发表社评指出："立法院审议宪草曾发生大激辩，某立法委员更讲出'相信我们的主义，才能做我们的国民'的话。这话严重极了，这话就代表着一个很为可怕的观念，由此观念出发，那就注定了一党力图独裁，而国家终于破裂。"12月11日的社评又说："国大在侃侃议宪，战场在狠狠厮杀，其事极其矛盾，却正并行不悖，真烦闷煞人！"忧国之情，跃然纸上。

除了言论，大公报记者还采写了许多"国大花絮、速写"。这些"豆腐块"通过许多细节，把当年"国大盛况"活灵活现地告诉了读者。以下依照日期排序摘录部分内容：

> *连日国大会堂前车马如梭，十五日晨更是一辆紧接一辆，红色警备车数辆夹杂于中，车上并高架轻机枪往来巡逻。在会堂前两牌坊间，三步一岗，五步一警，服装皆新，警卫者众，非有大会出入证者，不得乘车通过，须绕道而行。

> *大会主席吴敬恒以无锡土语致词，多数代表听不懂，阅报纸者有之，与邻座叙旧者亦有之。蒋主席领导全体代表宣誓时，某摄影记者误将镁光灯之灯泡跌落地上，怦然作响，侍卫人员立即向前查问，会场空气顿形紧张。

*中央日报十五日增出特刊，附有画刊，刊数十代表之照片。各地代表持报入座后，人人首先展开画刊寻找是否有自己的照片。

*蒋主席致词时，某记者捷足先登，爬上发言台快拍一张，其他记者跟踪而上，会场人员即加阻止，皆败兴而退。

*十八日晨之会开始实行对号入座，各代表寻找座位颇费周折，许多人转来转去，好半天还找不到自己的号头。

*青年党曾琦、左舜生成记者注意中心，但两氏均默默不言，拒绝发表谈话。

*主席团选举办法讨论一个早晨，毫无结果。多数代表已有不耐心情。十九日晨登台陈述意见者，多被嘘声及"下来"之喊声轰下。议场秩序几度陷入混乱。

*容纳两千余人之大会场，楼下说话，楼上听不见，前排说话，后排听不见。常有楼下前排的代表振臂高呼，情绪激昂的说了一番之后，坐在后面的如看无声电影，只见发言者的表情，而不知其所云。楼上后排多是边省代表，休息时愤言曰："我们成了聋盲代表。"语毕，又不禁苦笑。

*使用电动表决器也有一番争论。洪兰友称：空位子电钮无法控制，只有请求各代表不必多此一举，按空位子的电钮。洪氏语未毕，全场已轰然大笑。张道藩连忙解围："此事不必顾虑，请前后左右各代表监视邻座行了。"

*陕省代表谢幼石发言不时起立，挥舞手臂，慷慨陈词，虽声音高亢，而后排依然不闻。在全场一致同意尽速提付表决停止发言时，谢氏忽昂首阔步登台，连说"我有意见。"对台下"下来、下来"之喊声四起置若不闻，自管道来。台下继喊，轰笑不绝。谢不能毕其词，遂面红耳赤地争辩："难道国民大会不让人自由发表意见！"又质问主席："喊声是违法的行为，请大家表决。"

*主席宣布停止发言后，还有两三个代表抢上发言台。主席用铅笔敲桌子，按台钮，都不能制止。

*选举主席团办法，筹委会提出草案时，三十个代表发言，几乎人人反对，争来争去，花费了两个早晨，所得结果，竟接受了草案。许多代表莞尔笑曰："多此一举！"尽管辩论终日，多人发言，也很难测出会场风向。

*会场中发现两种竞选油印传单，某代表对记者笑曰："这是公开的活动，幕后的活动还精彩得多呢。"

*蒋主席当选为南京及国民党两单位之主席团候选人，蒋主席表示愿接受京市之推选。浙江亦曾有人推举蒋主席为候选人，但仅得五票落选，计票结果，记录板上恰成"蒋中正正"四个字。

*云贵土著民族代表质问为什么没有土著代表的候选人，语调激昂。西康边民代表操极生硬之国语慷慨陈词说："无论如何，非列个单位不行，否则我们土著民族代表全体退席。"张道藩愿以自己的候选人名额出让，一场风波始告平息。

*二十五日讨论议事规则草案，蒋主席担任大会主席，征询草案究将分章讨论，抑综合讨论，会场未及反应即宣布表决，电动表决器上已亮了一大片时，还有人吼叫："表决啥子？"会场秩序陷于混乱，蒋主席站起来拍着桌子说："如果表决程序不对，等表决完了再说。"

*议事规则交全会审查，辩论中间蒋主席两度起立发言，第一次谓主席团无绝对意见，对大会意见绝对尊重；第二次谓希望全体代表多为大会为国家着想。蒋主席说：我们绝对民主，绝对自由。最后表决，赞成主席团建议。

*"提案"是议事规则的精华所在。要求发言的有增无已，主席宣布：除已提出要求者外，截止接受发言。倪弼是最后发言代表之一，反对五分钟发言的限制。主席插言谓：今天时间来不及，明天再多说。结果倪在"嘘嘘"与拍掌声中毕其词。

*二十六日会场三四人同时发言之现象屡见不鲜。会场人声嘈杂，秩序大乱。蒋主席乃起立向各代表发言，略谓大家应遵守秩序，

并维持代表之尊严。

　　*云南代表李培天发言抨击最高经济委员会甚力，斥为与民争利的机关，无论如何在将来的政府组织中不能有这一机关，各代表报以掌声。

　　*各代表已感连日争议疲劳，皆存速战速决之心理。主席以审查会组织通则提出讨论时，几皆"无意见"、"无异议"顺利通过。大会主席鉴于已往会中争议之激烈，初执事固为审慎，后亦"见风转舵"改为快板。代表偶有起立发言者，必遭全场嘶声。主席于各种表决通过后很轻松的说："今天完结"。大家一笑而散。

　　*许多代表对于继续广泛发表意见之会已不感兴趣，四日晨休息后，继请各代表发言，唱名时竟连续有三四人未应，都未终会而去。有两女代表并坐，聚精会神一五一十的数钞票。

　　*五百余国大代表选某女记者为国大记者之花，记者询被选之某女记者以详情，答曰："无聊"。

12月5日，作为"国大"主席团成员之一的胡适，应邀出席国民党中宣部举行的中外记者招待会，解答有关"国大"及"制宪"问题，《大公报》报道说：

　　胡氏着蓝袍马褂，显得儒雅而潇洒，讲话庄谐并陈，自己讲并自己译成流利的英语，会场空气渲染得十分愉快。胡氏谓，虽曾在华盛顿居住数年，但没有参加过举世闻名的罗斯福总统的记者招待会，所以也没有学会对付新闻记者的艺术。其实在座的中外记者于会后一致称赞他的"艺术"，既善于躲避一些微妙的问题，将它们推得很远，也很能贴近许多问题，给一个简明而确实的答复。

　　"以历史的观点看，是否可建都于南京"。答复得很妙："在飞机、空中堡垒和原子弹的时代，任何地方都适于建都，也都不适于建都；历史的观点已不适用于今天的现实。"

"宪草是否将被修改，而修改之后，在国内将发生甚么影响？"胡氏首声明大会如何决定无法预料，但他个人认为不致有根本的修正。近日大会反抗强制和约束的情绪很高，不过冷静的考虑，这部宪草是各党派及无党派长期商酌的结果，大体是很好的。宪法若有影响，其影响也一定是很好的。

某记者质问国大审查会为甚么要秘密举行。胡氏有两种解释，第一是八组审查会每组至少二三百人，很难得到适当的地方再容纳旁听人员；第二个解释极富机智而令人佩服："在公开大会中讲话可以说是对着旁听人讲的，尤其是旁听的是记者，要争面子，要坚持己见，才显得英雄；而审查会是要认真解决问题，秘密举行容易让步，容易求得折衷的解决。"胡氏更举一七八七年美国费城制宪会议为例，当时不惟不准旁听，且富兰克林提议不留会议记录，所以迄今的史料都是私人的记载。

有人问宪法是否资本主义色彩太浓？胡翻开宪草，指出其中有关国民经济部分为五条，只有一百四十一条之前半条"国家对于私人之财富及私人之事业应保护之。"是有资本主义色彩的，而其余四条半，都是社会主义的。"在今日，就是共产党也要保留这四条半。"

"假若建都问题付表决时，在南京北平两地中胡先生将投哪一票？"胡氏的机智和对付新闻记者的艺术又一度展露，答称："根据宪草之规定，各种选举皆以无记名投票方式行之，所以我有权不告诉诸位我对这个问题的决定。"

某记者请胡氏讲述中国近代制宪史，这个问题马上被转嫁给王世杰、周历生："他们都是专家。"

"有人认为政府提出的宪草是党派的宪草，不是人民的宪草，你以为如何？同时立委监委是否应为当然国大代表？"胡氏答称："邵力子先生对这问题有最好的解释，我完全同意，就是宪草既是各党派及无党派人士协商的结果，就不是一党一派的宪法，而是顾到了全国人民意见的宪法。至立监委是否应为国大当然代表，我觉得顶好不要这样。会中的意见也是倾向于这种主张的。"

"胡先生是否将组党或恢复独立评论周刊?"胡氏莞尔笑曰:"绝不组党,因为我的兴趣依然在学术方面。"至于独立评论,他说当年很容易"独立",由十二个朋友各出每月固定收入的百分之五凑成五千元作为资本,而创办发行数年,刊登了一千四百余篇文章,但一个铜板的稿费都没付过,"而现在是不很容易独立了。"物价、纸价、印工、稿费,都是问题。

大会进入宪草一读后,国民党籍"国大代表"以政协宪草"远离孙中山五权宪法理论"为由,要求回到1936年的"五五宪草"。民社党为维护政协宪草,宣称将离席抗议。12月13日,大公报发表社评《一点忠告》,对某些"国大代表"的倒行逆施提出了批评:"你们若必然用国大代替人民,若必然不许立法行政起制衡作用,若必然剔尽政协原则而后快,好了,就请把五五宪草宣读通过算了。……现在勒马,还来得及,特进忠告。"在这种情况下,蒋介石不得不劝说国民党代表"忍让为国"。"国大"重新审议宪草,基本恢复至政协宪草原样。

12月25日,"国大"通过了《中华民国宪法》,宣告闭幕。这部《宪法》共14章175条,形式上虽有关于军队国家化、独立外交、发展国民经济、社会福利和文化事业等章节、条款,但与《训政时期约法》一脉相承。公布后即遭到中国共产党、民盟的同声谴责,声明不予承认。"国大"闭幕次日,《大公报》发表社评指出:"这部宪法的最大缺点,还不在它的本身,而是这次的制宪国大缺少了一个和平团结的规模。一个主要的党派未参加,而半个中国还在打着内战,因此大大减损了这部宪法的尊严性。"

大公报对"制宪国大"、对国共两党的态度,应该说是明确的。

不可否认的是,大公报总经理胡政之也出席了这个"制宪国大",尽管他只是去签了一个到就离开了南京,再没有去开会。但香港《华商报》还是刊出一幅漫画《两"胡"于"途"》,画的是胡适背着自由主义的红十字药箱,挽着胡政之;胡政之一手拿着大公报,一手拉着蒋介石的无头僵尸，画中打油诗曰：真"糊涂"，假"糊涂"，为何冒死去救护？可是"将军"头已无，请问"胡"里与"胡"涂。华商报的背景是中共，把"二胡"捆在一起讽刺，是有含义的。胡政之此举，成为后来抨击大公报"投靠国民党"的一个证据。

需要辨析的是，蒋介石召开一党独裁的"国大"，总要设法拉一些党外人士参加，以显示"民主"。据李纯青回忆，是素有"大炮"之称的傅斯年，当着蒋介石的面说："政之先生，你究竟是跟国家走，还是跟共产党走？"让胡不得不以"社会贤达代表"的身份去点了卯。胡曾无可奈何地说："为了大公报的存在，我个人只好牺牲。没有别的办法。""制宪国大"召开之时，周恩来在延安的报告中也说："关于国大，有些无党派的人被蒋套住……胡政之说，不参加，大公报会受压迫，参加了又没有销路……"周恩来所说是公允、客观的。

"总统选举"之外

"行宪国大"于 1948 年 3 月 29 日至 5 月 1 日在南京召开，中心议题是选举国民政府的"总统"和"副总统"。大会开幕当天，《大公报》发表社评，先泼了一盆冷水："办选举，开国大，意义本该是极其重大的，……但因为国内正兵荒马乱，经济动荡，国家既未曾和平统一，人民生活更是不安，都使这大会大大减色。"

接下来，《大公报》有关"国大"的报道果然令其"大大减色"：

*三日晨各单位分别推举主席团候选人，各代表大活跃，递名片讲交情的比比皆是。有代表在推举候选人时戴着帽子，有人说："这是不愿意挂冠的表示。"

*投票选举时先拿到选票的先圈，投票之后，有的忙着走了，不走的也不归座，秩序显然有点乱，谁也未料到乱得选票无效。

*湖南代表找不到贺衷寒的名字，欲圈而不能，大为生气，跑

到主席台前大喊:"怎么搞的?"还有代表没拿到选票,也吵嚷起来,主席台上应付为难,莫德惠主席遂宣布选票无效。预料今天会场平静无波,不料风波比头几天还大。

*发言限五分钟,过了限就按铃,主席很客气的请代表们不要说题外的话。

*白发苍苍的袁希洛大声疾呼:"这两年的日子不好过,再这样下去人民活不了。"他说得痛哭流涕,结果被会场干事扶下台来。

*王培基代表说:"宪法修改案须经大会五分之一的人提议,但签名的是否完全出自本意还不能说,免不了有大代表吃小代表的嫌疑。"一部代表大怒,冲上发言台问:"谁是大代表?谁是小代表?"台下也在互骂,几乎打起来。

*刘宜廷说:"不要把国民大会变成党民大会。"

*林紫贵为维持代表发言权,在主席台上发言时气得混身发抖。散会的时候,谷正纲从人堆里挤出来笑着说:"民主政治就是这样的,大家闹闹,等闹到最后,得出一个结论,那就是最好的东西。"

*一位代表对四周的记者说:"我要求了一天半想说几句话,主席总是不理,今天我只好不承认这个草案,我是一个小代表,我抗不过他们。"

*讨论议事规则"纪律"时,某代表质问主席如何惩戒,是打手心,还是打屁股。某代表说:"我们愿多讨论戡乱建国的问题,到最后一天再选举总统、副总统,那么竞选的人,可以请我们吃到底。"

*天气躁暖,午会会场里常见"我倦欲眠"之人,休息十分钟后,右前方空了一大片。……讨论一半,已到六点,张钫希望延长二十分钟,而代表们不通融,一哄而散。

会上吵吵嚷嚷,会下活动频频。4月4日,在国民党中执委临时全会上,蒋介石突然请辞总统候选,实际上是嫌依据《宪法》实行的内阁制限制了总统权力。4月5日,国民党中常会通过张群提出的"赋予总统以紧急处置权"的建议。有了这样的安排，蒋介石才表示接受全会决定，参加竞选。

4月12日，《大公报》发表社评，标题语出惊人——《假若修改宪法，首先应该删去"国民大会"一章》，社评说：

> ……这个两千多人的大会真是热闹非凡。会场里面吵吵嚷嚷，连嘘带骂；会场外边抬棺拼命，绝食抗争，新闻繁多。会开了十多天，选举主席团闹了七天，抽定席次也要一天，现在才通过了会议日程表，还不知何日得了。……第一次国民大会，实际只有选举总统副总统一项事情。每个代表只须在选举票上画两个圈，真是一举手之劳，最多一小时可了，而要开二十几天的会，自然就要在选主席，抽席次，订议事规则等等之上来打发时间了。……代表们甚感职权范围狭了，于是要多问些事，多管些事。国家情况如此，一般政治如此，谁不心焦？代表们的这种情绪是极可嘉的。但据法理，则是越权，甚至违宪。固然，国大有修改宪法之权，但在宪法未依法定程序修改之前，国大便先如此，则是越权以至违宪的。
>
> 这部宪法不是十全十美的，我们认为最成问题的便是国民大会问题。中山先生的理想，原是要实行选举、罢免、创制、复决四种直接民权；但有了国民大会，则人民除了选举国大代表（立法监察委员）以外，各种民权皆变成间接的了。……尤其照宪法规定，立法院与监察院分任了一般宪政国家的参众两院的任务，则国民大会实际只是一个选举或罢免总统的会。这非但成为多余，而且还使民权间接了一层。国大职权再一扩大，必处处与立法监察两院重复以至冲突。国大的存在本是勉强的，假若修改宪法，首先应该删去"国民大会"这一章。

会议进入军事检讨阶段后，由于形势严峻，会上竟掀起了一次讨论高潮。《大公报》报道的标题为"代表争相质询，人人痛切陈辞，悲愤激昂；

北方国代高呼赶快挽救，明是非信赏罚收拾人心"，把诸多代表要求追究责任的发言原原本本地报告给了读者：

　　山东代表：目前军事为什么会严重到这一步，是由于参谋总长陈诚的三大政策：（一）肃清游击，现在共党在东北的六十万军队，就有这批被肃清出去的。（二）整编把一军编成一师，一师编成一旅，有的不知编到哪里去了。（三）调整人事，把张三的军队交给李四带，李四的军队又交给赵五带，这样的调整人事，究竟有用么？军事当局要明赏罚，才能收拾人心。白部长报告对如何挽救东北华北一字未提，我们不能满意，没有华北与东北，中国还有么？

　　安东代表：东北今天没有一完整县份，陈诚走了，政府为什么不办？现在东北共党为什么苗长得这样快，原因有：（一）接收东北时并非原样接收，而先把它划得四分五裂；（二）有许多伪满军队素质不错，一个也没有收编，结果便宜了共产党；（三）东北人建议组织地方部队，可是中央不相信老百姓。希望蒋主席挥泪斩马谡，确保辽宁。还要请国防部查一下现在东北吃粮的部队究竟有多少。据知有七十万，但是打仗的却只有三十万。

　　辽北代表：有人说中央在东北下的是一招死棋，东北军纪也坏。

　　山西代表：今日军事上的失败是由于我们的军事、政治、经济各方面都有毛病，以后的办法还应着重于组织民众武力。

　　白崇禧作报告时，有东北代表站起来喊道："我们不要听军队的伙食怎样，我们要听各战场打得怎样了。"报告刚完，山东代表起来大吼："胜利之后不收编山东的伪军，把三十万的游击部队逼上梁山，应请政府杀陈诚以谢国人。"

　　河南代表：我们从郑、汴飞来开会，现在心里真着急，恐怕飞不回河南了。我们的人力供应都比敌人强，为什么就不能打胜仗？

　　陕西代表：陕西情势非常危急，陕西不守，整个西北都完了。中央计划退守长江区域，这个政策必须改变。过去中央消灭地方武力，现在想组织地方武力已组织不起来了。

察哈尔代表：张家口四面楚歌，危急万状。自从大军调出居庸关，张垣防务空虚，现已被四面包围。察哈尔人口二百十六万人，在国军控制下的只百万人左右，三十六年度（1947）所出的壮丁十五万人，以后恐将无丁可征。察哈尔已到民穷财尽的境地，希望政府与各代表拿出具体办法来，不要使老百姓失望，不要使我们回去不好交代。

东北代表：国军撤退一声不响，很多公教人员和老百姓因不及逃避而遭屠杀。又说：关内关外不可偏废，但东北情形重于华北，地方武力重于国家武力，战术重于战略；军事要配合政治，希望政府对于人民的意见不要听过就算了，老百姓的眼睛是雪亮的。

安东代表：熊式辉主张以外交方式接收，党团主张强制接收，但熊主任立刻令党团停止活动。东北有五十万地下军，要求收编，为国效劳，中央点编了三个月，结果把几个领袖关了起来，东北军事当局不要东北人，但八路军要。陈诚到东北唯一的重要措施是解散东北地方团队。

河北代表：河北接收时有六十县，现在还有三十六县，完整的只有一个县了。白部长的总体战不应专注重华中，而应华北与东北并重。大家都责陈诚，但没有人说到熊式辉，东北军事失败的负责者是熊式辉，陈诚是果，熊式辉是因。

山东代表：目前军事上的失败原因是：官无实权。例如山东主席王耀武连用一个县长之权都没有；风纪太坏。现在人人说士兵生活苦，试问哪些带兵的将官是和士兵共甘苦的？配合不够。例如教育无方，到处闹学潮；工厂中不谋改进福利，以致工人易为共党利用。赏罚不明。

热河代表：现在的热河是东北与北平两个行辕分别管辖，可是有事的时候它俩都不管，到了要粮要马时两面又都要管了。

吵归吵，闹归闹，"国大"按程序进行，4 月 19 日，完成了主要任务：选举蒋介石为"总统"。21 日，大公报社评《总统·宪法·国大》说：

这次国大，乱嚷嚷，闹哄哄，其实无形中也有条理。通过了授权条款，再选举总统，就可见这次国大对未来总统的尊重了。

这次国大闹得最凶的是修改宪法问题。在出席国大的两千七百多代表中，在他们的思想中并无判若鸿沟的政治歧见，为什么会对这问题闹得这样凶呢？客观分析，这有两个原因：第一、代表们感觉国大的职权太小，尤其六年开一次会，不啻专为选举总统而设，所以他们要修改宪法，以便扩充职权。第二、以为根据宪法，立法院的权太大了，将来行政院难以做事，总统也无能为力。……这问题总算解决得很巧妙，由莫德惠等一千二百零二人提议，增加"动员戡乱时期临时条款"，同时预约"第一届国民大会应由总统至迟于民国三十九年十二月二十五日以前召集临时会，讨论有关修改宪法各案。"这样，总统的权力扩大了，立法院的一部分权力被冻结了，而国大也加多会期了，于是问题得告解决。

修改宪法，它的性质是非常重大的。现于行宪之初，一个不必须修改宪法的问题，而出以修改宪法的手段，因此使我们想起这部宪法太容易修改了。国大修改宪法，比立法院通过一个法案还容易，宪法前途的变动可知。……以后国大若两年或一年一度开会，常非选举之年，则国大无事可干，或将经常吵闹修改宪法，如此经过几度国大开会，这部"中华民国宪法"，我们可能就不认得它了。

蒋主席膺选总统，又得"动员戡乱时期临时条款"授权，则以蒋主席为中心的中央政局自必稳定，而戡乱也将戡到底，这是必需的。

大公报预言蒋介石要"戡乱到底"是应验了的，但说国民党政局"自必稳定"却大错特错，——"制宪国大"闭幕后一年，国民党政权就垮台了。

有意思的是，胡适作为"国大"主席团成员之一，会后返回北平，接受大公报记者采访，对于"国大"做了一番分析。他说：

> 我本来也是不赞成有这个组织的，因为这是一个三千多人的团体，极不易运用。这个团体的来源本是学苏联的最高苏维埃，是绝对的统制才有效。当开制宪国大的时候，我就说不容易统制，中国本是一个讲个人主义的国家，本有反统制的倾向，如今是三千人的大团体，更不易做好。但事实上国大的投票是绝对的自由、独立、民众，没有舞弊。……使我感到我的批判不公道。

> ……代表大部分来自民间，来自田间，足以表现中国之大，民族之多。一位云南缅宁县师范教员说：我读你的文章几十年，难得有此机会见你。昆明裕溪纱厂选出一位女工，用了两个半月来教育她怎样开会，怎么选举，她和我们坐在一起，我怎么也分不出来了。我们共处一个月，她受教育，我们也受了教育。无记名投票法是自由意志的表现，譬如说：你给我十亿元，我收了，甚至写了收条，但我仍然可以不选你。不记名投票法使一切都不发生效力。不能说没有人想统制，但结果没有哪一党能统制了谁。我们在总统选举揭晓前的头一天，曾作美国式的猜测，也猜不出。第二天决猜不出第三天的情形。一切都比上次有秩序。

"行宪国大"以后，国民党败退台湾，既无代表性，又无合法性的"国民大会"依然作为国民党的"民意机关"而存在。不过，蒋介石为了所谓"法统"，即其"对外代表中国政府"的合法性，坚持不肯改选"国大代表"。直到1990年，台湾当局以礼遇请这些"国大代表"休致（退休），任期长达五十年，已经老态龙钟的"国代"们，才结束了他们被讥讽为"万年国代"的"历史使命"。

阎锡山"宏论"难逃"宿命"

抗战胜利以后，山西是国共军事较量最早开始的地区，省会太原又是内战中华北最后解放的大城市。这期间，山西境内几乎无日不战，其直接后果就是经济凋敝，民生艰难。这一切，主政山西三十八年的阎锡山难辞其咎。

在民国时期的地方军阀中，阎锡山一贯特立独行，有自己的一套"保境安民，不涉外事"的执政理念和统治方法。他也并非一介武夫，其治下的山西，在政治、经济等各方面上自成一体，连铁路都是特有的窄轨，不与省外铁路方便衔接。1930 年，阎锡山还曾联合冯玉祥发动中原大战，意图联手打倒蒋介石。如果不是张学良拥兵入关，帮助蒋打败了阎、冯联军，后来的中国是谁家天下也难说。

内战期间，阎锡山"宏论"颇多，结果却依然难逃其失败的"宿命"。

内战"先锋"的两面手法

抗日战争期间，阎锡山也曾一度与共产党、八路军合作，但也时有摩擦。日本投降以后，老百姓急切渴望休养生息，重建家园，阎锡山却迫不及待地挑起了战端。1945 年 8 月 30 日，日军还没有完全放下武器，毛泽东到重庆参加国共和谈才两天，他就派大军去与八路军争抢晋东南，结果损兵折将，丢了 13 个师和不少地盘。如果说，上党战役实际上揭开了后来三年大规模国共内战的序幕，那么，阎锡山算得上是"先锋官"了。

阎锡山积极打内战，不一定是如何听命于蒋介石，更在于他一心要独霸山西；不仅不愿为蒋介石所摆布，更容不得共产党和八路军在他的地盘里继续存在。

能够证明阎锡山决心打内战的另一个事实是，接收之初，他就亲自出面，以优厚条件"挽留"在山西的日本军人、商人和工程技术人员，把原本应该遣返的山西日军组织起来，以"特务团"的名义，组成了一支有九个步兵团、约一万五千人（相当于一个师实力）的特殊部队，由阎直接指挥。可见其为了巩固"家天下"而不择手段。这批日本人后来成了阎锡山打内战的骨干力量，其中一些重要人物，直到1949年4月太原解放被俘才放下武器。

然而，1946年2月，北平军调部派执行小组到山西，阎锡山接见小组三方代表时，却摆出一副"和平面孔"。大公报报道称："渠热诚希望和平，绝对遵行和字二号命令，不违反，不折扣。此乃中国和平之福音。渠尤铭感美国之热心。阎长官与共方代表许光达握手谓，深信许君定能完成实现和平"云云。

3月3日，张治中、周恩来、马歇尔飞抵太原，大公报记者徐盈随行报道：

> ……阎锡山与刘伯承见面，阎氏说："抗战之后，我指挥过刘伯承，他应当算我的部下。周恩来先生要他留在这里，和我多谈一谈。"他又认为，第三次（世界）大战恐不免，因为"是非不同，利害不同，立场不同，人格也不同。……不能要求立场不同的人守信义。我们以为苏联为不守信义，而苏联则正以此为革命，妥协便成为罪人。中国共产党能妥协吗，我不相信，因为我们不能叫人不革命了。"治晋近四十年的阎将军对现况有些迷惘，当全世界都在动荡不安中，山西当然不会成为例外。……阎锡山表示，山西一百零六个市县，中共所占只有四十二县，在山西有六万人，而他所有的十个军已改编为五个军，政府军并未占有优势。冲突已然停止，如何解围，正是各小组当前不能解决的问题。

从阎锡山谈话对苏联、中共的看法中，可见其确有异于他人之处。但说他"有些迷惘"，却是假象，阎锡山非常清楚自己要做什么。

张、周、马走后，山西国共双方一些枝节问题上也曾取得某些"成果"，如恢复一度相互封锁的自由贸易。枝节问题虽有妥协，军事方面却剑拔弩张，内战反而有愈演愈烈之势。1946 年 8、9 月间进行的大同战役，就是双方投入重兵，殊死较量的惨烈一战，最终还是傅作义救了阎锡山，围魏救赵（攻集宁，保大同）成功，击退了八路军。此战成为三年内战国民党取得的有限胜利中的经典之战。

战事暂告平息，但战争给社会经济生活造成的创伤，却很难在短时间内治愈。况且，大战停歇，小战不断，经济建设无从谈起，山西人民陷入水深火热之中。

1946 年 10 月 23 日，天津《大公报》短评《为晋民呼吁》，向山西当局喊话说：

> 山西人民实在太苦了。冬天快来了，大多数老百姓都要挨饿受冻。本报随时接到太原和各县人民的诉苦投书，都是一字一泪，令人不忍卒读。晋省所以闹得民不聊生，第一个原因当然是内战。其次，许多基层政治人员素质太差，对于人民不免苛扰，例如村干部征粮派款，恣意压榨，账目从不公开，百姓莫敢叹何。这种情势的后果非常可怕，晋省当局应该认真考虑。

山西本是富庶之地，不仅有丰富的矿藏，而且有很好的工业基础。抗战胜利后，据负责接收敌伪产业的官员对大公报记者谈，山西的工业从三十年代初起步，五年之内已成规模。1939 年日本人占领太原时曾感叹："以此基础，如果晚打十年，则中日决战之地必在南口与娘子关。此次下手，可谓万幸。"日本人对于大同煤矿发展还曾有长远计划，目标为年产五千万吨。按照其计划，1945 年煤产量应为五百万吨，1946 年即为一千万吨，以后逐年递增。可惜内战爆发，煤矿生产都难以为继了。

1946 年末，大公报记者曾对当时的太原物价与 1937 年夏抗战爆发时做了一个对比，结果是，"彼时面每袋二元一角，今为六万元；彼时炭每吨三元，今则十四万元；彼时布每尺五分，今两千元。各种物品价格平均上涨达两万倍以上。"即使与抗战胜利之初比较，一年多来，各物平均上涨也达十倍以上。当时，太原市场一只 40W 的灯泡已经卖到两万元！

阎锡山答记者问

山西经济凋敝，民生艰难，除了内战，阎锡山推行的经济政策是重要诱因。

1947 年 12 月，北平记者团到山西采访，期间，阎锡山接受了集体采访。大公报记者戈衍棣以《太原的脉搏》为题发表通讯，详细记录了阎锡山的谈话。通讯开篇就说："太原是孤岛，是山西没有血管的心脏。""血管"怎么了？都已经失控、堵塞。局势如此严重，阎锡山还在高谈阔论。以下是问答节录：

> 问：华北剿匪总部成立后，对华北整个战局之看法？
>
> 答：当然是乐观。因为以往的军事力量不集中，常常与共军漏下空子。今天集中了，就能使在军事上的空子少了，所以今后是乐观的。共军所取的战法，是避实击虚。因此，对他的军事干部的考绩上有两个原则：一为他打我们是不是一打一准，二为我们打他们是不是百打百空。如果他们的干部违反了这两个原则，一定要遭到惩处。在这个战法下，我们兵力不集中的行动愈繁，他占便宜的机会即愈多。华北五省剿总成立后，军事力量集中了，就能防住他这一点，所以说今后华北战局是很乐观的。
>
> 再有一点是共军的方式，不是以前我们历史上兴衰隆替的以舟碰舟。共军取的是以水覆舟。因此，我们愈动得快，给他以水覆舟的机会亦愈多，这也是需要我们注意的。所以，我们在剿匪军事问题之外，应稳定人民的生活，使共军以水覆舟的办法无法实施。如他用了以舟碰舟的方式，按我们国家的力量说，仍是可以战无不胜

攻无不克的。

问：山西目前军事情况及今冬之可能发展？

答：山西目前军事情况，共军方面是抢粮，掠壮丁，趁隙破坏农村，哪里兵少或不驻兵的地方他便窜扰，哪里有兵他就不打。所以我们感到军事上疲于奔命，人民损失也很大。今冬……没有大的发展。这里有个原因，就是我们的食粮困难，因食粮粉碎了军事和行政的效率。按购军粮说，……因给人民的价钱不够，且人民又怕共军抢粮，收粮后多埋藏起来，……所以我们及人民均感到无限的痛苦，以致县长一到村，人民望见即锁门而逃。今年改行了一次征购，……征完以后县长即开始和人民谈政治，如保护人民，实行自卫，实行自治，军队上也可以补兵整理了。所以今冬我们是准备力量的时期，故在军事上无大的发展。

问：山西两大政策之内容及其实施效果。

答：兵农合一实施的原因，是感到人民最大的困难是征兵，及当了兵的人家中无生活，致部队中的兵不能安心服务，逃了后又被通缉不敢回村，村中的地荒芜，致村中无农，营盘无兵。因此定了个办法，规定在役龄的壮丁编组服役，村中划分份地，常备兵入营当兵受优待，国民兵在家种地也优待。……这个办法的定名，沿用了唐朝时兵农合一的名称。胜利后，我们更感到兵农合一的需要。

说到平民经济，我们并没有主动，因客观方面有两个现象，一是贫富生活悬殊，一是物价高涨，在此之下，逼迫的非实行平民经济不可。当时定两句话：一为是非平等，规定了每周召开一次间民座谈会，使人民有说话的机会。一为生活平等，实行了配售，不论贫富一致吃二等饭，每月规定有两天白面，八天细粮，其余二十天粗粮，以此使贫富生活平等了。此后又有有钱的想吃好的，经间民座谈会讨论决定，又设立了一个自由市场，定价较高，以示限制消费之意。说到它的效果，虽然没有达到预期的目的，但确已消除了贫富的忌恨。

总起来说，实行兵农合一之后，在乡村中，没有地主与佃雇农的矛盾。实行了平民经济之后，在城市中没有穷人与富人的矛盾。

阎锡山给他实施"兵农合一"和"平民经济"在民主主义中找到了"理论根据"：前者是平均地权，后者是节制资本。他还说，有几件活生生的事实，使他想到，必须贯彻兵农合一政策，实施平民经济。大公报记者如实记录：

其一，他派了人到国军兵营里当兵，以明了军队中的实际情形。某连里逃来了一个共区的人，自称讨厌共军，将家产变卖来投国军。这个人到营不久，时常以自己的纸烟给同营的弟兄吃，他说："您们说是国民党好呢，还是共产党好？我看都有好坏。共党欺负富人，可是对穷人好些。有时叫富人给穷人赶车抬轿。共党是富人的仇人，穷人的恩人。国民党对富人好。参议员、县长乃至小学教员，哪个不是富人？算是富人的恩人，您们说对不对？"大家说不错，他又说，"您们是穷人呢还是富人呢？"他紧接着说，"我的话说多了，随便谈谈，要给官长听到，会说我是共产党。"他们这番谈话，被派去当兵的人报告了阎先生，使阎先生觉得军队的情况太危险，须得顾及穷人，压抑富人，使贫富不至太悬殊。

其二，共军占领晋南威胁太原时，阎主任准备举行保卫太原大会，预备会上有个老百姓挺身而出说："保卫太原是富人的责任。我们穷人怕什么？或许共党来了还对我们有些好处。"当时有人要打死他，可是打死他有什么用呢？于是阎先生坐在"自省堂"上有了他深邃的自省了。

其三，三月间物价高涨时，阎先生派人在城内巡访，听到了不少市民的谈话："物价涨罢，愈高愈好，再高了就不用买，我们可以刁（刁字的意思是介乎抢与偷之间）。刁不到时就抢，军警干涉时，咱们就打。"阎先生听到报告，除了决定实施平民经济外，还要分地举行军民座谈会，使得"是非平等，生活平等"，教老百姓能生活，能有自由说话，有评是证非的机会。

谈到对"剿匪"前途的看法，阎锡山在"预测成功"后话题一转说：

不过我认为有一个前提，我们如不能粉碎其以水覆舟的政略，就不能击破他的面的战略，则我们军事的胜利不足以竟全功。单靠军事不能对抗共党，必得注意经济政治问题。

记者团返平前，阎锡山发表临别谈话，又是一番"宏论"。《大公报》报道称：

……晋省当局自抗战时期统一战线分裂，提出"革命竞赛"口号以后，以一种特殊的警觉推行各种措施。阎锡山氏检讨其竞赛效果时，自认成功少而失败多，原因有二：一，共党是在野抢夺政权的地位，把原始人类生活的一切全做了造乱的空隙，获得广大机会。二，以一个省的地位施行一切经济上消除不平等的办法，有"太岁头上动土"之感，费力越大，受攻击越多。他们似乎感觉法令约束太甚，有"生存即真理，需要即合法"的认识。他们在殚精竭虑构成晋中堡垒，以太原做"新的克难坡"，支持至最后。阎氏在对记者临别赠言中说："窃以为，采取民众路线，用上民众力量，可以制共党以水覆舟之战略。但欲走民众路线，必须许人民以自清、自卫、自治上努力，又必须先有生活平等、是非平等、劳动平等、牺牲平等，以消除民众力量团结之阻梗。"阎氏再三发表其"新闻救国"之主张，主张全国记者应择一适当地点举行国事讨论会，以舆论领导国是，消弭动乱。在全国报业危机严重，舆论难谈真正自由之际，报人与报馆多已自救不暇，闻阎氏之言实若空谷足音，往访者相对而视，无人敢赞一词。

阎锡山的一番话，听起来确有些标新立异，甚至不能不说他是经过了实践与思考的。但面对现实，却又处处碰壁——拂逆了历史潮流，难逃失败的命运。

"兵农合一"是个啥

戈衍棣还写了一篇《从太原看山西》的通讯，是笔者所见内战期间《大公报》有关山西报道中唯一的长篇，对阎锡山的军事、经济政策做了一番解读，节录如下：

> 山西是华北的脊梁，谁有山西，谁就可能控制华北。……山西部队因为地理环境及人民性格的关系是善守的，尤长于做工。太原附近工事，在目前战争中恐怕算是最坚强的。当我们坐飞机到太原时，俯瞰晋中盆地上的太原城，万山封锁，碉堡林立，环城铁路围绕。一位美国记者说："任何人到了太原，都会对数不清的碉堡感到吃惊，高的、低的、长的、圆的、三角形的，甚至藏在地下的，构成了不可思议的严密火网。"他们那里有大的水泥厂、炼钢厂和砖窑厂，在工事材料上也比任何地方为充足。所筑碉堡星罗棋布在太原五十里以内地区，看上去非常壮观。旧的碉堡是大烟囱似的耸立着，这种地上碉堡可以制高瞭望，发挥火力，不过还是有死角，而且似乎抵不住长期的围困。有一种新的碉堡，山西人自称"一九三七式"，有地下室，内有水井，碉堡不高，四周地上有凸出的部分，卫护着主体，这样既没有死角，且不易为炮火轰杀。还有一种"活动碉堡"，是土制的铁甲车。他们因为没有大的钢板做铁甲车，就把普通火车改成铁甲车，两层木板中间实以钢筋水泥，用它巡行在环城铁路上。山西当局自豪的说："如果共军想拿去太原，除非他死的人将碉堡埋没与太原城齐。"
>
> 他们不但非常相信他们的部队与工事，更相信兵农合一与平民

经济两大政策，会解决乡村土地问题与城市经济问题，使得人民拥护他们这个政权，从民众身上发生出高度的自卫力量。他们在军事上无疑的是采取守势的，而在政治经济方面却采取着主动的攻势。

阎主任对戡乱军事，主张"以静制动"打破共军"以水覆舟"的企图。……历史上的政权攫夺，是以军事力量做舟，踏在人民的血肉上互相冲击，冲下一个去，留着一个浮在人民的血肉上，那就是一个朝代或一个政权。阎氏主张……是希望沧海不波使舟不覆呢，还是希望自己也抛开了舟的地位而变做水，使共军无舟可覆呢？记者因为留并日浅，还没有同他细细的推敲。

阎氏重视民众力量，注意土地问题。他的主要干部梁化之说："谁能够解决了土地问题，使贫农佃农获得了土地，谁就可以得到人民的拥护。谁先解决了这个问题，谁就占上风。因为在乡间富人是少数，穷人是多数。得到穷人的拥护是有力量的。"他说："共军最近攻占吉县乡宁以后，要取消我们在晋西实行兵农合一制度下的份地，非常遭受人民的反对，到最后只好不取消了。谁给予了人民以足耕的土地，老百姓心里会记着的，所以地方沦陷，人心一时不会沦陷。"

战时兵农合一在晋西的实施，是为了解决兵源粮源问题。胜利后在晋南晋中继续推广，用以抵抗中共计口授田的土地政策。这办法的原则，是地主对土地还保留所有权，政府对土地有支配权，农民对土地有永耕权，可以说是土地的三权分立。……实行划分份地，兵农编组，农村的经济基础与土地关系都有了变化。

在政治上他们也配合着这种土地制度有新的措施，一句主要的话，就是要国民兵参政，提高直接生产而有自卫力量的农民的政治地位。……各村村长已普遍实施民选，乡长还多是政府派定。山西省多少年以前就有"村本政治"的办法。现在他们希望将每一个居村变为"铁村"。……希望一切由村民自做，使兵农合一"化制度为习惯，变政治为文化"及"份地永恒化"，是他们今后努力的目标。

　　这个制度，战时在晋西实施时，利用着全省各地来的干部，因为他们原来与那片土地没有血缘的关系，而且在一切为了抗战的大前提下，做起来倒比较干脆。胜利后移植于晋中，执行者有的与自己的利害发生了关系，难免不阳奉阴违，复活了地主意识。山西当局最近也在城乡提倡"斗争""转生"，窥其用意，大概在乡村中主要的为向地主意识斗争。他们向封建的地主意识作斗争是必要的。非如此不能保证贫佃农的永久利益。

　　山西实施兵农合一，不失为解决中国农村土地问题的一种办法。他们认识了农村土地集中与分散使用的矛盾，承认农村剥削制度的不合理。事实告诉我们：中国经过多年的变乱，财富分配已经走向两极了。中间层越来越小，大大的扩展了下层（不是财富的增多，而是人口的增多，也就是国民赤贫化的加深加剧）。在这种情形下想发展中层，事实上已不可能。所以还是必需向最下层看看。不过，在战乱中，一切新制度的实施是相当的困难的。据蒋先生说："……在戡乱中实行更容易，因为此种制度顾及到全民的利益，地主在共区受迫害，无宁也倾向于此种温和的改革。"

　　摆在目前的一个矛盾，就是实施兵农合一是为了戡乱第一、开辟兵源粮源呢？还是为了民生第一、解决土地问题而釜底抽薪呢？一个空间一个时间内难有两种"第一"存在。这个矛盾如何统一起来，分别它的轻重与需要，那就要看地方当局如何把舵了。土地问题是中国农村的主要问题，有心人都在摸索寻求一条正确的路，就是对农村土地问题特别注意的中共，除了原则以外，可能也在尝试、摸索、追寻。阎先生及其部下自称对中共认识最清，他们说，中共在农村中利用土地问题，以富人的钱，穷人的命，来夺取政权。他们说，兵农合一是对抗共产主义最好的办法。

　　山西当局的两大政策，是以平民经济施之于城市，以兵农合一施之于农村。他们相信晋中堡垒不仅是军事力量，而且有深厚的经济与政治基础。就是华北任何地方有意外，他们那里也会是安定的。

……阎氏相信三个月以后，两大政策彻底实施有效，可以向外开展，规复全省。

后来的事实证明，阎锡山的自信是虚妄的，事情的发展完全走向了他预想的反面。

急转直下的败局

阎锡山推行"兵农合一"、"平民经济"，表面看，是为山西社会发展画了一张"理想蓝图"，实际上压得老百姓喘不过气来。当时山西民间流传的歌谣说："兵农合一聚宝盆，村里跑得没了人"，"编组抓丁真真好，地里长的全是草"，"编村村长兵贩子，害得媳妇没汉子"。"兵农合一"的推行，最终导致山西农村经济衰败，许多农民弃田离家，有的人索性跑到解放区去了。

1947 年 1 月，国民党大佬孔祥熙领衔，与晋籍国大代表四十余人联名致电阎锡山，以"兵农合一之实施予共军以可乘之机"为由，请暂予停办。阎锡山复函称："晋西抗战时代奠定胜利之基础，有赖兵农合一之实行，停办则不可，如有缺陷，希随时指出，当加纠正。"对于他如此顽固坚持自己的政策，大公报报道时用"阎锡山不肯舍法宝，拒绝停办兵农合一"做了标题。

阎锡山推行的"平民经济"政策，其"效果"也是山西百姓深受其害。1947 年 1 月，《大公报》报道，北大、清华、燕大等校山西籍学生推出代表，赴北平行辕请愿，请李宗仁转呈蒋介石，要求尽快撤换阎锡山，以改革山西现况。结果当然不了了之。但这也说明，阎锡山的治晋政策确实不得人心。

因为不得人心，阎锡山虽然统治、经营山西多年，俨然"山西王"，但在内战中却总是被动挨打，中共方面始终把握着战略主动权。

1947 年 12 月 6 日，国民党华北剿匪总部成立，傅作义就任总司令，山西亦划入其管辖。而此时，阎锡山在山西全境能够控制县份，已经从 1946 年初的 64 个缩减为 28 个，只占全省 106 个县的四分之一强，而且大多集中在太原周边的晋中地区。这是中共采取南北夹击战略的结果。

1947 年 11 月中旬起，先是国民党运城守军告急，向太原求救。阎锡山捉襟见肘，请陕西胡宗南派兵驰援，自己则"勉励所属积极准备，保卫太原"。12 月 16 日，运城决战开始，战至 25 日，八路军抢在胡宗南增援部队北渡黄河之前，发起总攻，27 日以坑道爆破炸开城墙攻入城内，经激烈巷战，至 28 日上午占领全城。

山西的南大门被关闭了。1948 年元旦，新年第一天，阎锡山收到的"礼物"就是蒋介石为"运城陷落，有误晋局甚大，着负责当局从速收复"的手令。然而，不再丢城失地都难做到，收复谈何容易？

运城失守，临汾成为阎锡山在晋南的唯一重镇，且很快就陷入重围，孤悬于距太原六百里以外。阎锡山无力收复运城，却可以鼓动"中央驻并各机关首长电呈中央，恳请派军收复晋南，确保临汾"，又让晋南旅并同乡会"以运城失陷，临汾亦告严重，特电中央派兵增援，保此晋南仅存之一大据点。"算是给了蒋介石一个"答复"。

阎锡山没有等来"中央增援"，接踵而至的却是再失临汾。5 月 20 日，大公报太原专电："临汾于十八日晨陷落。此役共军死伤极众，为晋境战役所未见。临汾城周三十里内到处可闻死人臭气，而守军则迄今下落不明。晋中外围共军集结达六个纵队，步入作战状态，当局令文武职人员一律不准请假。"

晋南打运城，陷临汾，晋北也不安宁。1948 年 4 月中旬，几乎与徐向前指挥的临汾战役攻坚同步，聂荣臻所部对应县发起了进攻。5 月，雁北 13 县全部解放。此后，晋察冀、晋绥部队向大同挺进，从四面对大同形成包围之势，山西的北大门也被关闭了。而此前 1947 年 11 月石家庄的解放，则关闭了山西的东大门。阎锡山控制的地盘被压缩到晋中狭长地带，晋局发展已经尽在中共掌握之中。

未等阎锡山喘过气来，1948 年 6 月，徐向前统一指挥，采取集中绝对优势兵力打运动战的方针，发起了晋中战役。阎锡山以总兵力约 13 万人，布防于北起忻县、南到灵石、东至榆次、西至孝义、汾阳等 15 座城市，构成以太原为中心的晋中防御带。徐向前要打烂的就是这个防御带。此战一个多月，以太原绥靖公署副主任兼野战军总司令赵承绶被俘，其他各地国民党军惧怕被歼，纷纷向太原撤退告终。至此，太原乃至山西已呈一片乱象，阎锡山的统治濒临崩溃。

晋中战役以后，解放军完成了对太原的合围。1948 年 10 月 5 日起，开始了对山西政治、军事中心的最后打击，是为太原战役。至 12 月 4 日，基本扫清了太原外围各据点。此后，中共中央为避免因攻下太原迫使平津之敌感到孤立逃跑，决定缓攻太原，部队转入围城休整。平津战役结束后一周，1949 年 4 月 20 日，开始，对太原发起总攻，22 日全部肃清周围据点，24 日破城，四个多小时即全歼守敌。

太原破城前，阎锡山曾信誓旦旦地说："阎某决心死守太原。如果失败，誓与同志会基干（主要为县团级以上骨干）共同成仁。"1949 年 3 月 28 日，他还曾口授电文，向美国政府求援，内称"如能支持十万日军俘虏，拨飞机二百架，归阎某指挥，定可横行华北，扑灭共产军。"

然而，阎锡山口是心非。3 月 29 日下午，即借口李宗仁电召赴京商讨和谈事宜，带领少数侍从乘飞机逃往南京。临行还说三五日即回太原，结果一去不返，彻底结束了他对山西三十八年的统治，

阎锡山后来反思败退台湾的教训，曾在日记中写道："我们的失败，不是兵力不够，是政略不够。如我们对二百万日本精兵，能守住西南半壁，而不能对抗装备甚差的三万共军，即是明证。共党以其主义、政策、政略，组织起民众，造成面的战略，以明击暗、以大吃小的战术，是超历史的做法。"作为反共老手，阎锡山这番反思是否中肯，结论是否正确，都不重要了，他承认了国民党的失败不在兵力，而在人心却是无疑的。

天津《大公报》停刊前的那些日子

历史走进 1949 年，中国的局面已经天翻地覆。随着辽沈战役结束，林彪大军入关，华北重镇平津两市陷入重重包围。新年开始不过半个月，天津即被武力解决，天津《大公报》随之奉令停刊，连报道迅速来临的北平和平解放的机会都没有了。今天浏览当年《大公报》最后的报道，可以从新闻记者的角度观察这段历史。

风雨飘摇十四天

1949 年元旦，《大公报》发表社评说：

> 时局演变至今日，大势归趋，虽看法各有不同，然全国民众之迫切的要求却人所共喻，……结束战事、实现和平一类的呼声，实在顺乎时势而应乎人心。

> 今年可能是中国历史的转捩点。一年肇始，我们仅仅提出两项最低调的意见，也可以说是人民大众最低限的要求。其一，求生。这就是说，人人都可望有一碗饭。……眼见人民大众刻刻被饥寒、疾病、流离、死亡的种种苦难所威胁，所吞噬，而这种惨象还将继续延长，或更将加甚，却也真是令人心惊的人间大悲剧。……其二，善生。……譬如说，一个人应有其自由权和安全权：即有思想与良知的自由，有抱持意见及收受观念的自由，而不受干涉侵害，……今日中国人民所遭的苦难，自有其历史的累积的原因；而烽火漫天，国脉民命，同受斲丧，自然更是苦难的加工。……惟有艰苦努力，忍耐步趋，然后可终达于光明自由之路。

新年的平津气象如何呢?《大公报》报道这样描述（黑体字为标题）:

故都年景一片寂静，治安机关普查户口。元旦平市寂静，无炮声亦无爆竹声。上午各机关会报，略有酬应;下午两时起，治安当局普查全市户口。平市肉荒严重，猪、牛、羊来源已缺两旬，城内畜养者初因粮食极力宰杀，刻已残存无几，今后将临素食。四城中之物价一度因和谣下跌，一日又行上涨。平郊城门关闭，许多人家为一件事苦恼着，就是家里死了人没法抬到坟地去，每个寺庙里都停满了灵，眼看死人也要闹灾荒。市府刻决议建市内军民临时公墓，以安死者。

炮声迎来新岁，津门气象依旧。一夜炮声响，迎来一九四九年，各机关奉令照常办公。围城战以来，只有军事机关日夜加班，工作紧张。自卫队大检阅，行列里有人穿制服，多数着便装，一万多人游行过市，整整过了一个钟头。街上人更多，三五成群，踏着泥浆，绕着沙袋堆成的工事，到处闲逛。商店仍是半开门板营业，摊贩冲出了摊贩旧市场，推展到罗斯福路大商店门前。繁华中心的劝业场，尽管门前堆着重重沙袋，人们照旧向里挤;光明电影院已变为军营，其他娱乐场所仍在奉令停业状态。火腿比猪肉便宜，榨菜比咸菜贱，西服料最高级的每套不过千圆。今年元旦除满街工事和断续炮声外，毫无新气象可言，傍晚一片喊卖晚报声，人们若有所待。

新岁看市场，不堪回首话旧年，但望来日有生机。津市内豪商多南迁，剩下欲走不能，坐守不可的商号，统在艰难局面下挣扎，遑言盈利;即保存原有实力亦属渺茫。尤其非食用必需品，销路更为迟滞。年终发薪，许多工厂拿不出现钞，用厂内实物分配。商号十分之九皆欲裁员紧缩开支，惟事实上皆不易办到，仍须继续坐耗下去，拖到何时，无人能晓。所以，新年一般商人见面，已不似以前互谈盈亏，而是希望随着新年来的生机。

2日，北方部分"国代"开会，通过致蒋介石电，拥护元旦文告；致毛泽东电，"请放弃武力争取政权，与政府共商和平大计，解救全国人民倒悬"。

3日，大公报以《津门艺人末路》为题的一篇报道，为"国代"们所称的"倒悬"做了一个颇具讽刺的注脚：

> 各娱乐场所停业已使杂耍艺人生活大起恐慌，闻名平津的小蘑菇、赵佩茹、高德明、王长友、三蘑菇等不得不降格"撂地"说起相声来。在胜利桥摊贩市场尽头的空地上，十位名艺人摆下阵势，每天下午轮流"登坛说法"，在零度以下的寒风里，依然竭尽嬉笑怒骂之能事。因为天冷，听的人并不多。十个人一下午不过敛个四五百圆。每人也就只分到五六斤棒子面钱。有人以为这些艺人总会有些积蓄来维持生活，实际上几年来都弄到山穷水尽了。不知多少艺人已经改行作小买卖，甚至饿饭了。
>
> 围城战第十六日，津上空阴云终日，战局沉滞。市民注意力逐渐转往物价。玉米面八圆一斤，大白菜六圆多，一个煤球价值一角，鸡子十圆一枚，月拿三百多圆的小公务员，等于每天赚一枚鸡蛋。市内工事仍在积极构筑，甚至许多交通要道亦设有栅栏门及沙袋，三轮车东绕西绕，仍难免钻入死胡同。流落街头的破家难民加多，全家偎坐路旁，厥状甚惨。

4日，平津空运恢复，大公报北平办事处拿到了围城之后天津发来的第一批邮件，此前平津断邮已达22天。天津还传来一个令人哭笑不得的消息：一架来自青岛的飞机抵津，旅客甫下机，郊外突响炮声，飞机竟顾不得卸下旅客行李，旋即升空飞返。

6日，自身难保的天津大公报发表社评《怀念北平同胞》说：

……三周以来交通阻断，平日同气连枝的平津同胞，此时竟有如异国绝域，咫尺天涯，音问难通，所以关于北平情况苦于报道不详。然仅凭片语只字传递消息，已经可深切理解平市同胞现在生活的惨状了。

北平市面早就比天津更加萧条，民生危机也比天津更加显露。天津究竟是北方工商业所萃集，北平却多年还聚居着大群的穷苦同胞。尤以胜利复员以来，华北偏枯，北平特甚，民困益深，朘削不已，而一切动听的救济计划徒托空谈，……倘冷眼透视北平社会，真是穷得澈骨，令人恻悯！这一个极端匮乏的城市，仓猝间又碰着了围城的厄运，冰天雪地中，举目所见，是瑟缩街头的难民，是枵腹从公的公教人员，是将陷断炊的大群学生，更普遍的是面有菜色的老百姓！

北平所有日用必需品等，自围城日起就疯狂喊价，一日三跳，物价上升，天津还望尘莫及。……大多数最善良的市民，平日信赖官方的谈话，守法畏威，更不能也不敢早为囤积之计，以作围城应变的准备。所以时至今日，愈是安分守己的好百姓，愈是无法活下去。由这一个残酷的定则所发生的悲剧，多年来就在全国各种方面搬演着。……现在平津金银凌空南飞，却只留下了这一群升斗小民呼天叫苦的凄厉之声，更为这笼城增厚一层愁云惨雾！……今日的北平，表面看来大体照常，而倘一剖视里层，那景象也真够令人惊骇惶悚了。而尤其令人焦急的是粮食问题，现正急待空运接济。而此事尚在交通国防粮食三部从容商洽中。何时实行，运来几许？北平市民也只有翘首仰望听天由命了。

9日，津郊外围激战益烈，市区落弹多枚并有死伤。街谈巷议莫不以"避弹"为题。整日交通管制，商店大半未开，仅数家食品店隔着铁栅栏门做生意，顾客围在门前，像探监一样。据天津老市民说，民国以来津市历经多次内战以及抗日战争，周围五十里内向无剧战，这次可谓空前。寒风刺骨，炮声震耳，入晚马路上一片死寂，时有冻死骨发现。郊区居民再度搬家，扶老携幼艰难过市，状极凄惨。炮声隆隆，津市内机场仍无法降落，公共汽车电车皆未出厂，三轮车人力车亦形稀少，遍街多是土袋卡口，无臂章行走不易。银行钱庄照常办公，因各业市场均陷停顿而极清闲。各米面铺配售面粉继续，挨购配粉人众。摊贩聚集的场所一片冷寂，偶有菜贩出现街头，要价奇昂。各饭馆亦均停歇。虽零吃如烧饼油条豆腐等，亦无处去买。摊贩从窗户洞出售咸菜，购者踊跃。

10日，平市围城近月，国立各院校煤粮渐闹饥荒，北大各伙食团正分别自筹粮源，八日起多改食窝头。师大煤荒，劝学生集中住宿减少煤火。清华食粮尚能维持十天。物价波动甚大，学生一月份副食费仅够用十天。东北内迁之国立院校及流亡中学生约万余人，在平生活已濒不可解救之艰困状态，教职员月薪不足购买一袋面粉，各校课业已半停顿。平教育局长王季高擅离职守被撤职。平市府再电中央，请空运面粉万袋，拯救粮荒。当局严管市场，抬价者犯就地正法。民政局决定疏散难民万人，每人一次发给小米五斤，金圆券一百五十圆，限期离境。

津郊困战炮声暂疏，街上行人增加，惟商店仍多未开门。临时摊贩突增，以旧衣物摊最多，价格低廉，许多人急于脱售旧货，易购食粮。飞机空投物资，降落伞冉冉下降，市民多站高处翘首。市内交通管制仍将继续实施，市民非有臂章不能步出家门。电车恢复行驶，乘客远不如过去拥挤，秩序自动好转。商店十分之八九以上坚闭铁门，几家百货店半闭小门营业，里面熙熙攘攘，手电筒与煤油灯均畅销。街上到处堆置沙袋，除非轻车熟路，否则必受辗转之苦。三轮车冒险出动拉座，因之车价大增。搬家避弹的人渐多，且大多是贫苦百姓。街上除了担架之外，扶老携幼的难民最引人注目。工厂被迫停工，数万工人面临失业危机。监狱犯人大部保释，汉奸温世珍、徐良等都出狱。

11日，天津大公报社评：……天津被围将近一月，攻防大战已历一周。市郊居民破家流离，惨状固不待论，……怵目兵燹，惊心物价，咸菜窝头，都成珍馐，人有失血的菜色，路有冻死的僵尸，在家坐愁米盐，出门但见苦脸，商店关门，巷口砌砖，难胞成队，粪污满街；在火药气息中，眼帘耳际的一切景象和声音都令人心悸，也令人窒息。现在人人默哀祈祷：缩短这苦难日子吧，请饶了天津二百万市民吧！

同日上海大公报社评：……北平不仅是座古城，也是近代中国的学术中心，有最好的大学和图书馆，有最优秀的学人，不论将来政治的道路如何，这些就是建国的瑰宝。天津则是工业城，市区内外烟囱林立，在中国仅次于上海而属第二位。这一点点工业基础，是几十年来无数的心血筑成的，建设难而毁坏易，岂能一旦毁于炮火？更有平津几百万人民，既不能依赖国家，也不能坐以待毙，万一演成恶战，怎堪设想？战争固有其政治目的，但是人民、文化、工业总不是战争的对象，相反的，不论那一方面，对于人民、文化、工业都应该保全。

12日，华北剿总布告禁止盗卖军粮，查出即就地正法。商人知情隐匿者同罪。东单为扩大机场，金碧辉煌的三牌楼亦定日内炸倒，民工千人已到达，东交民巷旁一片灰尘腾扬。平市电车点头票比以前更多，每天收入除付电费外不足维持员工每天半饱。该公司职员决组织哀告队，分赴各站向点头票哀求购票，以维市内交通。

津郊激战昨晨逐渐沉寂，当局一度解除交通管制，惟至下午东郊大战突爆发，南郊共军亦发炮轰击市区，情势徒紧，汽笛突鸣，恢复普通交通管制，行人急奔，秩序颇乱，四时后街上行人稀疏，西营门外大战继起，国军炮兵自市区向外发射重炮，声震屋宇，与机、步枪交织一片，空军赶来助战，迄晚八时始转沉寂，九时后仍有稀落重炮声。物价一日三跳，但万变不离其宗，食物始终领先。各种不应时的货色也都成了珍品，敌伪时期番茄罐头、澳洲制怪味沙丁鱼都以大价上市。中层以上者半久已不知肉味，下层更是连窝头咸菜也难办了。

13日，天津大公报社评：前度月圆时，平津成了围城；今再见月圆，津市攻防战正进入高潮。盖自上月十四日起，平津交通断绝，两个都市的人民都忍受着围城的苦难生活。而天津战斗尤惨烈，灯下执笔草此文时，炮声正震撼玻璃窗，市民须在惊怖黑暗中提心吊胆，度此寒夜。天津这次遭遇的灾难，真是百年来所未有。……现残腊将尽，战云仍浓，看明月团圆，哀同胞流离，抚今追昔，百年兴慨。而本报在将近半世纪的期间，实与我天津同胞同忧患，共命运，庚子以来的每次灾祸，皆所目击身受，故于此次大苦难中，唯有竭尽绵薄，服务公众，期于安定社会，保全地方，不无涓滴之助。而凡公意所归趋，自尤当尽量反映，以期协力挽救劫运，稳度当前难关。

平津风雨飘摇，大公报"竭尽绵薄，服务公众"，自己的命运亦不可知。

大公报里中共地下党的身影

平津战役是国共决战的重要一环，而武力解放天津与和谈解决北平，又是这次战役中完全不同的两种方式。作为中共第二条战线——隐蔽的地下活动，在这两种方式的实施过程中都发挥了不可替代的作用。解放军平津战役前线总指挥刘亚楼在总结战役胜利时，曾特别提到，"……地下党做了大量工作。没有他们，我们也不会这么快就取得这么大的胜利。"这其中，隐蔽在天津大公报里的中共地下党员同样功不可没。

时任国民党华北"剿总"总司令傅作义的女儿、中共地下党员傅冬菊，以大公报编辑为身份掩护，从其父那里获取情报，劝导其父弃暗投明，促成北平和平解放的故事，现在可谓家喻户晓了，无须赘述。这里说说大公报里其他中共地下党员的活动。

大公报北平办事处主任徐盈、记者彭子冈夫妇，都是 1938 年入党的中共秘密党员。子冈的弟弟彭华，早年投奔延安，1946 年军调期间，作为中共代表团工作人员，一度到北平。子冈采访报道军调新闻，姐弟俩多有往来。徐盈夫妇公开的进步活动，在前述《大公报》的报道中可见表现。至于秘密活动，几乎很少看到文字记录，连他们的儿子徐城北所写子冈小传，对此也是一带而过。倒是沈从文先生之子沈虎雏的回忆说，内战期间，他家住在沙滩旁中老胡同北京大学教授宿舍时，徐盈常常到他家与其父谈论国事，沈从文给朋友写信说："谈中国问题，我就觉得新闻记者徐盈先生的意见，比张东荪、梁簌溟二老具体，也比目下许多专家、政客、伟人来得正确、可靠。"这中间，是否包括徐盈代表中共在做沈从文的"工作"，不便揣测，但他绝非仅仅是为了去聊天则是可以肯定的。

1948 年末，平津围城已到最后阶段。12 月 30 日晚 10 点，大公报北平办事处突然遭到特务搜查，在场人员被集中在一间屋子里，禁止外出，亦不准与外界沟通信息。由于"许进不许出"，第二天，连华北"剿总"副总司令邓宝珊派来请徐盈赴宴的副官也被扣押了两个小时。徐盈作为办事处主任提出了抗议，华北"剿总"的朋友也赶来解围，说明此事与他们无关，并愿积极斡旋。如此 60 个小时，直到 1 月 2 日中午，办事处同人才重获自由。但大家始终不知道犯了何种"罪名"。

事后才知道，这次出面搜查的是北平警备部稽查处，但背后指挥的却是军统。据说，他们得到情报，刚刚被查封的上海《观察》杂志主编储安平秘密到了北平，住进徐盈家，因此寻踪而来，不想扑空。我父亲与储安平也是朋友，当时就在北平，但对此并不知情。他后来推测，那也许就是中共地下党的秘密。这个推测的另一个依据是，邓宝珊请徐盈吃饭，可能另有奥妙。因为傅冬菊要做其父的工作，她与北平地下党负责人崔月犁首次接关系的地点，就在邓宝珊的官邸。而子冈与邓家父女也都很熟悉。邓宝珊后来在内蒙古率部起义，对促使傅作义的转变起了重要作用。北平解放在即，徐盈、子冈与邓宝珊的交往，也不会是盲目的。

1978 年秋，正值拨乱反正，大量平反之时。11 月 14，徐盈在给我父亲的信中写道："……李炳泉（平反追悼会）事，新华社大干了一下，准备了十部卡车，接送新闻界的无车分子，非常盛大庄重。李腾九已八十多岁，在骨灰盒前放声大哭。炳泉地下工作，没有腾九掩护，早已成为烈士矣。"信中所说的二李，都是他们当年在北平的朋友。李炳泉，中共地下党员，时任北平平明日报（华北"剿总"所办）记者兼采访主任，傅作义秘密派遣出城与中共和谈的成员之一。李腾九，时任华北"剿总"联络处少将处长、傅作义的亲信，掩护过李炳泉的活动，也为北平和平解放做过贡献。李炳泉"文革"中含冤去世，昭雪之日，徐盈向朋友通报的同时，当然不免感慨。而他与李炳泉的关系，自然也应该与中共北平地下党的活动有关。

1948 年 12 月至 1949 年 1 月，徐盈写有《北平围城两月记》，记录了当年北平的政治、经济、社会状况，但实际只写了 49 天，截止到 1 月 30 日。那之后，他领受了新的任务，也公开了自己的中共党员身份，与宦乡、杨刚、孟秋江等到天津接管了停刊的大公报，参与了改组进步日报的领导工作，实现了中共中央 1 月 23 日给中共天津市委的指示中所说的"徐盈、杨刚等的里应外合。"

与徐盈、子冈在北平的活动比，大公报天津馆内的中共地下党，由于形势的需要而活跃得多。其中，杨邦祺、李光诒、傅冬菊为主要人物。

杨邦祺，又名李定，1947 年加入中共，同年毕业于北京大学经济系，入天津大公报任财经记者。他利用与天津工商界打交道的关系，重点做以李烛尘为代表的上层人物的工作，再通过他们的名望，影响更多的人。

李烛尘是中国工商界知名人物，被尊称为"烛老"。他与范旭东、侯德榜共同创办的永利碱厂、久大精盐厂以及黄海化工研究社，并称"永久黄"，是当时中国最大的化工实业团体。他还是中国民主建国会的创始人之一，与中共元老林伯渠、董必武等是好友，其长子李文采就是中共党员。他与大公报的关系，早在重庆时期就很密切，经常在大公报上发表政见。抗战胜利后，李烛尘回到天津，领导接收和复员久大、永利的工作。他对蒋介石忙于打内战，在经济政策上"偏枯北方"深为不满，带头为北方工商界呼吁，要求共存。大公报曾多次发表他的见解，并配以社评呼应。这其中，李定发挥了积极作用。

1979年3月，徐盈在给我父亲的信中谈及天津文史资料问题时，还特别写道："……关于天津解放时期李烛尘的作用问题。据说当时李定对烛老做了大量工作，李烛老当时拉住一部分'立委'，大喊'北方偏枯'论；解放前夕，李坚持不动，做了一些促进工作。（指劝降国民党天津警备司令陈长捷、市长杜建时等，惜未成功——笔者注。）李烛老的立功是不能否定的。李定能写最好。"这段话，清楚地说明了李定所做的工作。他后来也确实写了相关的回忆。1949年以后，李烛尘曾出任国务院轻工业部部长，李定先后出任中共天津市委统战部部长、市委秘书长，中共中央统战部副部长，全国工商联第六届执委会副主席。

李光诒，抗战时期加入中共，复旦大学新闻系毕业，1946年初入职重庆大公报做记者，1947年6月，与曾敏之等七位大公报记者一起，曾被国民党以"煽动学潮，共党嫌疑"拘捕。同年秋调天津大公报做编辑。1948年底，国民党天津守军换防，李光诒利用他与国民党驻天津"华北联合后勤支部"支部长的秘书李贻亮的亲戚关系，说服李贻亮为地下党工作，拿到了敌方调整后的兵力、装备部署以及军需供应等情报。李光诒还通过李贻亮策反那个少将支部长，在陈长捷最后下达命令炸毁"联勤支部"所属仓库时，取得支部长批示"贻亮处理"。李贻亮借故拖延，最终把装满军用物资的仓库完整地交给了解放军。1949年以后，李光诒曾任北京大公报副总编辑。

傅冬菊作为中共地下党员，原属中共中央南方局领导，侧重于地下学运工作，她的联系人是当时的天津地下学委、南开大学地下党总支书记刘焱。在傅冬菊负责的版面上，教育苦况、反蒋学潮，都能够翔实报道，支持了进步学生们的斗争。平津战役前，为了动员各方面的力量稳住傅作义，傅冬菊成为最佳人选，南方局决定把她的组织关系转到华北城工部，大公报的杨邦祺又成为她的联系人。

傅冬菊如何做其父傅作义的工作无须赘述，她的丈夫周福成与大公报也有关系。周是南开大学外文系的地下党员，刘焱的"下线"，曾与傅冬菊一同工作。学生活动的消息会通过周福成送到大公报，地下党要粉碎当局迫害学生的企图，也会通过傅冬菊转周福成传递、应对，以保护学生。后来，为工作方便，周福成的组织关系也转到了大公报杨邦祺的领导下。他的社会身份是北平平明日报驻天津特派员，于是与许多大公报人成了朋友。周福成后改名周毅之，是人民日报派驻香港的首席记者。傅冬菊后改名傅冬，晚年与丈夫定居香港。二十世纪八十年代，他们与我父亲通信时，还曾遥忆当年，世事沧桑，慨叹不已。

谈到大公报的中共地下党对平津战役所作的贡献，不能不说到时任天津大公报总编辑张琴南的支持。张琴南加入大公报虽晚于王芸生，但年龄和新闻"工龄"却都长于王，因此，很早就被同人尊称为"琴老"。他虽属无党派人士，但思想开明，同情革命。抗战胜利后他主持天津大公报，签发了许多揭露国民党黑暗、腐败统治的稿件，并经常发表自己撰写的进步评论。对社内进步记者、编辑（他无从确认谁是共产党）的活动，也采取了暗中支持和保护的态度。新记末期，天津馆成为大公报各馆中隐蔽中共地下党员最多的一个，应该说与张琴南的开明有很大关系。1949年以后，张琴南受到了中共的礼遇，先后出任改组后的进步日报总编辑、天津市民政局局长，惜于1956年过早病逝。我父亲当年写的许多抨击国民党的报道，都是经琴老签发的，他们的关系很好。1989年我父亲病逝，遗嘱丧事从简，在家人送别时，琴老的儿子居然赶来致祭，令我大为感动。

不过，在一些回忆中，有人说，1948年冬，解放军兵临城下时，李烛尘写了一篇文章，以保护工厂企业为由，要求国、共两军都撤离天津市区"到开阔的郊野去打"，被张琴南应中共方面要求而扣发了。此事不确，应该澄清。

事实上，所谓"李烛尘的文章"，是由包括他在内81人联署的和平通电，时间为1948年12月29日。1949年1月5日，天津《大公报》予以披露，原文如下：

> 海内人人厌战，人同此心，心同此理。……年来阋墙之争，毁坏人民生命财产难以数计，已为人民所不能忍受。战争目的既系为国为民，今以人民所不能忍受者强加之人民，则为国为民之说已失根据。战争持续实无意义，江河以北未遭破坏之城市已寥寥可数，平津两市一为数百年文化古城，一为华北五省工商荟萃要埠，而又有四百万以上之市民喘息余生，眼见大祸临头，不能不迫切呼吁，战争终有了局，和平即是光荣，万恳发大仁慈，即将平津地区先行停止战争，以谋全面和平解决，而免生灵再遭涂炭。馨香祷祝，竚盼德音。天津市工业会、商会、各职业团体绅民李烛尘等八十一人同叩。

而那个建议双方"到开阔的郊野去打"的呼吁，实与李烛尘无关。1949年1月7日，天津大公报转载的中央社电讯中明确提到了这一点，并没有所谓"扣发"的事情。中央社的电讯称：

> 天津防守司令部政工处就五日报载天津各院校教授讲师助教二百余人为保全平津联合呼吁，发表书面谈话：……诸先生文中有云："请突围转进于市区三十里外平原旷野，杀敌致果。"诸先生鉴心民危，语重心长，凡有心人都应该感动，但论事应衡之双方，庶不失其平。和战与否要以中共之诚意为卜，吾人奉命防守，初非求战，苟中共匪军不来天津，自无战祸可言，月来津郊国军祁寒苦戍，血肉相拼，他们是为着保卫市内二百万人生命和财产而战，……今使天津蒙受战祸，在攻守双方究是谁家之责，此知识分子所不难以明辨者也。今日究以守者转进为合理否乎，抑是攻者撤离为得事之

平乎？尚望与平心思考。

耐人寻味的是，1月14日，解放军已经对国民党天津守敌发起总攻，当天的《大公报》发表李烛尘氏对本报记者的谈话称："报纸纷载本人奔走和平，实为一种误会，非本人所能承受。个人浅见，以为和平云云，乃局中关系者自己之事。本人在民众立场，于必要时自可协力居间作为桥梁，然所能竭尽绵薄者，亦仅止于此而已。"李烛尘的"竭尽绵薄"另有含义，应该与他接受中共委托，劝降陈长捷、杜建时未能成功有关。

解放之日，停刊之时

1949年1月14日上午10时，解放军对天津发起总攻，29个小时即结束战斗，国民党守军被全歼，天津警备司令陈长捷、天津市长杜建时等被俘。

战役开始后，大公报津馆总编辑张琴南和部分编辑、记者一直坚守在编辑部。由于国民党宣布全市戒严，他们只能通过电话向关系方面打探消息，准备第二天出报的稿件。这时的天津大公报，已经减版两个月。由于铸字铜模被运走，印刷用白报纸又断供，上年11月16日，报纸从对开一张半六块版减为一张四块版；12月18日，平津间电话间有线电话中断，无线电报也不稳定，北平办事处的消息来源骤减，报纸不得不再减为半张两个版。订户也从两万多减至四千。

大公报所在的四面钟地处市中心，距离国民党守军陈长捷的司令部不到一公里，大公报附近就有两处被炮弹击中，一处是位于中原公司（今百货大楼）旁边多伦道口的正中书局被摧毁（我出生时的大公报宿舍就在其对面，遗址已改为街心公园），另一处是与四面钟一街之隔的银行储蓄所，所幸大公报无恙。

重炮轰击停歇后，接踵而至的是枪声密集的巷战。14日午夜，大公报突遭一队国民党军败兵的强行进驻。好在这些人已经毫无斗志，为了逃命自动解除了武装，后来还是被搜查的解放军押走了。大公报同人开始赶写战报，张琴南撰写社评。那天的报纸只有两个版，由于停电，是印厂工人们用手摇平印机一张张印出来的。15 日清晨，因为战事未停，平日里等在门口批发的报贩们都没有出现，沿街叫卖的报童也不见踪迹，大公报人自己在门前摆出条案，临街出售。当时，他们谁也不会想到，这竟是新记《大公报》在天津的"绝版"！

以下是当天报纸要闻版包括标题在内的详细摘要：

特讯：津局入明朗阶段，军政当局深夜重要会议；
李烛尘等今赴共区呼吁，市民今后可望幸免炮火

[本报特讯] 津市历一月之围困，郊区经数日激战，演变迄今已经踏进一新阶段。闻军政当局十四日深夜举行重要会议，对当前局势有所商讨。同时，工业界领袖李烛尘、杨亦周诸氏鉴于津市二百万市民所受炮火威胁过于严重，倘继续作战，不但仅存之工商企业将无以维系，即一般市民恐将更无生路，乃决定于今晨亲赴共区，续向共军领袖作诚恳之呼吁。李氏等昨与地方军政当局一度接触，睡前与本报记者由电话中接谈，稍感欣慰，亦多慨叹。李氏以六七高年，不辞辛劳，为保全平津奔走。据判断，此行必获相当结果，故今晨一时以后，市区炮声已渐停。天津市民于饱尝一日炮火惊恐后，今兹可以松一口气矣。

津城防区昨大战终日，市内起火炮弹满天飞，西线逐屋争夺肉搏惨烈

[本报讯] 津全市十四日完全陷入炮火笼罩下，十一个区普遍落弹，居民伤亡益重。共军自晨六时沿东、西、南、北四郊猛攻，枪炮声密集，猛烈情形为津攻防战以来所仅见。……电灯、电话线多有损毁。津东西两线十四日中午起展开恶战，共军猛攻不已，国军数度以战车及炽烈炮火制压，双方惨烈肉搏，至晚六时以后，战事转入内线，尤以西线逐屋争夺最为激烈，东线地势开旷，炮兵尚能

继续施展威力，故隆隆炮声，迄晚九时复未停，西线则仅闻一片密集枪炮声。

社评：火光中局势开朗

夜深可靠方面消息：本市工商界领袖李烛尘杨亦周诸氏，定于今晨出城一行，接洽停战问题。这是二百万市民在万分惊怖中所渴想伫盼的大消息。……事到今天，我们除希望市民提高警觉并力持镇定外，更希望地方当轴能够把握住这一个机会，为市民减轻痛苦，并消除纷乱，才期市尘不扰，七邑不惊。……我市民骤经惊扰，应注意之大端，不妨先行说明：其一，大家各守岗位，各安所业，勿妄动，勿信谣言，务期秩序得早恢复；其二，工厂员工务须加意护厂，切勿轻离，已离者须速回厂；其三，商店须尽可能开门营业，尤以出售日用必需品的商店为然，切勿惜售居奇，哄抬市价。以上只例举三点，为全市秩序安定所关，亦即所以减轻全市损害及人民痛苦。望我市民警觉注意！

社评：可惊怖的一日

昨天是天津全市最可惊怖的一日。炮弹纷纷，火光熊熊。人民所刻刻提心吊胆祈祷着避免的牺牲，竟不能完全避免，这真是大不幸！

本报津馆同人今露立在炮弹纷飞中，甘冒生命危险，愿为读者服务。虽水电供给都已断绝，电讯来源都成问题，同人仍愿克服种种能够打破的困难，为读者勉尽忠实报道的职务。昨午炮弹险些落在本馆屋顶，全楼震撼，弹片横飞，门窗摇晃自开，玻璃纷纷坠地。当此之时，同人等悼念我死伤流离以及在惊悸悲苦中的市民大众，并各自惭悚未能善尽舆论界一卒的职责。一个月来，大家所郑重呼吁的是停止作战，保全天津，以免市区遭受炮火。然而人民的公意，舆论的呼号，竟不能够挽回狂澜，避免破坏，这真正可痛惜，然而也并非完全出乎意外。

时至今日，只须大家有希望，有信心，还可以看出有一片开朗的远景。……现在只有勇敢而坚定的迎接这苦难，不沮丧，不灰心，倒下去的建筑工厂还可以站起来！暗淡停摆了的机器还可以回复运转！只要我们市民心理不至于随昨晚街景而暗澹消沉下去，我们整个的天津，当然还可以辉煌起来。……

我们愿告慰全市市民，苦难的日子不会延长！油灯下草此文，炮声似已疏稀，敬祝市民且安睡一宵，今日再报道让大家安心的消息！

水电大部断绝，多处起火竟难施救，本报附近落弹全楼震撼

[本报讯]十四日午津炮战达最高峰，电信局、电力公司、自来水厂等处均落弹，本馆亦飞入弹片多块，其中一弹落于极近处，本报全楼震撼，同人均安。当局采紧急措施，自中午十二时半断绝交通，街上救护车、消防车及军车急驶，行人道上则常见披被挟包裹之难民。全市多处起火，水电均断，施救困难。

[本报讯]津市区十四日下午多处大火，中纺七厂、德士古油库及罗斯福路盛锡福数处火势最大，东车站等处亦有火，消防队全体出动，奋力扑救，但因水源断绝，仅能将火区隔断，不使蔓延，故火光冲天，烟屑弥漫。

[本报讯]津市炮战迄十四日下午四时后稍寂，被阻于外之市民纷纷回家，电车因电源断绝，仍散置中途，沿街可见。全市除极小地区外，完全停电，除十区外完全断水，十区水厂因一度断电，旋于六时后恢复，因系汲用井水，经断而复续，水质混浊。电话线多遭破坏，致多处电话失灵。

难民涌入市内，中弹街道破烂不堪；津报多停刊

[本报讯]津市十四日完全置于炮火线下，东车站至中正桥一带，电灯、电话线散落地下，扶老携幼之难民沿地道外涌入。市政府附近砖瓦遍地，至伦敦道一带，一切大致尚称完整。因电源断绝，各报大多自动停刊。

昨大小火警二十余起，两油库火势最大，梨栈盛锡福被焚

　　［本报讯］津市区多处大火，消防队虽努力施救，但以水源断绝，火势遂危形猖极。美孚油库及亚细亚油库相继中弹起火，浓烟冲天，入晚烈焰奔腾，全市可见。……中华火柴厂火势甚烈，盛锡福帽庄起火并燃及南边铺房，消防队由海河汲水抢救，火势始稍杀。据消防队报告，全市十四日大小火警在二十起以上。

李汉元昨扶病办公

　　［本报讯］津警察局李汉元局长十四日扶病竟日在局办公，指挥员警维持市内治安，迄深夜十一时始与外部最后一次通话，以"他们来了"中止。李氏前曾数度坚决表示决心维持市内治安至最后一分钟，绝不顾惜个人。十四日下午三时半炮火声中，李氏尚召集全局高级员警作最后一次训话，嘱为市民服务。

　　对上述报道，有几点说明和补充。

　　其一，特讯和社评所说李烛尘等准备 15 日出城向中共呼吁停战并未如愿。其经过是，13 日，李烛尘、杨亦周（天津市参议会议长，中共的老朋友）曾找到陈长捷，劝他投诚。陈说："仗是打不下去了。但傅（作义）先生要我坚守，作为军人，我只能服从命令。"14 日晚，解放军发起总攻已经十余小时，杜建时找到杨亦周说，我们决定放下武器。希望杨、李第二天早晨去斡旋。杨、李找到中间联络人时，对方回复："解放军已突破最后一道防线，求和为时已晚。"因此，大公报所盼"圆满结果"亦未实现。

　　其二，时任天津警察局局长李汉元，人称"李大麻子"（因小时得天花，脸上留下了疤痕），在天津无人不晓。天津解放前夜，他与外部的最后一次通话对象，正是大公报总编辑张琴南。解放后，李被关押战犯管理所十几年，1965 年被特赦，不久"文革"开始，社会上很乱，管理所竟再次"收押"（实际上是保护）了他。他后来说："这次我就像进了大冰箱，把我冷冻起来了，不与外界接触，'文革'过去我才出来，使我免遭'文革'之苦，不然我早就不在人世了。所以我非常感谢共产党。"晚年的李汉元成为沈阳市政协委员。

其三，天津解放第二天，解放军逮捕了反共"摩擦专家"鹿钟麟，不过，四小时后又把他释放了。后来，鹿还出任中华人民共和国国防委员会委员。这则先擒后纵，阶下囚变座上客的"新闻"，却是三十二年后的1981年才由张高峰在香港《大公报》披露的：当时，鹿的住所楼下租给了一家公司。16日上午，来了几位解放军要求租房子，那家公司的职员顺口说，你们问楼上的鹿部长吧！这下泄露了天机，解放军立刻上楼追查，抓到了"潜伏"的国民党政府兵役部长鹿钟麟。正当鹿夫人后悔"当初一走了之，何致今日之灾"的时候，鹿又坐着带走他的那辆吉普车回来了，陪送他的人还彬彬有礼地与之道别。原来，鹿钟麟在接受审问"你为什么没有逃往南京？"时，明确回答："我不想给蒋介石陪葬，决心在天津等待解放……"天津方面显然请示了北京，才迅速释放了他。果然，第三天，新任中国人民银行行长、鹿的老友南汉宸即派人从北京送信给鹿，说已向天津当局打了招呼，今后不会再发生类似的误会，请安心在天津度晚年。不久，毛泽东又亲笔签署命令，任命鹿钟麟为国防委员会委员，直到他1965年病逝。

其四，天津解放当天清晨，正当市民争购《大公报》时，刚刚成立的军管会来人明确告知，在未获得军管会批准以前暂停发售。结果，1949年1月15日的天津《大公报》，成为它在自己发源地出版的最后一期，上面印着：第16246号。

五、从"新记"到"官媒"的转变

——说说天津进步日报与北京大公报

1949 年 1 月 16 日，天津解放的第二天，包括大公报在内的天津各报奉令停刊。五个月以后的 6 月 17 日，大公报总管理处所在、相当于总部的上海大公报宣布"新生"，新记大公报成为了历史。至此，有关它的"闲话"也可以结束了。不过，"大公报"这块招牌并没有消失，还有些后话，多多少少与"新记"有些关联，所以，也就还有些话可说。当然，这里只说"有关"的，至于后来的大公报如何办以及办得如何，不在论列。

大公报"自己骂自己"

天津大公报停刊，何去何从，同人们谁也不知道，一时形同失业。1 月下旬，中共中央派杨刚、孟秋江、宦乡到天津，宣布对大公报进行改组。事情有了转机。

关于大公报的处理办法，中共中央给天津市委的指示是："以接收其中官僚资本股份名义找该报经理公开谈判改组，指出该报过去对蒋一贯小骂大帮忙，如不改组不能出版……"（见《中国共产党宣传工作文献选编（1937—1949）》）这个指示中，"官僚资本"、"小骂大帮忙"是中共中央文件第一次明确给大公报的定性。大公报的改组工作当然要循此进行。

杨刚、孟秋江都曾是大公报记者，宦乡也曾为大公报国际评论作者，因此与报馆同人都比较熟悉。他们与报馆内刚刚公开身份的中共地下党员徐盈、子冈、杨邦祺（李定）、李光诒、胡邦定、刘桂梁等一道，负责领导大公报的改组工作。李纯青是随后赶来天津的。

从2月3日开始，报馆编辑部人员（后来扩大到全体人员）以联谊会或分组形式，学习共产党的政策，检讨大公报的过去，重点为揭露和批判旧大公报的政治立场与宣传手段，许多人都做了发言和自我检讨。这个过程后来以《〈进步日报〉是如何产生的——大变革中的一个故事》为题公开发表了。这"故事"充满了"革命"和"声讨"的火药味，摘录如下：

> ……改革过程经过了两个阶段。第一阶段是由全馆二百三十余同人分组对大公报的基本政治立场和政治作风进行检讨，同时并了解大公报内部统治机构的不民主和腐化，与它所服务的反动政权有一脉相承的血肉关系。……第二阶段是全馆同人代表开会，研究如何改革大公报，……
>
> 他们举出了大公报反人民反共以及其千方百计支持蒋介石法西斯政权的事实。……更举出大公报自己承认是小骂大捧，如社论中说大公报在一切大问题上都帮政府说话，小事情上若还不许批评，要弄得和中央日报一样，大公报还有什么用处等等。……检讨之中，不少同人都更进一步的承认自己个人过去在反动政策下面所犯的罪过，特别是徐盈先生和赵恩源先生非常坦白而诚恳地检讨了自己，认识自己的错误是大公报坚持反动立场和政策下面的结果。张琴南先生认为检讨过去是基本工作，应该多多进行，新动向应该征求全

体人员的意见。杨邦麒先生认为大公报还是要多多清算自己。马士英先生认为仅仅清算还不够，还要改革旧制度，建立合理的民主制度。李光诒先生认为应该扩大检讨，在全馆各研究学习小组里面展开检讨。……

小组讨论了三天的结果，除了关于大公报反动政治立场和反动政策的检讨之外，又分别进行关于报馆过去的不民主，官僚态度，上级工作无报告，财政不公开，对工人及下级职员的不合理待遇等等，进行了广泛而深入的反省。多数小组中提出了发布宣言，取消大公报三个字，代以新名，……

2月19日，大公报召开全社职工大会，通过了四项决议：一，决定将天津大公报改名为进步日报；二，通过"同人宣言"；三，通过相关章程；四，选举张琴南、杨刚、宦乡、徐盈、孟秋江、李纯青、高集、李光诒、彭子冈等九人组成临时管理委员会，作为报社最高权力机关，由宦乡为主任兼总编辑，张琴南、徐盈（兼经理）为副主任，李纯青任副总编辑。同时建立了报社党组织，杨刚任党组书记，李光诒任支部书记。三个月后，杨刚、李纯青调上海大公报，宦乡调外交部，改由孟秋江任党组书记兼经理，徐盈任临管会主任兼主笔，张琴南任总编辑。

1949年2月27日，天津进步日报正式创刊，成为解放区出现的第一张"民营"报纸，但它既不同于解放前的私营报纸（有中共党的组织，接受中共领导），也不同于解放后的各级党的机关报（自负盈亏，没有政府补贴）。虽然它的人员大多是旧大公报原班人马（后来又吸收了部分其他民营报纸的旧人员），但与当时还存在的大公报沪版（总管理处）、渝版、港版都没有关系了。

在《进步日报》的创刊号上，刊登了一篇由张琴南、杨刚、徐盈、高集、彭子冈、赵恩源、李光诒等人署名的《〈进步日报〉职工同人宣言——代发刊词》，对旧大公报作了极严厉的批判：

……我们要说一说大公报的真实面目。大家知道，在北洋军阀时代，大公报是依附于军阀官僚买办统治集团而生长起来的。等到蒋介石代替了北洋军阀，建立了卖国独裁的反动政权以后，它就很快地投到蒋介石的门下，成为国民党政学系的机关报。

文章列举了近二十年来，每逢重大政治事件，大公报都与蒋介石政权"分解不开"的事例，更指大公报主持人"善于在所谓的'社评'宣传上运用狡诈手段"：

他们懂得如果完全正面为罪恶昭著的反动统治阶级说话，是徒劳无功的，因此，他们总是竭力装成"在野派"的身份，用"在野派"的口气来说出官僚家要说而不便直说的话……小骂大捧是大公报的得意手法。它所骂的是无关痛痒的枝节问题，和二、三等的法西斯小罗喽，它所捧的是反动统治者的基本政策和统据国家地位的法西斯匪首，即其所谓"国家中心"。长期处于言论不自由的情况下的读者，看了大公报的小骂，觉得很舒服，无形中却受了它的"大捧"的麻痹。大公报以"小骂"作为欺骗读者的资本，也以"小骂"来向他们的主人要索更多的代价。……因此，大公报在蒋介石御用宣传机关中，取得特殊优异的地位，成为反动政权一日不可缺少的帮手。

《宣言》还这样描述了同人的工作，并总结说：

在这样一张报纸中工作，实在百端痛苦，……虽曾努力想通过这张报纸发表些有利于人民的言论和报道，但不仅因此而个人受到排挤、歧视和警告，并且所写的东西经过删削、限制而透露到版上时，也只能被利用来作为这张报纸反动实质的拥护。这尤其使我们痛心疾首，不能不向广大读者深表愧憾。……我们的一切经历使我

们不能不下个断语：大公报实在是彻头彻尾的一张反动报纸，名为
"大公"，实则大私于独夫；名曰无党无派，实则是坚决地站在反人
民的立场上，做国民党反动派的帮凶。

《宣言》最后还表示了决心：

> 现在，我们有机会永远脱离大公报这个丑恶的名义而工作了。
> 我们利用天津大公报原有的物质基础，创办这张簇新的人民的报纸。
> 如果我们在大公报中工作的期间也曾犯过对人民的过失，我们将以
> 今后认真的工作自赎。而我们从来所自信的一片为人民为革命服务
> 的诚心诚意，将能不受拘束地充分地发扬在工作上面，使我们不能
> 不万分的兴奋鼓舞。

进步日报的这篇"宣言"，无异于对新记大公报的一纸"死刑判决书"，
后来还被新华社以通稿方式向全国发布。第二天，香港大公报竟一字不改
地照登，演成大公报载文"自己骂自己"的一幕，称得上世界新闻史上一
大奇闻。

5月底，上海解放，6月17日，上海大公报发表由王芸生执笔的《新
生宣言》，也沿袭了进步日报"宣言"中定性式的结论：

> ……大公报虽然始终穿着"民间"、"独立"的外衣，实际是与
> 蒋政权发生着血肉因缘的。大公报始终维持着一种改良主义者的面
> 貌，它在中上层社会中曾有一定影响，即由于此。但是，历史上所
> 有改良主义者在实质上无不成为反动统治的帮闲甚至帮凶。在过去
> 二十几年的人民革命浪潮中，大公报虽然不断若隐若现的表露着某
> 些进步的姿态，而细加分析，在每个大阶段，它基本上都站在反动
> 方面。……当人民革命浪潮已把反动势力震荡的摇摇欲坠之时，大
> 公报又提倡所谓"自由主义"、"中间路线"，以自别于反动统治阶级，

其实人民与反人民之间绝无所谓"中",而所谓"自由主义"既根源于买办资产阶级,这"金外絮中"的外衣更是混淆是非,起着麻痹人民的作用。……

以上检讨,不过是大者,而一向看似开明进步的报纸其内涵竟也如此,与过去的反动政权是难以分离的,总的方向是跟着国民党反动统治走的。……大公报同人对过去的错误,内心是愧疚的,今当新生,提高警惕,痛感责任,勖勉前进,努力为人民服务。

上海大公报的这篇《新生宣言》看似没有那么激烈的"革命"词句,但它给大公报冠以"改良主义",进而与"反动统治的帮闲甚至帮凶"联系到一起,指大公报"混淆是非","麻痹人民",却是比进步日报"宣言"更高的"上纲"。及至 1962 年,王芸生、曹谷冰奉命合写了《1926 年至1949 年的旧大公报》,作为文史资料并公开发表之后,更坐实了大公报对国民党"小骂大帮忙"、是"政学系机关报"、乃至"一贯反动"的"罪名"。曾经在旧大公报供职的采编人员,也因此成了"反动文人"。此论三十多年不变。

后来披露历史文献证明,当年将天津大公报停刊,与中共中央的初衷并不吻合。1948 年 11 月 8 日,中共中央作出了《关于在新解放城市中中外报刊通讯社处理办法的决定》,对于大公报这样的私营报纸,按照《决定》精神,应该是"不得没收,亦不禁止其依靠自己力量继续出版,在出版时应令其登记",对报社人员"一般采取争取、团结与改造的方针,应以我们党员及进步分子为领导组织新闻团体,进行学习,改进工作与生活等方式,加强对他们的领导"。1949 年 1 月 15 日天津解放后,军管会即命令天津各报一律停刊,显然有悖中央精神。为此,中共中央于 1 月 18日发出了《关于不要命令旧有报纸一律停刊给平津两市委的指示》,19 日又发出了《关于天津旧有报纸处理办法给天津市委的指示》,23 日再次发出了《关于天津大公、新星报、益世的处理办法的指示》,纠正了一些不妥做法。根据中共中央的指示精神,天津改而采取了"对停刊各报除已确定封闭者外，即以秩序恢复为由，先令出版，待审查后再发许可证"的办法，以做补救。进步日报就是在这样的背景下产生的。后来，中共中央决定保留上海大公报，1952 年底又决定进步日报停刊，与上海大公报合并，1953 年元旦起在天津重新出版《大公报》。这些，或可视为对改组天津大公报某种程度上的纠正，至少说明，中共在如何处置大公报的问题上，起初并无统一的成熟意见，是有过政策调整的。

脱胎换骨的"新生"

除旧布新，历来就是错综复杂的"系统工程"。带着旧时代鲜明烙印的大公报，在近乎强制性的社会制度变迁面前，突然"改换门庭"，无论政治倾向、办报方针、新闻取舍、管理体制，无一例外都需要有一番彻底的改造，并且要尽快有效运转，其过程必然不会是平和的，其内涵也不免"脱胎换骨"。这突出表现在人的思想与工作的转变上。

某些关于天津大公报改组、通过"同人宣言"的记述，说什么人人"欢欣鼓舞"、大家"一致拥护"之类，是不真实的。事实上，那篇"宣言"的签署者，身为中共党员或进步分子，确实对报纸的新生感到高兴，对新社会充满期望；但同时也不排除有人以"胜利接收者"自居，视自己曾经供职的大公报为"罪恶渊薮"，视许多同人为"留用人员"，确曾令一些老大公报人胆战心寒。

大公报改组，欢欣鼓舞者有之，惶惑迷惘者亦有之，才是真实的情况。

进步日报"宣言"之时，天津刚刚解放，战争还在继续，革命、共产党、阶级斗争、报纸的党性等等"新名词"，对于多数大公报同人来说，都是陌生的，这些"资产阶级知识分子"不可能经过短短数日的学习就那么"迅速提高觉悟"。实事求是地说，他们大多是在惶惑中"随大流"，甚至"保饭碗"而已。据笔者所知，当时确有大公报老记者因无所适从，曾悄悄准备另谋职业。张高峰则回忆说："至于我自己，一方面，看到国民党因腐败无能而垮台，对共产党新政权抱有期待，愿意接受新的转变；另一方面，仍希望做一个无党派的'自由'的新闻记者，但没有想到，这种转变一开始就会对大公报做如此彻底的清算。"

显然，对于这样的根本性转变，他缺乏思想准备；或者说，与他此前所做所想大相径庭。后来的"审查"中，张高峰曾这样"检讨"自己当时的思想、心境：

解放前，我标榜自己的政治态度是"中间偏左"。平津解放前夕，我对国民党已经彻底失望，对共产党虽不甚了解，但寄以希望，希望共产党能够重建残破的中国。因此，"偏左"倾向越发明显了。我虽然在报社内部没有参加任何党派，但我在社会上有共产党的朋友，并或多或少地介入了他们的一些活动。我觉得，这些共产党人都很正直、能干，可以做朋友，而且，共产党对我也是信任的。但我那时并没有主动参加革命的意愿，实际上反映了我准备在新中国做"客人"而非主人的政治态度。如果在那时，我就预知解放后会"一面倒"（读毛主席《论人民民主专政》我才理解），共产党如此受到爱戴、尊重，那么，为了个人名利，我也不会等待解放后做"客人"，很可能也很容易混入党内，进行投机的。

……当时我对解放的重大历史意义认识很不够，只是认为，不得人心的国民党垮了台，共产党上了台，天下变了。实际上是把新民主主义革命的成功看成是历史上的"改朝换代"，因此完全错误。以后通过现实的生活和阅读一些与革命有关的书籍，我才逐渐认识到共产党的性质、中国革命的性质，以及中国革命与中国共产党的关系，等等；才认识到蒋介石政府反革命反人民的本质。它所以腐败无能、祸国殃民，是它本质所决定的。

尽管我对党有了初步的认识，然而我却没有想到一个革命干部的责任是什么，更没有意识到要改造自己，树立无产阶级的世界观和人生观，以便全心全意去为人民服务。……1949 年末，进步日报党组织负责人找我谈话，决定我担任采访部副主任。当时我从个人主义、自由主义出发，不想任人摆布。回答说，我就是做记者的材料，还是做我的记者吧。谈话竟不欢而散。随后，我即意识到这是为革命纪律所不允许的，是与组织对立的严重错误，内心极为悔恨。

思想觉悟的提高并非一朝一夕，但职业追求并未改变。进步日报时期，原大公报同人都在努力工作中积极"改造"自己，记者们更是以完全不同于过去的思维、选题和笔法，采写反映新中国建设初期的报道。以张高峰在进步日报期间（1949—1952）发表的一些通讯为例，如《在"支援前线"的号召下》、《老司机的斗争》、《中纺三厂职工筹委会怎样做工作》、《天津私营行庄走向新道路》、《高利贷时代过去了》、《积累人民的财富》、《奸商偷税逃不出人民手掌》、《一个亟待改造的旧企业》、《向着祖国，向着太阳》……仅看标题，即与他在内战时期指斥当局，抨击时政的报道大相径庭。如果不看署名，很难相信是出自一人之手。而这仅仅相隔不过一两年。

张高峰思想与工作的转变，在旧大公报人中有一定的代表性。

尽管如此，在新的历史条件下，办报纸与在旧中国毕竟不可同日而语。特别是党报的权威性、新闻的"统一性"，以及读者对象的"分工"，让进步日报这样的"民营"报纸不能不相形见绌，以致读者日渐减少，发行逐年下降，加之报社内部出现的干群、党群矛盾，影响了党外人士的积极性，报社发展遇到了很多困难。出于同样的原因，上海大公报也发生了同样的问题。正是在这样的背景下，中共中央作出了"上海大公报与天津进步日报合并迁京，恢复大公报，作为中央直接管理的全国性政治类大报，分工报道财经政策和国际新闻"的决定。由于国家正在北京为大公报社筹建新馆，《大公报》暂时在天津出版。

1952 年 12 月 31 日，创办不到四年的天津《进步日报》停刊。1953

年元旦，新的《大公报》在天津出版。1956 年夏，大公报新馆在北京宣武区永安路落成，10 月 1 日，《大公报》正式在北京出版发行（馆址现存今永安路西段前门饭店左侧，"文革"中《大公报》停刊后改作邮局，建筑依旧）。新生的北京大公报，不仅彻底改变了经济性质、编辑方针、报道内容，而且作为党的专业机关报，成为官方媒体了。

大公报改弦更张，成为中国共产党领导的专业机关报了，但对旧大公报留下来的诸多旧人员如何"改造"和使用，始终是大公报党组织面临的一个棘手且必须解决的问题。报纸是舆论工具，从业者的政治思想、价值取向都会在报纸上有所反映，进而影响社会，此事非同小可。党报、机关报，更需要政治的正确和鲜明的党性。而旧大公报的采编人员，特别是那些供职时间较长，受"新记"影响较深，"自由主义"惯了的老记者，显然不宜继续留在原来的岗位，最好的办法是"清理"出去。据北京档案馆开放的大公报人事档案记录，1956 年，大公报有干部职工 415 人。（含印刷厂）其中党员 40 人，占 9.6%；团员 51 人，占 12.3%；有政治历史问题的 116 人，占 28%。"反右"后作了一次比较彻底的清理。1956—1958 年共调出、死亡、退休 314 人，其中有 8 人因解放前的政治身份自杀，9 人被抓捕。这样短时间内如此大比例的人员变化，可见大公报人事调整的力度。

1966 年"文革"爆发，曾经存续了六十四年的大公报在大陆彻底关闭了。

附　录

张高峰小传

1918年农历11月20日出生于河北宁河（今属天津），7岁丧父（其父北京大学毕业后回母校天津南开中学任教），在天津读中学时，萌生对新闻记者职业的追求。1933年，日寇犯华北，驻守热河的东北军汤玉麟部溃败天津，扰民乱市，张高峰撰文《可杀的汤玉麟》发表于天津中南报，是为其首篇见诸报端的文章。1936年，又因撰文抨击伪冀东自治政府在家乡的汉奸保安队，被当局追捕，其母多方求助，方幸免杀身之祸。

1937年"七七事变"，平津沦陷。10月，流亡南京，加入流亡学生组成的战地宣传队，随军参加了1938年台儿庄战役、武汉保卫战，有通讯《我们在最前线服务》发表于邹韬奋主办的《抗战》三日刊。同年10月，在湖南长沙结识范长江，加入国际新闻社作特约记者。1939 年初，兼任湖南观察日报特约记者。10 月，北渡黄河，到晋东南及豫北采访，除给国新社发稿，有新诗《儿童哨》、《狂流》发表于重庆新华日报。《儿童哨》被作曲家麦新谱曲传唱。

　　1940 年初，在重庆，经范长江介绍，加入中国青年记者学会。9 月，入西迁乐山的武汉大学政治系读书，并应聘为重庆大公报西川通讯员。因在校参加进步学生活动，被教育部列入"危险分子"名单。1942 年毕业即被强制离校。

　　1942 年 11 月，被聘为大公报战地通讯员，赴河南随汤恩伯部采访。1943 年 1 月 17 日从叶县发回通讯《饥饿的河南》，2 月 2 日重庆大公报改题《豫灾实录》刊出。次日配发社评《看重庆，念中原》，触怒当局，处罚大公报停刊三天。3 月初，张高峰在河南以"共党嫌疑"被捕，因查无实据释放，软禁于安徽临泉，继续向重庆、桂林两地大公报发稿，报道前线及沦陷区消息。

　　1944 年 4 月，日军发起中原战役，张高峰目击国民党军败溃，坚持发稿至战役结束，回到重庆。因桂林大公报关闭，重庆大公报人满为患，由报社资助再入武汉大学历史系读书，同时兼任西川通讯员，曾到西昌彝族地区、岷江流域乐山犍为地区采访，写有相关长篇通讯。

　　1945 年 8 月，日本投降，回重庆大公报任外勤记者。同年冬调天津大公报任要闻编辑。1946 年 3 月，调北平办事处。4 月，与彭子冈携手促成当局抓捕北平解放报中共人员事件的解决。6 月，任大公报特派员常驻东北，与吕德润合作报道东北政治、经济、军事动态。1947 年秋，吕德润调上海，张高峰继续驻东北，报道揭露、抨击内战给东北带来的破坏和人民的惨痛。

　　1948 年初，回北平办事处，陆续报道了"反饥饿反迫害"、"反美扶日"、"七五惨案"等学生运动。1949 年 1 月、国民党当局起诉重庆大公报于地方法院，所列十项罪名，"高峰"署名者有三，被指控"毁谤政府"、"夸大危机"、"刺激学潮"。因解放在即，此案不了了之。

1949 年 2 月，天津大公报改组为进步日报，张高峰改以天津工商界报道为主。1950 年，经李烛尘介绍加入中国民主建国会。1953 年 1 月，进步日报与上海大公报合并，恢复大公报在天津出版，1956 年迁北京，张高峰先后任商业记者组长、天津记者组长和华北记者站负责人。1957 年"反右"运动中"检讨过关"。1961 年 4 月，驱离大公报，下放黑龙江松花江地区改做商业工作。1963 年 8 月，调天津做文史资料工作。"文革"中以"反革命老报棍子"罪名被审查，失去工作近十年，期间做农民七年。

1978 年获平反。7 月，调天津市政协文史办公室，后任副主任，专职从事文史研究。连任天津市第六、七、八届政协委员，并加入民盟。编辑文史资料之余，写了大量旧闻新编和人物通讯，发表于以香港大公报、天津日报为主的海内外报刊。其晚年作品，以爱国爱民、促进统一、弘扬民族文化、客观记述历史为主线。

1989 年 4 月 6 日，张高峰病逝天津，享年 71 岁。海内外十数家报纸刊发讣告和悼念文章，送别这位笔耕半个多世纪的新闻界"老兵"。

何必"棒杀"与"捧杀"（代后记）

写完"闲话"的最后一节，恰逢抗战胜利 70 周年纪念。一些媒体为宣传中国人民抗日的历史，又提起了当年的大公报，连并非亲历者的我，作为知情人也被多次约访、约稿，不免又想起了大公报的历史评价问题，感到还有些话要说。

与世界上任何事物一样，新记大公报也有其两面性。它坚持爱国、抗日，也曾拥蒋、反共；它培养了一批优秀的新闻人才，对我国新闻事业的发展有过重要贡献，也曾发表过错误的言论、报道，产生过在今天看来属于"负面"的影响；它标榜"中立"、"公允"，实际做不到"不偏不倚"；它对国共两党既有批评，也有"帮忙"，结果却两头不讨好……它的最后终结，是历史的必然。

大公报有两面性，对它的评价就需要两分法。要充分考虑到大公报生存的历史背景、经济性质、采编人员的思想倾向等多种因素，不能用今人的思想和眼光去苛求前人，也不能为了某种需要不分良莠一概而论。

随着大公报研究的"破冰"、深入，有一种"走极端"，从"棒杀"到"捧杀"的倾向值得注意，其表现是：过去，由于"政治需要"和"极左"影响，某些人把大公报骂得狗血淋头，批得体无完肤，说得一无是处，已经被证明是错误的；后来，为了给大公报"正名"，某些人又对它极尽赞誉、一味称道，捧得完美无缺，甚至不惜锦上添花，这同样是错误的。

由"捧杀"还引出另一个话题——有人意图"恢复大公报"。

事情缘起二十世纪七十年代末，"文革"结束后，几乎所有曾经停刊的报纸都陆续复刊了，唯独没有《大公报》。当时在已经改名《财贸战线》工作的一些北京大公报人，要求复刊大公报，还联名给上级写了报告，并找到王芸生先生，但王芸生没有签名。他说："大公报是历史的产物，'文人论政'已是明日黄花，今日的喉舌已经不再需要它，没有复刊的必要了。"应该说，王芸生的认识是清醒的，一如他在大公报"改头换面"时就已经不再坚持过去的传统时一样，他非常清楚大公报未来的命运。无怪乎他在弥留之际愤愤道："大公报，你的阴魂快散吧！"

但是，八十年代中期，有人再度呼吁"在大陆恢复《大公报》"，并且通过各种渠道制造舆论，似乎不恢复《大公报》就算不得彻底的拨乱反正。这件事虽然八字没有一撇，却在老大公报人中间引起了波澜，有人赞成，有人反对，而反对者又多以抗战胜利前加入大公报的老人为主。

赞成者认为，大公报在大陆出版了六十四年，历史悠久，影响很大，"文革"中停刊是当时的历史条件使然。如今改革开放，环境宽松，应该恢复，也有条件恢复。还有人提出，可以把恢复后的《大公报》作为民主党派的机关报出版。

反对者认为，《大公报》是历史的产物，它的生存、发展乃至停刊，都离不开具体的历史条件。应该承认，1949年以后的《大公报》就已经不是原来意义上的《大公报》了，"文革"中停刊也是一种必然。即使恢复，除了报纸的名称，实际上也不可能再办成保持"民间立场"，坚持"文人论政"的《大公报》了，而这正是《大公报》的"魂"。没有"魂"的《大公报》还是《大公报》吗？

事实上，在大陆恢复《大公报》，既不可能，也无必要。

如前所述，所谓《大公报》，严格地讲，当指新记《大公报》，1949年以后，它的历史就彻底结束了。后来的北京《大公报》是新生的、财经专业性质的政府机关报，已经不是"那一个"《大公报》了。恢复《大公报》恢复什么呢？恢复当年新记的"民间立场"和"文人论政"特色吗？显然是不可能的。还有那样的编辑、记者吗？当然是没有的。不问立场、特色，没有人才、机制，只要"大公报"三个字的招牌，徒有其名，又有什么意义？与其不伦不类，莫如就让它成为历史。

如果说，要恢复财经专业性质的《大公报》，那么，现在已经有了《经济日报》，有什么必要以"大公报"取而代之呢？靠这块招牌吸引读者吗？没有作用，也没有意义。至于要办民主党派的报纸，《光明日报》原本就是，如果确有必要，从党的机关报改回来即可，或者也可另起炉灶，重组新报，另起报名，何必借助"大公报"三字呢？当年的大公报没有党派色彩，"恢复"了《大公报》反而成了党派报纸，岂不是莫大讽刺？

"棒杀"与"捧杀"都不是实事求是的态度，都不可能得出正确的结论。对大公报，应该有一个历史的、客观的、公允的、实事求是的评价，俾使对国家新闻事业的发展有益。

2015 年夏·北京

责任编辑：马长虹

封面设计：周涛勇

图书在版编目（CIP）数据

闲话大公报 / 张刃著 . —北京：人民出版社，2016.7

ISBN 978 - 7 - 01 - 015496 - 1

I. ①闲⋯　 II. ①张⋯　 III. ①《大公报》- 史料　 IV. ① G219.296

中国版本图书馆 CIP 数据核字（2015）第 269989 号

闲话大公报

XIANHUA DAGONGBAO

张　刃　著

人民出版社 出版发行

（100706　北京市东城区隆福寺街 99 号）

北京汇林印务有限公司印刷　新华书店经销

2016 年 7 月第 1 版　2016 年 7 月北京第 1 次印刷

开本：710 毫米 × 1000 毫米 1/16　印张：20

字数：300 千字　印数 0,001 - 6,000 册

ISBN 978 - 7 - 01 - 015496 - 1　定价：48.00 元

邮购地址 100706　北京市东城区隆福寺街 99 号

人民东方图书销售中心　电话：（010）65250042　65289539